思想觀念的帶動者

文化現象的觀察者

本土經驗的整理者

生命故事的關懷者

心靈工坊 PsyGarden

Master

對於人類心理現象的描述與詮釋
有著源遠流長的古典主張，有著速簡華麗的現代議題
構築一座探究心靈活動的殿堂
我們在文字與閱讀中，尋找那奠基的源頭

榮格心理治療

Psychotherapy

譯者—易之新

作者—瑪麗-路薏絲・馮・法蘭茲（Marie-Louise von Franz）

目錄
contents

推薦序

向心的深處，探尋療癒的真諦

呂旭亞（呂旭立基金會諮商心理師、蘇黎世國際分析心理學院分析師候選人）

人為何而活？怎樣才可以活得好？

每一個文化傳承裡都有為這個大哉問提供的指引，讓人在失去生存的意義時，循此指引得到既有的解決方法。當現代人掙脫了傳統的束縛，尋求個人自由的當刻，傳統所提供的保護也一併失去了。現代的心理學與心理治療有相當的程度就是回應這個獲得自由與失去保護的困局。

現代的華人也面臨著難以從傳統中尋求精神指引的困境。心理學與心理治療近年在華人世界成為顯學與熱門行業絕非偶然，因為許多心靈問題是現代化的產物。榮格認為現代性的困境與個人意義的喪失有關，需要藉著重新與心靈深處的集體潛意識連結，建立新的價值，以找到個人靈魂的歸屬。我們需要轉向內在：與自己所生所長的文化根源產生心靈上的聯繫；與過去建立新的、有意義的連結。

榮格對精神世界裡集體潛意識的原型內容特別看重，所以榮格心理分析對於被分析者夢中可能傳遞的原型訊息特別著力。因為，他認為夢不僅來自個人潛意識，也是個人與人類全體的連結處。他的觀點對生活遇到瓶頸、生命的意義遭到翻覆的人有強烈的吸引力，因為，現實世界的原理原則已被窮盡，人們需要到心的深處尋找活著的意義與方向。榮格的心理治療對這樣的人特別有幫助，因為生命的困境成了與廣闊天地古往今來相遇的一個轉機。

夢的話語、神話的情感、象徵的經驗……

如果從心理學發展的脈絡來看榮格心理學的歸屬，我們會發現，這個學派與其他心理學派的關係似乎遠不如它與宗教、人類學、哲學、文化、藝術的親密。所以有人說榮格心理學是一個宗教心理學或是哲學心理學，而不是可以臨床應用的心理治療學派。這樣的評論不僅誤解了榮格心理學，也局限了心理治療的價值，因為個人存在的價值不能僅僅建立在一己生命的有限框架裡，我們需要與更大視野的人類智慧相連，以解決個人的困局，而人類集體的智慧就儲藏在宗教、藝術、神話之中。這些人類智慧的寶藏充滿在我們的潛意識裡，以夢的方式與我們說話，以神話的形式與我們的情感連結。

現代心理治療的基石建立在西方科學的典範裡，榮格雖努力將其學說建立在科學與理性的範疇裡，可是他對心理分析卻堅持其有靈性的治療目的，他認為人的內在發展是有方向性的，是極力往自我完成的方向前進，而心理治療是要幫助每個人內在這一個潛藏的動力，不受阻礙地流動，以完成自我存在的終極價值。這樣的治療概念與宗教的靈性目標相去不遠，只是，榮格是從心理學的角度看待宗教與神聖經驗，所以他在《心理學與宗教》一書寫道：「終究來說，任何支配人心、無可逃避的東西，都可以稱為上帝。」上帝可以是一個空白的括弧號，不同的人填入自己的聖物。他的上帝不是世俗宗教體系裡所指稱的上帝，而是一個全人發展的必要之路，上帝是一個心靈最高度的展現。

榮格說：「我工作的主要興趣不在於治療精神官能症，而是走向神聖的事物。然而，事實卻是，走向神聖的事物才是真正的治療，當你得到神聖的經驗，就脫離了疾病的咒詛。」對榮格與他所發展出的分析心理學而言，如果無法將生命的深度與高度藉由分析的過程展露出來，分析就沒有達到它應有的目的。一般心理治療所關切的症狀改善、較佳的社會適應，這些治療成功的指標並不是榮格心理分析的終點，它們只是過程中的現象。榮格分析的目的是要促成個人的「自性化歷程」，也就是成為獨立、自由、真實的人；要讓人有能力脫離社會化的制約，不被社會的集體性吞食。在這樣的觀點下，個人為之苦痛的身心症狀就來自於背離真我的樣貌與離開自己該走的道路太遠所致，生病——就成為個人生命翻轉的決戰點。馮．法蘭茲說：「神聖的事物、象徵的經驗，對榮格而言就是一切，是心理分析歷程中唯一有重大意義的面向。」因為，這些都是自性化的真我所能展現的方式。

崇山峻嶺，但眼前有條捷徑可行……

我常遇到心理專業的同行或學生向我詢問有關榮格心理治療的書籍，因為在眾多的榮格心理學出版品中，似乎獨缺專門論述心理治療這一塊，不只中文翻譯書裡缺乏，以英文出版的榮格叢書裡這個主題也有限。雖然這本書已經出版了二十一年之久，可是書中所描述的榮格心理治療的核心價值與工作方法仍是歷久彌新。

在榮格分析師的訓練過程裡，最常被提到的就是：榮格分析是沒有方法的分析法。這對有興趣理解榮格分析的心理治療師無疑是一記閉門羹，對初入訓練之門的學生而言也是一樣的痛苦。因為沒有既定的方法，就沒有可精確依循的學習法門，雖想入山尋寶，面對叢山峻嶺卻不得其門而入。馮．法蘭茲這本書可說是回答了許多人的疑問，榮格分析是一個建立在理解生命深度與意義的心理治療。

榮格心理學在榮格死後繼續發揮其影響力，其中一個原因就是馮．法蘭茲。她可以說是榮格學派的學者中，最能夠將榮格理論闡述得比榮格本人還要清晰的人。她有能力將榮格複雜無比又上天下地旁徵博引的理論，邏輯化、條理化。所以，要讀懂榮格的理論，馮．法蘭茲的著作是一條捷徑。

馮．法蘭茲自從十八歲見到榮格，之後成為他的學生，接受他的分析並成為榮格分析師，也成為榮格理論最重要的擁護者與闡述者。她終生未婚，與另一個榮格分析師芭芭拉．漢娜（Barbara Hannah）共同生活，情同母女，死後也與漢娜葬在同一個墓穴。她將自己一生完全奉獻給榮格心理學，榮格活著的時候，她是他重要的助手。榮格晚年的鍊金術研究依賴馮．法蘭茲甚深，因為她精通拉丁文，可以協助榮格整理奧祕難懂的鍊金術文字。她追隨榮格的方式不僅僅是理論與治療方法，連生活上她也努力仿效。榮格為自己在蘇黎世鄉下地方波林根（Bollingen）建造私人塔樓，以為自閉退隱之用；她也在同一個地區買了一塊地，並為自己蓋了一個代表她內在本質我的小塔樓。她死後長眠的墓穴與榮格的墓地也僅相隔數百公尺，種種生平點滴可看出她對榮格的認同之深。值得一提的是，馮．法蘭茲並不僅僅是一個榮格理論的傳誦者而已，在榮格學派裡，她開創出屬於自己的特殊取向：以童話分析作為了解集體潛意識的方法。時至今日，接受童話分析訓練仍是古典蘇黎世學派最重要的訓練。

與內在真我的神聖聯繫

馮．法蘭茲將榮格心理分析中最核心的概念與方法在這本書裡做了相當詳細的描述，而我以為最可貴的部分是有關成為一個心理治療者的論述。馮．法蘭茲說：「**依我的經驗，當準分析師的分析訓練一直懸在個人問題的討論時，這個人日後永遠無法成為有效的分析師。就如榮格所說的，一個人只有在自己的生活中經驗過永恆，他的人生才找到了意義，否則人生會迷失於各種淺薄的事物中。我們或可接著這麼說，這樣的人只能為別人提供淺薄的東西：美好的建議、知性的詮釋、善意的勸告，以幫助人過常態的生活。分析師向內住在重要的本質裡，是非常重要的；如此他才能引領被分析者進入自身的內在核心。**」治療者生活中經驗過永恆、神聖、生命的深度，才不至於忽略了分析者重要的內在訊息，也不至於膚淺化了生活裡的珍貴經驗。所以她特別指出：「不可或缺的是分析師本身與神聖事物有連結，並根據自己的經驗而相信它。」許多人熱切地渴望投入助人的行業，馮．法蘭茲的提醒指出助人者須有的態度與應做的功課，我們是否能真正助人在於自我是否能建立與內在真我的神聖聯繫，而這正是榮格心理分析最核心的精神。

譯序

榮格到台灣

從村上春樹到馮・法蘭茲

我喜歡村上春樹的小說，感覺就像喜歡馮・法蘭茲的文章一樣，兩者之間好像有什麼相似之處，也許是他們都如此細膩、詳實地述說著人性的真實血肉與黯黑幽微之處，令我產生相似的悸動。但我總是奇怪村上春樹的小說為什麼那麼受歡迎？他筆直地述說大部分人不願觀看的人性，寫得那麼…鮮血淋漓、怵目驚心。一般說來，人是不願去看這麼血淋淋的東西的，但他的小說卻吸引著各種不同類型的現代男女。為什麼？

我猜可能是小說總是指向他人，較容易讓人安然地讚嘆：「啊！他把（**別人的**）人性描寫得多麼貼切啊！他描述的某某情形，就像我在某某人身上看到的特質啊！村上春樹真是太厲害了，把（**我觀看到的**）世界與人性寫得入木三分！」小說不會強迫人向內看，你可以把一切的一切當成外在世界的風景來欣賞、讚嘆，可以不需要有什麼自覺，不需要對自己有多一些了解和體會…（當然了，小說也指向內在，但毫無強制性，讀者可以完全向外投射。）

但深度心理學就不一樣了，同樣是對人性有很細膩的描寫，同樣是看見血淋淋的世界，但深度心理學會提醒你，向內看，看見內心世界的投射，就如神諭聖殿的古老格言「認識你自己」，而如實看見自己才是人性需要卻又逃避的苦口良藥。但又是什麼動力讓人願意耗費心力向內看呢？不論是什麼動機，這畢竟是辛苦的路程，若有馮．法蘭茲這樣充滿智慧又懂人性的嚮導，辛苦的旅途肯定會走得比較有趣。

從榮格到馮．法蘭茲

馮．法蘭茲談的是榮格心理學。榮格寫的東西是氣勢磅礡、縱橫古今、跨越四方的，你會看見他旁徵博引，談論的範圍涵蓋哲學思想、神話智慧、宗教民俗、歷史人物等等，那個氣勢是令人震撼的。閱讀榮格的著作，每每讓人覺得必須找到屬於自己背景的東西，卻沮喪地知道很難達到他的境界。

馮．法蘭茲師承榮格，簡直就像榮格精神上的女兒，她也能旁徵博引，看得出她的知識範圍是廣大深入的，但她文章的味道是輕柔的，好像對著你輕聲細語、娓娓道來她所看見的人性。她分享她的博學與深思，但又像怕嚇到你似地，用如此輕柔的方式，引人進入深度心理學的複雜世界，而不用那麼害怕。那感覺是著迷，不是害怕，是覺得：「啊！你真的如實說出我隱約感覺到的人性，那是你我的人性，是更深沉的世界。你的文章是引領我跟著你深深體會、細細品嚐的學習過程。」

從馮·法蘭茲到心理治療

馮·法蘭茲著述等身，她的書幾乎都是從演講紀錄整理來的。這一本《榮格心理治療》是十二篇原本分散在不同時空的演講或上課紀錄，編者根據榮格分析心理學派對心理治療的認識與實務經驗，而把相關主題串在一起的書，做為她七十五歲大壽的獻禮。從書中的主題就可以看見榮格學派對心理治療的看法與其他學派是多麼的不同。

本書一開始先介紹不同層次的「自我實現」，在大家耳熟能詳的用語中提出榮格心理學的不同之處。接下來從「人格類型和劣勢功能」來談自我實現所需要的意識與潛意識的發展，而「積極想像」就是促進這種發展的重要工具。由於劣勢功能和積極想像是榮格心理治療實務非常重要的觀念與方法，所以用了極大的篇幅詳細介紹，並舉出許多實例說明。但讀者若要深入探討人格類型，或是實際練習積極想像，最好能在榮格學派的諮商師或分析師的指導下進行。

接下來談到「心靈宗教面」的重要性，及其可能有的負面影響。這是榮格心理學非常核心的部分，也是一般心理學或精神分析忽略的部分。這裡所談的「宗教」，並非一般制式的宗教，而是各種宗教背後神聖、奧祕的源頭。所以榮格心理學會從個人潛意識跨越到集體潛意識，從情結跨越到心靈的原型。在這種背景下，動力心理學中非常重要的「移情」、「投射」在本書也都被賦予了更深的意義。

本書最後幾個主題分別探討從事此專業所需具備的條件，團體治療的意含，榮格對藥物的觀點，並以「永恆少年」為例說明原型與當代的密切關聯。這些主題在榮格心理學中所蘊含的觀點，都與一般心理學大異其趣，讀者可以由此看見榮格觀點在眾多心理學中的獨到之處。

譯者盡力以淺白、順暢的方式譯介馮・法蘭茲筆下的榮格世界，但這本書畢竟是意義濃度甚高的專業書籍，一般讀者恐怕很難在一時之間進入此書妙義。但台灣近年有愈來愈多人或是到國外修習榮格心理學，或是在國內進行與榮格關係密切的沙遊治療，榮格觀點在台灣心理學界似乎愈來愈需要得到深入而專業的介紹。台灣過去與榮格心理學相關的書籍，若不是過於艱澀的榮格原典，就是淺嘗即止的入門介紹，或是夾雜其他學門的混合體，較欠缺深入而又易讀的專業書籍。本書是榮格心理學實務非常重要的一本著作，在原文出版二十一年後、作者過世十三年後，終於有了中文版，譯者深願本書能為榮格心理學在台灣的成長做出些許貢獻。

第一章

自我實現

只有意識自我才有能力實現心靈的內容。即使是某種偉大的東西，即使是神聖的本質我，也只能透過自我來實現。這就是榮格觀點所認為的自我實現。

「自我實現」（self-realization）這個用語在今天已被各種心理學派使用，大多都是約略根據榮格的個體化（individuation）概念而來的。可是，如果仔細看一看，就會發現他們的用法其實不同於榮格的用法，他們所說的「自我實現」是指找到某種自我認同感。我們知道，這種認同感是出於自我（ego）變得愈來愈持續、穩定，於是自我對自己會有更多的認識。相反地，榮格是指完全不同的情形，也就是有自覺地探索、進入自己與另一種心靈內容的關係，他根據《奧義書》（*Upanishads*）把這種內容稱為「本質我」（Self）。這種情形也會發展出更持續、穩定的自我認同感，但性質不太一樣，比較不會以自我為中心，並有較多人性的善意。此處的自我並不是要實現自己，而是要幫助「本質我」的實現。

乍聽之下，這種描述當然有點抽象，所以我接下來嘗試透過夢的詮釋，以說明這個歷程。這個夢會闡明這個主題的幾個主要面向。我選擇夢，是因為夢是人類尚未受到成見干擾的潛意識本質的表現，所以它代表的不是理論，而是心靈本身面對自我實現問題時的回應。

雖然許多人都在理論層面了解自我、本質我和潛意識的概念，但在使用這些概念時，卻不知道它們在實際經驗中代表什麼意思。下述夢境的夢者就是這種情形。他是四十歲的男性，成長於英語系文化，剛通過蘇黎士榮格學院（C. G. Jung Institute in Zurich）第一階段的測驗，他非常了解上述概念的理論，但現在面臨首度治療病人並接受督導的時刻，他不認為自己能勝任這件事，因此感到恐懼，這是可以理解的。他最大的恐懼就是他可能沒有能力了解被分析者的夢。（眾所周知，榮格學派的分析有相當大的程度是在詮釋病人的夢。）對他而言，每一件事都顯得不太確定，他開始沉思到底什麼是「正確」或「不正確」的夢的詮釋，甚至思考更基本的問題：分析時到底發生了什麼事。一天晚上，他與朋友長談這個話題之後才就寢，然後做了下述的夢：

我坐在一座舊城市裡開闊、長方形的廣場，一位只穿著長褲的年輕男子與我作伴，他雙腿交叉，坐在我前面，他的身軀強而有力、充滿活力，陽光照耀著他金色的頭髮。他對我敘述許多夢，希望我為他解夢。當他對我述說時，這些夢像是他在我面前展開的一種織品，他每述說一個夢，就有一顆石頭從天上掉落，敲打一下夢，當夢的碎片飄落，我拿到手中一看，才看清它們是麵包做的。夢的碎片飄落後，就裸露出內在的結構，很像一種抽象的現代雕像。每述說一個夢，就又掉下一顆石頭，於是這個基本結構愈來愈明顯，是由螺帽（nuts）和螺栓（bolts）組成的〔譯註一〕。我告訴年輕人，這表示如果要探討夢的意義，就要進入具體細節。接下來又顯示夢的詮釋是知道要丟棄哪些部分、保留哪些部分的藝術，人生也是如此。

接下來，夢的場景改變了。我和年輕人現在面對面坐在一條非常美麗寬闊的河邊，他仍在向我述說夢境，但夢建立的結構呈現出不同的形狀，已經不是螺帽和螺栓形成的金字塔，而是成千上萬小形的方塊和三角塊組成的金字塔，好像布拉克〔譯註二〕的立體派畫作，卻是真正的立體，而且是活的。小方塊

譯註一　這是雙關語，nuts and bolts合起來的意思是「具體細節」。
譯註二　Braque（1882-1963），法國畫家。

和三角塊的顏色與明暗一直在改變。我解釋這是一個人維持整體結構的平衡所必需的，要不斷地立刻回應顏色的變化，在另一側做出相應而互補的改變。平衡顏色的工作極為複雜，因為整個物體是立體的，且一直在移動。接著，我看著金字塔的頂端，那裡什麼也沒有，那兒其實是整個結構維繫在一起的點，但那個點是空無一物的空間。當我看著它，這個空間開始散發白色的光芒。

夢的景像再度改變，金字塔仍在那兒，但它現在是固態的糞便組成的，頂端仍散發光芒。我突然了解，眼不能見的頂點是因為糞便才被看見的，反過來說，糞便也是因為頂點才能被看見。我深深看入糞便，發現我正看著上帝之手，在領悟的一瞬間，我了解頂點為什麼是看不見的，因為它是上帝的面容。

夢境再度改變，我和馮．法蘭茲小姐在河邊散步，她大笑說：「我是六十一歲，不是一十六歲，但兩個數字加起來都是七。」

我突然醒來，覺得剛才有人重重敲門。我驚訝地發現，公寓全然寂靜，空無一人。

在初民的語言中，這是「大夢」，或是用榮格的話來說，這是原型之夢，具有超越個人、適用於普世人類的意含。我們現在必須嘗試更準確地了解它。它由四個段落組成，第一組事件發生的位置在一座舊城市的長方形廣場，意思是指傳統和人類文化，與夢中下一部分的河流形成對比。這可能與夢者正苦惱於「在分析中，我們在做什麼？我在做的到底是什麼？」的疑問有關，答案是夢的述說與詮釋是一種古老的文化傳統，過去一向發生在公共場合。夢中出現了第一位想要詮釋夢的病人，不過，他顯然充滿活力而健康，並未生病。他被太陽照耀的金髮甚至可能表示他是某種與太陽有關的英雄。這種健康的狀態強調夢起於心靈健康的層面，即使是生病的人也是如此，但它仍有更深的意含：神話中與太陽有關的英雄是帶來新的光明、新的意識的人，他已經是榮格所說的本質我的一部分，這是夢者本身還不認識的面向，但這一面將會為他帶來亮光。

這個人講述的夢具有一種實體，不是什麼淺薄、空泛的東西，可以說是某種真實、具象的物質。石頭從天上掉落到夢，這代表夢的詮釋。夢者非常擔心自己是否能正確地詮釋夢，夢的意象在此以補償的方式清楚表示夢的正確詮釋是某種正中目標的東西，這不是某種可以設法做到的事，而是非個人的心靈事件。從天上掉落的石頭，必然是流星。某種來自上面的東西，在神話的語言就代表它來自集體潛意識裡未知的靈性領域。流星在古代是非常被尊崇的物體；它們一直被認為包含神聖的精靈，是神明的信使。例如，北美阿里卡拉（Arikara）族人告訴我們，至高的神尼薩魯（Nesaru）把黑色的流星送給他們，做為特使，教導他們聖笛的儀式，這是和平的笛聲。著名的卡巴（Kaaba）聖堂是麥加朝聖的目的地，也有一顆黑色的殞石。由於石頭來自天上，所以我們把夢和夢的詮釋都看成正好「打到」你的觀念，兩者都來自潛意識。兩者終究都來自相同的來源，但只有在治療師與被分析者一起努力處理夢的時候，石頭才會「打到」夢。

夢的碎片被石頭打到而飄落時，經過仔細檢視，就發現是由麵包做成的，這是人可以吃的東西，以心理學的話來說就是人可以整合的東西。這是正確的，因為我們都體驗過，成功的夢的詮釋、打到目標的詮釋，可以滋養意識。綜合的、建設性的詮釋（亦即不嘗試把夢的內容化約成「只不過是願望的滿足」或某種別的「只不過是」，而是跟隨夢的建設性路線，豐富其主題），就會像「生命的麵包」一樣起作用。在主禱文裡，我們要求的其實不是「日用的飲食」，這是錯誤的翻譯，希臘文本的用字是hyperousion，意指「超越物質的飲食」。

不能被吃或是不能被直接整合的，就是夢留下來的部分，是由螺栓和螺帽組成的，可以漸漸造出整座金字塔。就如夢中的敘述，這是夢的基本結構，是拿掉血肉之後留下來的部分，或是夢中的情形，拿掉麵包後留下來的部分。夢稍後告訴我們必須對人生也做相同的事：只留下赤裸的骨架。這表示我們必須穿透隱藏在夢的意象背後的深層意義。

常有人說：「我昨晚夢見一個非常可笑、愚蠢、荒謬的夢。」他們仍停滯在荒謬意象組成的夢的表層，未能穿透而進入底層意義。榮格常對這些人回應說：「沒有愚蠢的夢，只有愚蠢的人，不了解夢。」

金字塔做為本質我象徵的心理意含

螺栓的目的是把兩個東西組合起來、綁在一起，例如，軌道和枕木。這是很明顯的性的類比，使用螺栓可以使東西結合起來。每當夢的詮釋打到目標，就有一片潛意識加入了意識，或是一種自動的情結加入了人格的其餘部分。透過這種方式，就會發生一種不斷重複的結合過程，藉此，奇怪的金字塔就會成形，這是夢的其餘部分要處理的對象。所以我們必須更仔細地檢視金字塔象徵的意義。

金字塔最重要的功能當然是古埃及人所賦予的：國王墳墓的外觀。金字塔是死者之屋。塔頂用來關閉金字塔的石頭，被放置在那裡的目的是為了讓太陽的第一道光線照到它。[1]現在，在埃及，至上的神、宇宙的神艾騰（Atum）最初是以圓椎形的石頭代表，就是所謂「未知的頂頂石」（ben ben stone）[2]。這個名稱與埃及字wbn有關，意思是「上升，照亮」，同樣的字根也見於埃及字bnw，意思是「鳥，鳳凰」，鳳凰象徵升起的太陽和復活。太陽城赫里歐波利斯（譯註三）最神聖的廟宇也稱為石頭之家或鳳凰之家。這個頂頂石也被認為是世界初始生出源初之水的源初山丘。這個鳳凰也被認為就是後來埃及歷史中的巴鳥（ba bird），這種鳥是每一個人類靈魂的不朽指導者，是他的個體狀態，死後會和宇宙之神同在，且不會失去其身為塵世個別人類的本質。

赫姆斯·傑克布松（Helmuth Jacobsohn）認為尖塔上三角椎形的頂端石也代表頂頂石，稱為benbenet。國王從尖塔底部用儀式敬拜上升的太陽神時，太陽的第一道光線會落在尖塔的頂點，頂點在那個時代是鍍金的。[3]在那一點可以看見神的靈魂指導者巴（ba）。可是benbenet也意指金字塔的頂點，很像尖塔的頂點。已變成巴的亡者在他復活的那一刻會從那一點注視太陽神。這種石頭後來也供應給普通人，做為埋葬配備的一部分。

傑克布松指出，埃及的頂頂石相當於西方煉金術的「哲人石」，哲人石也象徵不死的指導靈與亡者的復活身體。這個夢中的金字塔與此有驚人的相似點，而夢者顯然完全不知道我們剛才提到與埃及有關

譯註三　Heliopolis，埃及古城。

的部分。同樣地，他夢見的金字塔也是某種神聖的東西；綻放光芒的頂端甚至是上帝的顯現，在它毫無價值的物質裝扮中，甚至可以看見上帝之手。

金字塔確實會展現奇怪而尚未得到解釋的物理性質，這裡也許值得順便談一下。[4] 以硬紙板做成的奇奧普斯（Cheops）金字塔模型的實驗顯示，置放在裡面的屍體不會腐壞；鈍的刮鬍刀片放在裡面會變得鋒利。這必然與內在空間的幾何學有關，但仍不知確切原因為何。無論如何，這不是本文要討論的，對我們而言，重要的只是夢中金字塔做為本質我象徵的心理意含。

透過討論榮格所謂本質我是什麼意思的過程，可能多少會比較清楚一點。本質我不是自我，而是更含融或不朽的內在人格，這個象徵帶有這種暗示。榮格也把它定義為人的意識與潛意識的整體。雖然這個本質我已經存在每一個人裡面，是人的基本構造，但要透過夢的認識或積極想像的練習，[5] 才能得到實現。實現的過程中，它可說是「化身」成自己，也就是自我的必死生命。如果我擁有像貝多芬一樣的音樂天賦，但不曾發現或運用它，它就等於不存在。只有意識自我才有能力實現心靈的內容。即使是某種偉大的東西，即使是神聖的本質我，也只能透過自我來實現。這就是榮格觀點所認為的自我實現。

了解自己裡面的神聖，而非他人的

現在回到夢的第一部分的開端，城市裡的長方形廣場。默希亞・伊里亞德（Mircea Eliade）的著作提到，城市裡的這種廣場是世界中心的象徵，是天與地、永恆與時間來到一起的場所。[6] 所以這個廣場其實是本質我的象徵，但表現出母性的保護空間的作用。述說夢的金髮人是本質我努力邁向意識的面向，就像所有神話中的英雄一樣，都是世界新願景的抱持者。

至此，就比較容易了解為什麼榮格總是要求分析師終究必須花費最大的努力，使自己的個體化歷程持續向前進。因為在這麼做時，他們會帶著他們的被分析者一起踏上旅程，同時不會試圖直接影響他們（否則就是權力的濫用）。在早年的信件中，榮格甚至說治療師應該只分析病人心靈的病態部分。這是因為理智的了解是有破壞性的。[7]畢竟，「了解」（understanding，拉丁文是comprehendere）的意思是「抓住」、「握緊」，所以和權力的行使有關。當病人的生命和命運處於緊要關頭時，必須以無言的尊重對待他獨特的奧祕。就如榮格所說的：「我們必須了解自己裡面的神聖，但不是另一個人裡面的神聖，別人裡面的神聖要他靠自己的能力進入與了解。」前面已提過，我們的夢者在憂慮自己與病人的相會。他的夢向他指出，要回頭探索自己。

接下來的影像改變，場景變成一條寬闊的河岸。在神話學中，河流通常與時間之流、生命之流有關。例如，對希臘人而言，時間是克羅諾斯神（Kronos或Chronus），也是像圈圈一樣圍繞地球流動的歐洵諾斯（Oceanus）水流，或是像一條天河環繞宇宙，有黃道帶的動物騎坐在上面。

河流也是永恆變化的意象。我們或許會想起赫拉克利特斯（Heraclitus）的話：「伸足入河，已非前水」。由螺栓和螺帽組成的既具體又抽象的金字塔骨架，現在已變成由無限多相互調色的方塊和三角塊組成的金字塔，其色調的細微差異必須一直保持互補的平衡。這描繪出進階的夢的分析。每一個成功的夢的詮釋，在一開始都是個別的「啊哈！」經驗，但經過生活之流的延續性，每一件事現在都互相有更親近的關聯。不但開始了解個別的夢，且會繼續和它們一起生活。現在也更清楚看見金字塔雖然有許多個別的面向，但代表的是一個平衡的整體，每一件事物在其中都與其他事物協調一致。顏色代表情緒和感受的參與，這不再只是與單一感受有關的事，而是以更生動的方式，與感受的所有層次都有關的事：總是會考慮到神祕整體的平衡狀態。

基本成分是三角形和正方形，就像它的整體是由正方形的基底和四面三角形組成的。熟悉榮格工作的人都知道，本質我的象徵幾乎都是由四個面向組成的結構，很少是三個面向組成的。古代宇宙論的宇宙模式都是由四個面向組成的，神性的自然象徵也都是如此。天主教甚至把聖母瑪麗亞提升到天上，使基督教的三位一體擴大成四位一體。就數字的象徵系統而言，三和三角形是陽性—動態的，而四和正方形是陰性—靜態的。金字塔的成分包含兩者，表示對立面在此是結合的，其實在螺帽和螺栓的意象就已暗示了這一點。這整個結構在一種顏色不斷轉換變化的狀態，它是活物，必須被任何深思它的人（此處就是夢的詮釋者），不斷以新的方式重新了解。

夢者現在發現頂端（整個結構的焦點）是空的，是什麼都沒有的空間。我們稍後會知道，這種情形是因為它是上帝的面容。沒有人可以活著注視上帝的面容，這是眾所周知的事！許多曼陀羅圖形（就是以圓形和四方形宗教圖像表現的本質我）的中心是基督或佛陀或某種神格人物，也可能是雷電（西藏的金剛杵）、水晶、花朵、金球等等的象徵。但特別是最近，如榮格指出的，有愈來愈多的情形，中心是空無一物的。就如他所說的，這似乎表示許多現代人再也無法把神聖的形象投射到，比如說，基督或佛陀身上。[8] 結果，他們就冒險把自己當成中心，這可能導致人格的崩解。曼陀羅的界限就是為了預防這種情形，並強調要專注於內在核心、本質我，這是與自我不同的。人的形像並不是要取代神明，而是用象徵表示它，透過這種方式，神明能保持神祕，住在個體心靈的深處。

任何類型無神論的危險就在這裡，人可能把一己的自我放在核心，而產生自我膨脹，可能把自己丟進心靈的災難。我們的夢者並沒有這種危險，但他把自己視為分析師時，仍過於嚴肅，所以生起這種圖像。他看著頂點時，頂點開始綻放光芒。這使人聯想到東方的涅槃或頓悟經驗，這種空無不是負面的一無所有，而是充滿開悟的力量。

隱藏在暗黑中的上帝之手

夢的第三部分發生令人驚訝的反轉，所謂物極必反。[9]美麗的金字塔現在是由固態的糞便組成的，使空無之中的發光點成為具體可見，反之亦然。古代和中世紀的煉金術士不厭其煩地不斷由糞土之中提煉哲人石，這些廢物是世人隨意踐踏在腳下的。即使是今日，仍有許多當代理性主義者認為夢是「廢物」、是肛欲期和性蕾期留下的幻想之類的東西。沒有錯，分析師必須坐在辦公室傾聽一整天的東西，並不都是有益的，他們必須聽婚姻的瑣事、瘋狂的妒忌、被壓抑的怨恨的爆發、性幻想、金錢的需求，以及永無休止的「然後他說⋯然後我說⋯」，這是可怕的糞土，病人和我們全都陷入其中，但更仔細觀看時，就會看見其中的上帝之手！

這可能是榮格本人最了不起的藝術：他能傾聽這種垃圾，保持不可思議的毫不動搖，然後突然用一句話或一個手勢，指出其中可以見到的上帝之手，也就是當前危機的深層意義，使人能接納它。他能做這件事是因為他不太去找原因（精神官能症狀的個人史），也不以之解釋症狀的起源，而是尋找眼前現象的目的或意義。「我讓自己陷入這種泥淖，對我是什麼意義呢？」藉此，金字塔的頂點變得具體可見。所以古埃及人用這種方式置放金字塔的頂端石，使太陽在每天清晨的第一道光線可以照到它。直到現在，在東方，特別是波斯，日出仍是神祕開悟的象徵，是開悟者看見上帝，並與祂合而為一的地方。

夢的第四部分是降入或回到日常生活。我出現了（我是他的分析師），並大笑說我是六十一歲，不是一十六歲，但兩個數目裡面的數字總合都是七。我們先檢視實際的處境，我六十一歲，夢者四十歲，剛接受他分析的女子大約二十歲左右，所以夢者介於中間，大約在人生後半段的邊緣。他在四十歲之前，從事另一項專業。他現在陷入的危險是被新的任務嚇壞了，就像學生面對考試一樣。他過去累積的生活經驗、他已成功調整好的婚姻問題，還有已經長大成人的三個子女，都被他忘掉了。

此處可以幫助我們的是數字的象徵意義。數字一代表神性和宇宙的合一，六代表兩性的結合和婚姻。人到一十六歲時，明確脫離了童年期的潛意識整體，轉向性欲和世上「成千上萬的事」。到了六十一歲，人已跨過門檻，邁向老年，這時會轉離雜多，走向內在的合一。但這兩個數目裡的數字加起來都是七，七是演化、發展的數字，[10]比如造物主用七天創造。數字八則是達到目標：經過分化的整體。此處強調的是七，是生命發展的事實，包括年輕和年老時的發展。就如古代煉金術士所說的「萬物變遷」。

這個大夢使人遠離夢者的恐懼，並以整個人生哲學回答他的疑問，這個人生哲學的核心就是自我實現。整個夢境的詮釋完全是由一連串啟發夢者的事件來表現，但這不應該使人誤以為分析師不需要在自我的部分有所成就。我們從經驗得知，夢的詮釋是辛苦的工作、艱難的工作，需要大量的知識。這個夢把詮釋的工作描繪成純粹只是某種自行發生的事，這代表一種補償作用，因為夢者在前一天的沉思中，過於嚴肅地看待他的自我，也就是分析師的角色。實際分配給他的病人是兩位年輕女性，完全沒有在夢中出現。夢中的病人「受苦者」比較像夢者本人的內在人物，是他本質我的一部分。

本質我，個體終極的內在奧祕

這個夢或許傳遞出一些跡象，說明榮格學派的人為什麼會懷疑團體治療的作用。這個夢顯示內在發展的主要過程發生在自我與本質我之間，或是用老一派的話來說，本質我就是一個人內在的上帝形像。別人和別人的意見在這裡都完全不重要，甚至到一個地步，即使把分析師當成同伴也嫌太多。就如榮格所說的，一個人「如果想知道當他再也無法支持自己時，到底是什麼在支持他，就必須獨自去經驗。只有這種經驗能給他無法毀壞的根基。」[11]

這種態度完全無關乎自戀或自我中心的個人主義，後面這兩種情形都只是以「親愛的自己」關注自我的部分，而不是本質我。本質我才是個體終極的內在奧祕。人與本質我之間的關係不是自我中心，絕對不是，因為人若沒有找到自己，也就是他的本質我，就永遠無法真的與別人建立適當的關係。可是榮格也承認他的立場是片面的，因為強調社會適應的外傾取向，以及強調與本質我建立關係的內傾取向，其實組成一對互補的相反面，兩者都有自己的正當理由，但同時也互相排斥。但在人口膨脹和愈益都市化的壓力下，再加上共產主義與大部分心理學派的外傾取向的影響，我們陷入只強調一極而壓迫個體獨特性的重大危險之中。

若不考慮這一點，可能會帶來潛意識的反擊，其特徵是不受約束的個人主義，在極端的情形下，甚至造成反社會的犯罪。基於這個理由，從榮格的角度來看，更加關注個體通往本質我的內在道路的時候已經到了，因為只有把根基立於本質我的人，才能真的憑道德來行動，只有這種人才不會不加思索地跟隨時尚、流行和政治「主義」的潮流，於是，就像夢所表達的優美意境，他也能在生活裡的一切爛泥和糞土中，看見上帝之手。當然了，就像夢同時指出的，只有在他更仔細觀看時，才能看見。

……………………………

原註：

1. Cf. Helmuth Jacobsohn, "Das göttliche Wort und der göttliche Stein im alten Ägypten" (The Divine Word and the Divine Stone in Ancient Egypt), *Eranos Jahrbuch*, vol. 39 (1970):217ff.
2. Ibid., pp. 233-34.
3. Ibid., p. 236.

4. Cf. S. Ostrander and L. Schroeder, *Psi* (Bern, Munich & Vienna: Scherz Verlag, 1970), pp. 308ff. (Karel Drbal).
5. 有關積極想像，請參考本書第三、四章。
6. Mircea Eliade, *Kosmos und Geschichte* (Cosmos and History)(Rowohlt, 1966), pp. 11ff.
7. C. G. Jung, letter to Hans Schmid, 6 November 1915, in *Letters*, vol. I (Princeton: Princeton University Press, 1973), p. 31.
8. See C. G. Jung, *Psychology and Religion*, CW 11 (Princeton: Princeton University Press, 1958), para. 156, p. 95.
9. See C. G. Jung, cw 8 (1960), p. 219.
10. See R. Allendy, *Le symbolisme des nombres* (The Symbolism of Numbers) (Paris, 1928).
11. C. G. Jung, *Psychology and Alchemy*, cw 12 (1953), para. 32, p. 28.

第二章（上）

劣勢功能

劣勢功能的領域含有高度的生命力，一旦優勢功能受到磨損，開始像老車一樣發出咯咯聲和漏油時，如果能成功轉向劣勢功能，就會重新發現嶄新的生命潛力。劣勢功能領域中的每一件事都變得令人興奮、引人注目，充滿正面和負面的可能性。它蘊含巨大的能量，透過它，可以重新發現世界。

譯者說明：譯者假定讀者並不熟悉榮格的心理類型，故在此先介紹其基本觀念。

一、榮格認為意識的功能有四種，分別是思考（對內容和意義的認知）、情感（主觀喜惡的判斷或評價）、感官（透過五官而有的知覺，能感知現實）、直覺（透過潛意識而有的知覺，能感知可能性）。最擅長使用某種功能的人，就稱為某某型的人，比如思考型就是指最習慣、擅長使用思考功能的人。

二、四種功能可以分為兩組，思考和情感都是區辨、判斷的理性功能，而感官和直覺都是感知作用的非理性功能（並非不理性，而是非關理性）。

三、每一組裡的兩種功能都是互為相反的功能，亦即互相排斥的。例如，以思考功能為主要功能（優勢功能）的人，相反的情感功能就會發展不良，成為較不被意識到的劣勢功能，但感官和直覺仍可以得到發展，成為輔助功能。再例如，以直覺功能為主要功能的人，感官功能就是其劣勢功能，而思考和情感則可以成為輔助功能。

四、一般心理學談人格類型時的重點都放在優勢功能的探討與發揮，但榮格心理學更看重劣勢功能在人生後期的發展，因為這關係到潛意識與意識的結合，以及全人的整體發展，也是本章的重點所在。

五、除了根據功能分成四種類型，還可以根據心理的適應模式分成兩類：內傾型和外傾型。內傾型的能量流向內心世界，較看重主體；外傾型的能量則流向外在世界，較看重客體。內傾型會有潛意識的外傾，而外傾型會有潛意識的內傾。

六、每一種功能都有內傾或外傾兩種，所以共得到八種類型。比如外傾思考型的意思就是優勢功能是外傾的思考功能，而其劣勢功能就是相反的內傾情感功能。再例如內傾直覺型，意即優勢功能是內傾的直覺功能，而劣勢功能就是相反的外傾感官功能。

簡介

本章的主題雖然是劣勢功能，但要討論劣勢功能（inferior function），就必須先談四種功能的整體問題，同時也要概略介紹優勢功能（superior function），因為它們全都交織在一起。我假定讀者熟悉榮格關於心理類型的書，[1] 並嘗試以我的實際經驗來說明它。

《心理類型》（*Psychological Types*）是榮格較早期的書，當他寫這本書並嘗試探討類型時，從許多方面來看，他都正在黑暗之中掙扎；從那時開始，他又得到許多發現，記錄在其他著作裡，我打算把這些內容連結起來。在現實生活中，我們會不斷遇到不了解類型學的人，許多談論類型的人甚至不知道自己的類型，這通常是因為缺少實際經驗。自從榮格寫完這本書之後，四種意識功能的觀念，以及意識人格在這種四重方式中的作用，都已被證明是極為豐富的，而四種功能的問題在榮格的思想中愈益發展，於是他的思想也出現了宗教形式的三與四的問題。

三與四的問題，特別是在上帝的形象上，已被證明是非常重要的問題，以至於很多人容易把功能的問題投射到這個宗教問題。同樣的情形發生在神話學的詮釋，因為每當有人發現具有四個面向的象徵

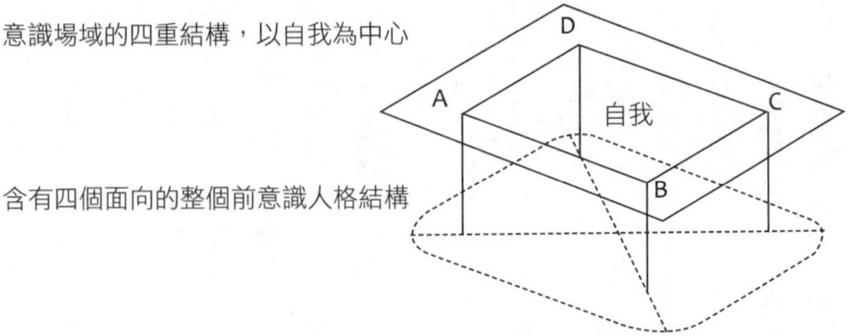

圖一

——比如北美印地安人的神話談到指南針的四個方位或沙畫明顯具有的四重結構——就認為是指四種功能，然後把這個概念套入神話的主題。此處有三個錯誤，第一是把榮格的概念套入神話的素材，本身就完全是呆板乏味的做法，因為它扭曲了基本事實。其次是運用了觀念，卻沒有思考其真正的意含與根據。第三，就這個特定的例子而言，它根本就錯了，因為你只要稍微思考一下，就會明白我們在神話素材中所看到的，都是潛意識的素材。例如，納瓦荷人並沒有在意識中仔細考慮過他們的沙畫和曼陀羅；他們會說沙畫是給他們或巫醫的啟示。所以，那些原始的和甚至演進出來的四面向一組的神話主題，都是集體潛意識自己展現出來的，所以我們不可以把它們當成意識的現象，而四種功能卻是意識的行為模式。所以我們必須以下述方式更準確地看待它。

我們知道，意識在早期童年是從潛意識演化來的。從我們的觀點來看，潛意識是原初的事實，意識是續發而來的。所以整體潛意識和整個人格的結構，都存在於意識人格之前，如圖一所示。

意識本身是再現（representation）的場域，再現只能被稱為是意識的，因為再現與自我情結有關。如果有人說：「我知道這是什麼和什麼」，意思就是這是我意識到的，這是我意識場域內的事實。功能在意識場域發展時（圖中的A、B、C、D），是從下面升上來的，第一個升上來的，比方說如果是思考功能，它就會成為自我的主要功能之一，自我在組織它的意識場域時，就會以思考的運作為主。逐漸地，另一個功能出現了，然後慢慢地，全都出現在意識場域中（在理想情況下）。於是你在意識中得到一個四重結構，精確映照出前意識的四重結構。我們在意識中具有四個面向組成的功能，是因為潛意識天生就已具有建立這種四重結構的傾向。神話的產物通常反映出基本的結構（圓），但並不代表此結構在意識中的映像。這就是為什麼如果我們嘗試把思考、情感等等概念套入神話現象時，總是失敗的原因，因為我們嘗試以錯誤的方式連結，就好像嘗試倒果為因一樣。所以，如果我們在神話中看見一個四重現象時，最好是認為它代表心靈中普遍的原型結構，而這個原型結構總是有發展成意識結構中的四種功能的傾向。

心靈的基本結構

常常有人詢問，究竟為什麼一定是四種功能，為什麼不是三種或五種？這無法從理論來回答；它需要的只是核對事實，看看你是否能找出更多或更少的功能，而另一種分類法可能也同樣有道理。對榮格而言，這是個大發現，因為他後來用事實印證了自己憑直覺而有的觀念，包括神話和宗教象徵裡到處都顯示出心靈的四重結構的問題，還有病人行為的研究，都證明他顯然說出了心靈的基本結構。

當然了，心靈的基本四重結構並不只是意識的功能，它如果出現的話，一般是呈現出純粹而原始的潛意識自身的展現，通常是尚未分化的四位一體。它們只是多少屬於同類的四種原則：四色、四角，或四神等等。當它們愈連結到意識時，就愈容易變成三種動物和一個人類，或是三位善神和一位惡神，於是你會得到更加分化的曼陀羅，四位一組結構的四極此時已彼此不同。當你發現三與四的典型問題時，如果你面對的素材已被意識大量處理過，就容易有這種分化的情形，榮格對此已有許多著述。這表示這個基本結構的某種功能進入意識時，或是在最理想的狀況下有三種功能進入意識時，會產生作用，造成基本結構也跟著改變，因為不論是心理學或現實中的任何一種其他領域，都不會只有單向、片面的行動過程；如果是由潛意識建立出意識場域，這種改變的反彈作用也會造成潛意識結構的變化。所以，在夢和神話素材中，你都會發現這種基本結構也會以改變過的形式出現，由此可以推斷，功能的問題有一部分已經被意識到，而由於反作用力，所以連基本結構也有了這種改變或修正過的形式。有些曼陀羅主要是在較高等的文明被發現的，比如四位福音使者的形象有三位是動物，一位是人類。這個主題原本在埃及神話中出現為赫魯士（Horus）的四位兒子，其圖像是三隻動物和一個人頭，也見於其他扭曲的曼陀羅，其中的結構都具有某種張力，這種張力通常特別會介於三和四之間。

以下要簡短描述榮格心理學的四種功能模式。榮格先分出兩種傾向：外傾型和內傾型。在外傾型中，欲力（libido）習慣有意識地流向客體，但也有潛意識暗中的反作用力，回向主體。外傾型朝向主體的隱祕動作，通常是一種潛意識的因素。內傾型的情形剛好相反，他會覺得客體好像一直要壓倒他，以至於他必須一直退離客體，由於每一件事都落到他身上，所以他會不斷被各種印象淹沒，卻沒有察覺他經由自己潛意識的外傾而暗中向客體借用心理能量，或把能量借給客體。

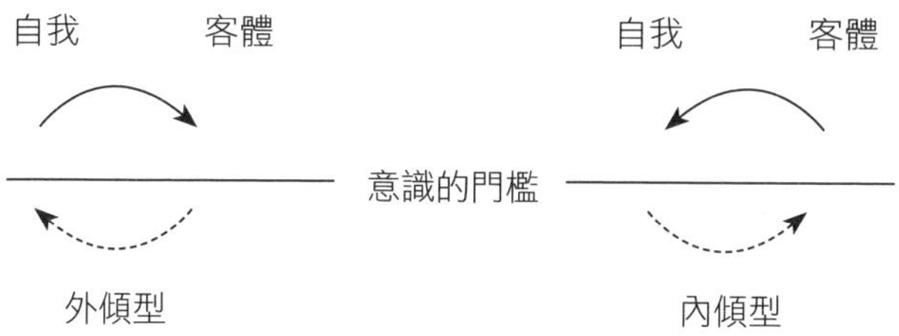

圖二

圖二是表示外傾型和內傾型差異的簡圖。感官（sensation）、思考（thinking）、情感（feeling）和直覺（intuition）這四種功能都各有外傾型和內傾型，所以得到八種類型：外傾思考型、內傾思考型；外傾情感型，內傾情感型；以下類推。

劣勢功能的共同特徵

討論實例前，我想先描述劣勢功能的共通特徵。你可以這麼說，個人身上的所有優勢功能，不論是這個人的思考功能或另一個人的情感功能，會各自傾向於以某種方式表現，但個人身上的劣勢功能，不論是哪一種功能，卻會有共通的表現方式。許多神話奇妙地反映出劣勢功能的表現方式，也特別常見於各種童話，而下述的結構模式是非常普遍可見的。一位國王有三個兒子，他喜歡兩個較大的兒子，最年輕的兒子被認為是愚蠢的或是個傻瓜。於是國王安排任務，要求兒子尋找生命之水，或是最美麗的新娘，或是追捕每夜來偷走馬匹的神祕敵人，或是找出皇家花園中的金蘋果。一般說來，兩個大兒子出發後會一無所獲或陷入困境，而第三個兒子坐上馬鞍後，眾人會嘲笑他，勸他最好留在家裡的火爐旁，那才是他該待的地方，但通常卻是由他完成偉大的任務。根據神話，這個第四位人物（第三個兒子，卻是場景中的第四位人物）具有不同的特質，他有時是最愚笨或最年輕的人，有時是有點笨手笨腳的人，有時則是個全然的傻瓜。

有各種不同的版本，但他總是屬於這一類的人。例如，在一個美麗的俄國童話中，他看起來完全像個傻瓜，兩個年長的兒子騎著父母馬廄裡的高大駿馬，最年輕的兒子卻騎著毛髮凌亂的小馬，還坐反了，臉向著馬尾的方向，離開時被所有人嘲笑。沒錯，他就是繼承一切的俄國英雄伊凡。傻瓜或白痴的故事有時會跳脫四個人物的共通架構，他在一開始就是英雄，比如拇指仙童的主題，或是跛子，或常常是軍人，他可能是開小差逃跑，或是受傷卸下軍職，在樹林迷路，於是開始一場大冒險。也可能是一位貧窮的農家男孩成為國王或繼承王國。在所有這些情形中，你從故事一開始就知道它談的不只是四種功能，因為傻瓜是一種原型的宗教人物，包含的內容不只是劣勢功能；他是指人格的整體，甚至是指人性本身，代表遺留在後面的部分，所以仍具有原初的自然整體，因此他主要是一種宗教的意義。但在神話中，只要傻瓜是以四人一組的第四位出現時，我們就可以很有把握地假定他反映的是劣勢功能的共通表現。

詮釋童話時，我常常試著走到更細節的部分，比如把國王當成思考功能，第四個兒子當成情感功能，但我的經驗顯示這是行不通的。你必須扭曲內容，用一些不誠實的手法，才能迫使內容符合這種詮釋。所以我的結論是無法走到那麼遠，我們只能說神話中像這樣的第三個兒子或傻瓜，單純地代表劣勢功能的一種共通表現，而不管這種劣勢功能是哪一種功能；它既非個別的功能，也不是特定的功能，而是共通的結構。這是相當正確的，因為你如果研究個別的例子，就會發現劣勢功能容易表現出這種「傻瓜」英雄的樣子，神聖傻瓜或白痴英雄代表人格被鄙視的部分，是滑稽可笑而適應不良的部分，但也是這個部分可以連結到人的潛意識整體。

還有一件事需要注意，許多神話中愚笨的第三個兒子會找到生命之水或金鳥，或打敗惡龍，或帶著美麗的公主回家，繼承王國等等，我們會很想把他詮釋成通往潛意識的橋樑，因為上述的所有成果都是潛意識內容的象徵。可是，切勿忘記，整個神話過程代表的就是潛意識的一切，而內傾型的潛意識經常出現在外在！所以，場景中的第三個兒子或第四個人物確實是通往潛意識的橋樑，但絕不表示潛意識會一直被經驗為「內在」，因為這只適用於外傾型，而劣勢功能會具有與意識功能相反的傾向類型，內傾思考型的人會有劣勢的外傾情感功能，而外傾直覺型的人會有劣勢的內傾感官功能，其餘類型亦如此類推。

象徵經驗的攜帶者

我們可以說劣勢功能總是連結到潛意識，在內傾型的人身上，劣勢功能的連結作用通常會走向顯現於外在的潛意識投射。所以我們可以說劣勢功能總是指向潛意識和象徵世界，但不能說是指向內在或外在，這要視個別情況而定。內傾型的劣勢功能會向外在移動，意思就是對那個人而言，外在世界會得到象徵的性質。例如，內傾思考型的人具有劣勢的情感功能，所以其動作是朝向外在客體，也就是別人；

於是這些外界的人對此人具有象徵的意義，成為潛意識象徵的攜帶者。潛意識事實的象徵意義出現在外界時，就像是外在客體原本的性質。但如果一個習慣內射方式的內傾型的人，說自己不需要打電話給某太太，因為她只是他的阿尼瑪（譯註一）的象徵，所以只具有象徵性，外在的人並不重要，而發生的事不過是他的投射落在她身上，那麼，他就永遠無法達到他的劣勢功能的底層，也永遠無法把它當成問題來吸收了。這是因為內傾思考型的情感通常真的是外傾的，他只是想藉著自己擅長的優勢功能來掌握劣勢功能，而以這種手法把劣勢功能拉回內在。他在錯誤的時刻內射，以維持優勢功能對劣勢功能的控制。內傾型的人如果想要吸收劣勢功能，就必須和外在客體建立關係，但同時記住他們都是象徵的。可是，他絕不可以做出結論，認為外在客體「只是」象徵性的，所以是可以省略不顧的。這是非常糟糕不誠實的手法，許多內傾型的人都這樣對待自己的劣勢功能。當然了，外傾型的人也會做相同的事，只是以相反的方向進行。所以絕不能說劣勢功能是指向內在或轉向內在的潛意識，而是指向潛意識，不論是出現在內在或外在的潛意識；它一直都是象徵經驗的攜帶者，這種經驗可以來自外在或內在。

在外傾型的人中，我常常看到潛意識以看見景象或出現幻想的方式，直接從內在出現。在這種情形下，外傾型的人來到他們另一面的內傾時，與內在世界的關係會比內傾型的人更為純淨，我常常對這個事實印象深刻，甚至對此深感嫉妒！我曾見過他們與內在事實的關係是如此天真、真誠和純淨，因為他們可以看見一幅景像，且立刻全然認真地對待它，非常天真！內傾型的人總是被外傾的陰影扭曲，而投下懷疑的眼光。所以可以這麼說，如果外傾型的人掉進自己的內傾特質，就會特別真誠，特別純粹而深入。這就是為什麼外傾型的人常常為此自豪，而大聲吹噓自己是非常內傾的人，他們會嘗試把這一點當成自己的榮譽（這正是標準的外傾型的人會做的事），而壞了大事！但實際上，如果外傾型的人沒有因虛榮而壞事，就會擁有遠比內傾型的人更為孩子氣、天真、純粹且非常真誠的內傾性質。至於內傾型的人，如果能認識自己的劣勢功能，就能散發熱烈的生命，使周圍的事物變成象徵的饗宴，比任何外傾型的人都更為精采！內傾型的人能為外在生活添加象徵意義的深度，使生活的感受有如某種奇妙的盛宴，這是外傾型的人做不到的。如果外傾型的人參加宴會，他會認為每一個人都很棒，而樂意說：「來吧，讓我們炒熱這個聚會！」但這只是一種技巧，宴會永遠不會達到奇妙的深度，就算有也是非常罕見，只會保持在友善親切的表淺層次。但如果內傾型的人能以正確的方式表現出他的外傾性質，就能創造一種氣氛，使外在事物都具有象徵性：與朋友喝一杯酒成為某種聖禮之類的情形，諸如此類。如果內傾型的人能突破到另一面，就會與外界連結，正如外傾型的人能真正留在內在。

榮格在《心理類型》談到外傾和內傾的思考傾向在開始磨損時普遍都有的貧乏情形。他說：

> 外傾型的人會全然否認自己，完全消散於客體之間，而內傾型的人會使自己擺脫每一項內容，不得不滿足於僅有自己的存在。這兩種情況下，生命的進一步發展都必須走出思考的領域，進入其他心靈功能的範圍，而這個範圍到目前為止仍存在於較屬潛意識的狀態。內傾思考型與客觀事實之間極度貧乏

譯註一　anima 的音譯，意為男性潛意識中的女性原型意象；而女性潛意識中的男性原型意象是 animus，音譯為阿尼姆斯。

> 的關係，可以在豐富的潛意識事實中得到補償。與思考功能結合在一起的意識，愈是把自己局限在可能是最渺小、最空洞的圈子裡（好像這個圈子含有神性的豐富），潛意識的幻想就會成比例地變得愈豐富……2

這只是整個大問題的一個例子，榮格藉此說明優勢功能逐漸做得過頭的情形，會如何造成優勢功能的神經質退化。他也間接提到一個占有重要角色的事實，就是在不曾接受分析的人身上，會有劣勢功能侵入優勢功能而使之歪曲的情形，舉例來說，他在此描寫了內傾思考功能負擔過度時發生的情形。不久前有一個這種情形的精采實例，一位哲學教授在蘇黎世新聞報抨擊潛意識心理學，他是海德格的弟子，正是過度使用內傾思考功能的絕佳示範，這種功能的作用使他除了強調生命是存在的本體論現象之外，無法再多說明什麼！他使自己的說法更豐富的方法，只是加入幾個令人加深印象的形容詞，卻沒有任何實質內容可言！「存在真的存在著」，這樣的想法對他展現出神聖的豐富，就如同對巴門尼德斯（譯註二）一樣充滿意義。他花了好幾頁篇幅不斷向我們保證可以相信這種存在，然後說：「可是潛意識只是牽線木偶和鬼魂組成的怪異劇場。」你在此可以看到活生生的實例，體會榮格說的「潛意識的幻想就會因為大量古老形式的事實、魔幻因素組成的名符其實的群魔殿，而成比例的變得豐富。」這位教授在文章中詳細述說的，就是這種東西。他認為潛意識的觀念是可怕的，只是誇張的群魔殿。然後堅持他的意識立場，說它根本不存在，只是心理學家虛構的東西！這是很棒的實例，可以說明榮格在上述引文所說的話。除了榮格所說的以外，如果你過度使用一種意識傾向，不但會讓它變得貧乏，失去其豐富性，而且潛意識的反作用力（對思考類型而言，就是指情感）也會侵入主要功能，將之歪曲。這位教授的文章就明顯可以看見這種情形，他的文章顯示，他的情感真的全心投入，想要啟蒙人類，讓人了解潛意識心理學觀念的荒謬。他完全失去我們在科學討論中熟悉的客觀作風，他覺得自己是先知，其使命是拯救人類脫離某種邪惡的毒素，所以我們可以看見他的整個道德或情感功能污染了他的思考，他的思考變得主觀而非客觀。況且，他顯然並未閱讀潛意識心理學的文獻，甚至也沒讀過重要的書籍！他只是非常熱切地想要拯救人類脫離這種有毒的學說。

劣勢功能常常用另一種方式侵入優勢功能，以非常重實際的內傾感官型為例。感官型的人不論是內傾或外傾，通常都很擅長理財，不會過度浪費，但如果這種類型的人過度使用這個功能，他的劣勢直覺就會涉入。例如，我認識一位感官型的人，他變得非常吝嗇，幾乎再也不去旅行，只因為瑞士的每一樣東西都不便宜！他在之前一直過著適度的節儉生活，就像大部分瑞士人一樣。如果想要找出他突然變吝嗇的源頭，就要注意他是否產生任何不祥的預感：他可能發生意外事故而不能工作養家，或是家人發生什麼事，他的妻子可能得到慢性疾病，兒子可能留級需要在學校多讀幾年書，他有錢的岳母可能突然對他大怒，把錢留給其他家人而不給他，諸如此類。這些例子都是陰暗的恐懼，是可能發生的事，是負面的劣勢直覺功能會有的典型特徵。他只是想像各種陰暗的可能性，但沒有面對自己對未來的預期如此陰

譯註二　Parmenides，古希臘哲學家。

鬱的事實，可是他的劣勢直覺功能在一開始出現時，反而以錯誤的方式強化他的感官功能，而使他變得吝嗇。生命不再流動，因為劣勢直覺功能的侵入使一切都被歪曲了。因此，當其他功能發展的時刻到來時，通常有幾種現象：優勢功能退化，像老車一樣開始耗損、破舊；自我對優勢功能感到厭煩，因為你會做的每一件事都變得無趣了；此外，劣勢功能並不是出現在自己的場域，而有入侵主要功能的傾向，造成適應不良和神經質的扭曲。於是要面對混合的氣質（mixtum compositum），思考型的人再也無法思考，或是情感型的人再也無法表現任何宜人的情感。接下來會有一段變遷階段，這時是非驢非馬、不倫不類的四不像，非常可怕！他們原本是很好的思考者，卻再也無法思考，又還沒有達到新的層次。所以知道一個人的類型，並辨認潛意識現在要出來的是什麼類型，是非常重要的，否則會陷在泥淖之中無法自拔。

始於早期的類型分化

類型的分化其實開始於非常早期的童年，舉例來說，內傾和外傾這兩種傾向其實可見於一歲到一歲半的小孩，但可能不會一直很明確。榮格曾談到一個小孩不肯進入房間，除非有人告訴他房間裡各種傢俱的名字，桌子、椅子等等，然後他才肯走向房裡的客體。這顯然是內傾態度的典型特徵，認為客體是可怕的，必須趕走它，或是用名字鎮住它：這是安撫的動作，使客體被認識，而不會有不良的表現，因為桌子必須保持是一個桌子，你才能走向它。如果你懂得如何觀察的話，從這種小細節就可以在非常小的小孩身上觀察到內傾或外傾的傾向。各種功能自然不會在所有人身上都這麼早就顯現出來，但到了幼稚園的年紀，通常就能從某些日常事務的偏好，或是小孩對待別的小孩的行為，觀察到主要功能的發展；因為小孩就像成人一樣，往往傾向於去做自己做得好的事，不去做自己做不好的事。你們大部分人做家庭作業時，可能也像我一樣；如果你擅長數學，就會先做數學，把你不擅長的作業留到最後，而且從來不會先做你不喜歡的事，很少人會先做不喜歡的事，因為自然的傾向就是拖延自己覺得不擅長的事，或推給別人去做。透過這種自然的行為，天生的偏於一方的傾向就會愈來愈增強。再來就是家人的態度，一般會認為非常聰明的男孩將來就必須好好讀書，或是天生擅長實際事物的小孩，就必須成為工程師，於是環境會強化既有的偏於一方的傾向，這就是所謂的「天賦」。於是優勢功能的發展愈益增加，而人格其他面向的發展則逐漸遲緩。這是無法避免的過程，甚至有很大的好處。許多人恰恰符合這種模式，你可以立刻分辨出他們的類型，但有些人卻可能很難界定。許多人甚至連自己都很難找出本身的類型，這往往是因為他們是受到扭曲的類型。這雖然不是很常見的情形，但確實會發生在一些人身上，比如原本自然會成為情感型或直覺型的人，卻被環境逼著發展另一種功能。假設有一位情感型的男孩誕生在充滿知性氛圍的家庭，他的整個環境都會對他施加壓力，要他成為知識分子，而他原本成為情感型的可能性則會受挫或被鄙視。在這種情形下，他通常也無法成為思考型的人，因為這一步跳太遠了，但他可能會好好發展輔助功能中的一種，感官或直覺，使他對環境可以有相對較好的適應，因為他的主要功能在他的成長環境中根本就「出局」了。

扭曲的類型具有優點和缺點。缺點是從一開始就無法好好發展自己的主要氣質，使其主要功能的表現無法達到原本可以達到的程度。另一方面，不管怎麼說，他們已被迫提前做了一些後半生必須做的事。心理分析往往可以幫助這種人轉回原本的類型，然後他們也能很快地掌握其他功能，而達到成熟的階段，因為原初的氣質是這個方向的助力。他們就像終於可以快樂回到水中的魚。

生物界的內傾和外傾功能

原初的基本氣質是由什麼因素來決定的，仍屬未知。榮格在《心理類型》書末的簡短描述中，談到可能是生物學的因素，比方說，他指出動物適應現實的兩種方法：一個是大量繁殖，但防衛機制非常薄弱，比如跳蚤、虱子或兔子；另一種是建立強大的防衛機制，比如刺蝟或大象，其繁殖數量會減低到較小的程度。所以，大自然在處理外在現實時，已經有兩種可能性：或是對抗外界以保衛自己，建立防禦措施來抵抗難以承受的現實，藉此擋住外力，維護自己的生命；或是讓自己投入其中，以這種方式克服或戰勝它。這也符合性和權力的驅力，驅力根據的基礎就是兩種傾向中的一種。這是生物界的內傾和外傾功能。

榮格在書中討論類型時，關於動物行為的書籍仍為數不多，但如果研究現代的書，就會看見動物之間的大部分行為模式，都具有內在和外在因素的混合氣質。所以有些動物行為主要來自內在，也就是不需要任何外界刺激就開始起作用，而有些動物行為則較依據外在刺激。目前已知較高等的人猿如果不曾觀察過其他人猿的性行為，沒有機會從中學習，就無法產生性行為，但有些動物完全不曾看過同類動物交配，光靠內在的推動力就足夠了。如果是在動物園，高等的人猿在被撫養的過程若不曾見過同伴交配，對性事就一無所知，就像人類一樣。所以，動物行為顯然有一部分是依據外在的因素，一部分則受到天生氣質的制約，而內在和外在因素彼此之間也具有相互的影響。

動物行為有時也具有不確定性。曾有實驗研究鸛鳥蛋的孵育，讓蛋完全不接觸社會團體，這種蛋孵化出來的鳥在必須飛到北非時放生，原本飛經南斯拉夫那一組的鳥所生的下一代，仍會飛經這個國家，原本飛經西班牙那一組的鳥所生的下一代也會經過西班牙到達非洲，這證明牠們完全依據內在的天生氣質告訴牠們如何抵達非洲。但南斯拉夫組生的下一代鸛鳥，若被放入西班牙組來飼養，就會跟著大家飛行，而不依據天生的氣質。這清楚顯示出兩種可能性：被外在因素影響，也就是被來自外界的社會作用所影響，或是單純地遵循天生的氣質。

另一個一直存在的大問題就是當動物進行性行為，或是打鬥、進食時，只是根據內在推動力而像機器一樣行動，還是具有某種類似內在再現的東西呢？阿道夫·波特曼（Adolf Portmann）提出一個特別的例子，顯示動物依據本能行動時，有可能具有牠所做之事的內在再現。觀念和再現是動物學家嘗試避免使用的危險字眼，但他們承認在動物的所謂心智裡，是有內在圖像的。曾有實驗研究籠中寂寞的鳥，沒有機會練習天生的打鬥本能，當另一隻同類的鳥被放入籠裡，兩者仍會盡情打鬥。這對雄性動物是非常重要的；如果牠能與同類的另一隻雄性打鬥，對牠的福祉是有貢獻的。把敵人移走後，這隻鳥日後仍會與想像中存在籠中角落的鳥重複整場打鬥，顯然在牠所謂的心智中具有另一隻鳥的影像。這是一種類比，雖然以人的字眼形容鳥很危險，而波特曼也是結結巴巴地提出此例，但我們當然可以說那裡有一種雛形，可以稱之為內在的再現，這是一種記憶的圖像。就像人有時會做的一樣：和某人打了一架後，在回家的路上，在腦海裡重溫整個過程。

劣勢功能往往是讓人最受苦的部分

界定自己或別人的類型時，還有一個困難，如果這個人已經對自己的主要功能感到厭煩，這個階段的他往往會以百分之百的真誠向你保證自己屬於相反的類型。外傾型發誓自己是強烈的內傾型，反之亦然。這是因為劣勢功能會主觀地覺得自己才是真正的功能，它認為自己才是更重要或更真實的傾向，所以一位思考型的人會因為認為自己生活中一切重要的事都來自情感的部分，而向你保證他是情感型的人。所以，嘗試找出自己的類型時，絕不能問：「對我最重要的是什麼？」而要問：「我最習慣做的是什麼？」外傾型的人可以一直外傾，卻真心向你保證他是道地的內傾型，只在乎內在世界。這不是欺騙，而是他確實這麼覺得，因為他知道一天之中雖然可能只有一分鐘，但他在那一分鐘是內傾的，是與自己接近的；那時他確實是內傾的。

在劣勢功能的世界中，人也會不知所措、不快樂、有巨大的問題、常常對事物有深刻的印象，所以就某個程度而言，在劣勢功能的世界中，生活的強烈程度往往非常巨大，特別是在優勢功能已經磨損的時候，所以很容易誤判自己的類型。在實際情形中，想要判斷類型時，較有用的方式是詢問這個人最大

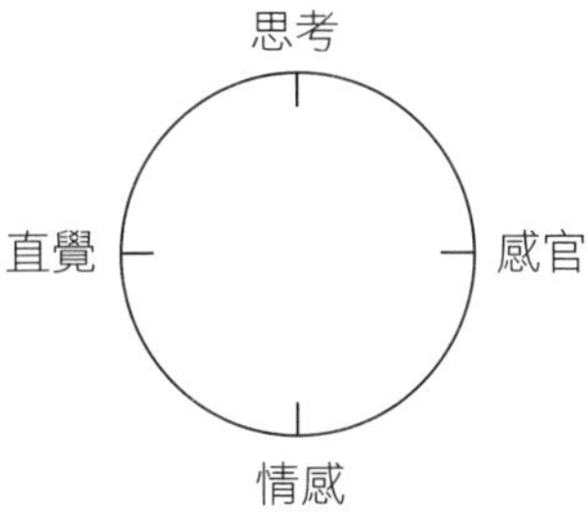

圖三

的磨難是什麼，他最大的痛苦在哪裡，他在什麼地方總是覺得遇到障礙、身處地獄？這通常會指向劣勢功能。此外，許多人把兩種優勢功能發展得如此之好，以至於很難分辨，比如說他到底是思考型而有很好的直覺功能，還是具有良好思考功能的直覺型？因為兩種功能幾乎一樣好。感官和情感有時會在同一個人身上都發展得很好，很難確定哪一個排第一。但一位直覺和思考功能都很好的人，遇到障礙時比較是針對感官事實，或是情感的問題呢？在此你可以決定哪一個排第一，而另一個則是發展良好的次要功能。〔譯註三〕

我在此假定大家都知道榮格的類型概要，包括思考和情感這兩種互相對立的理性功能，以及直覺和感官這兩種互相對立的功能，如圖三。

我常常聽到有人天真地說自己是思考型的人，現在要發展情感功能，這是多大的錯覺呀！如果你是思考型的人，你可以先走去發展感

譯註三 這一段的意思是強調，與真正的優勢功能相對的劣勢功能，一定是此人最大的問題，所以可以先判斷一個人的劣勢功能，然後回推出他真正的優勢功能是什麼。比如這個例子，如果此人最大的問題在情感功能，就可以知道他真正的優勢功能是思考，而直覺是發展良好的輔助功能。

官或直覺功能；那是你的選擇，當然會受到氣質的影響。然後你再走去發展兩種次要功能的另一種，最後才能抵達劣勢功能，但你無法直接跨到相反功能的發展。理由很簡單，因為兩者全然互相排斥；它們是不相容的。舉個例子，一位官員必須在既定條件下，以最佳的可能方式，安排疏散一個小鎮的全部居民，遺憾的是，他自己的妻子和子女都在這個小鎮裡。如果他向自己的情感讓步，就無法安排良好而理性的計劃。他必須全然忘掉他們，告訴自己，他現在的工作是盡他所能好好安排疏散，而他會認為自己的情感只是多愁善感，也就是說，他會貶抑情感，使自己不受影響，否則他會做出雙重決定，所有其他人都必須走某條路，但他的家人卻走另一條，而這是不公平的；但這是事實，在人生的某些處境，情感和思考是完全不相容的，二者只有其一可以運作。人無法直接從一方跳到對面的另一方，但可以結合思考和感官功能，或是很容易就讓兩者一起作用，也很容易讓另外兩種功能結合起來。所以從一個輔助功能跳到另一個輔助功能，比較簡單，不像從主要功能跳到相反功能那麼難受，因為當他必須從直覺走到感官時，仍然可以運用舊有的思考功能來判斷，在直覺和感官功能瘋狂打架時，可以用思考功能脫離紛爭。

容我舉個實例，說明兼具思考和直覺的思考型。哲學家尼采就是這種情形，很難確定他到底是擁有比較好的思考，還是比較好的直覺；在他的情形中，直覺似乎比較優秀，但兩者結合得非常好，也一起運作。康德也比較像思考型但具有很好的直覺功能。這種哲學家如果想擴大他的覺察場域，可以把事實加進來。一般說來，哲學家在年輕時的思想就逐步形成某種概念（內傾型的人完全從內在取得、進行），接下來需要根據事實來檢驗他根據理論和直覺而有的思想，他會在他的直覺和事實面之間遇到某

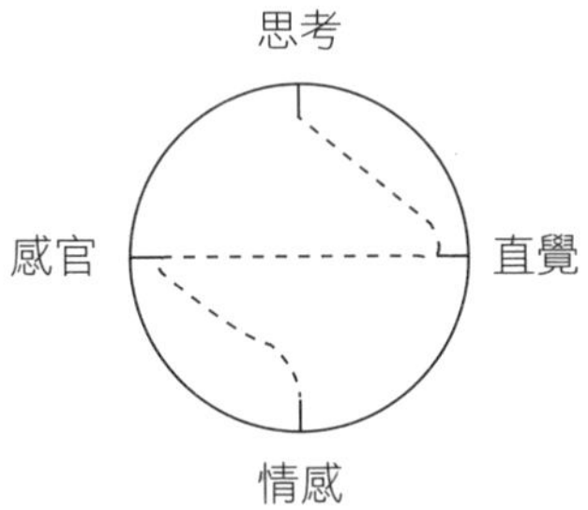

圖四

種張力，因為這兩者無法一起前進，但他不會完全落入地獄，因為張力如果太嚴重時，他總是可以運用思考功能跳出這個處境，並做出決定；只有在他遇到相反功能時，才必須放棄。相反功能會排除他先前面對人生的自我態度的根，所以無法直接跳到相反功能。但如果你必須做這種跳躍，在你必須犧牲主要功能前，先發展好兩種輔助功能是有用的，因為輔助功能在你內心不會有如此巨大的對抗。當然了，你的人生會有各種境遇，你雖然會因此暫時轉到其他功能，但這並不是我說的另一種功能的吸收或發展。

如果我為思考型的人做心理分析，絕不會立刻把他推入情感功能；我認為其他功能要先被吸收。忘記中間階段是一大錯誤，因為不會有效。舉例來說，假設一位思考型的人因為劣勢的情感功能，瘋狂愛上一位完全不合適的對象，如果他原本就已發展了感官功能，就會具有某種現實感和某種份量的直覺（能聞到老鼠的能力），那他就不會落入全然愚蠢的舉動。但如果他是片面的思考型，愛上不合適的人，既沒有現實感也沒有直覺，就會發生電影「藍天使」（*The Blue Angel*）描寫得如此出色的狀況，電影中的教授任憑一位蕩婦的使喚，成為馬戲團的小丑，因為他沒有中間地帶可以穩住自己，所以完全被自己的劣勢功能擊倒。但在他還沒有太多情感問題時，如果他的分析師能夠注意，讓他至少發展出某種程度的現實感，他就能用這個中間功能克服困難。我認為分析師一定要記住，人永遠無法直接跳到劣勢功能。當然了，生命會這麼做，因為它不在乎！但如果能遵循夢的提示，心理分析的過程就不會走上這條路，正常的情形也不會這麼做；因為心理分析過程的傾向是必須以蜿蜒的方式發展，這是潛意識嘗試喚醒劣勢功能所走的正常道路。

家庭與社會的分配功能

當人在發展主要功能，但尚未碰觸劣勢功能問題的早期階段時，另一個困難是家庭有分配功能的傾向：某位家人是家庭的內傾型，另一位成為家庭的務實工程師，第三位是家庭的先知和預言家等等，於是其他人開心地放棄，因為有家人能做得這麼好，何必費心做自己原本不在行的事呢！這種方式可以建立充滿活力、功能良好的團體，只有在大家拆夥時才會出問題。大部分家庭都有很強的傾向，以分配功能的方式解決功能的問題，並依賴別人的良好功能，其他團體也是如此。就如榮格所說的，人在婚姻中有和相反類型的人結婚的傾向，使人再度可以（或是認為暫時可以）避免面對自己劣勢功能令人討厭的任務。這是婚姻初期最大的祝福和快樂的來源，劣勢功能的整個重擔突然消失，與對方生活在幸福快樂的合一感之中，每一個問題都得到解決！只有在一方過世，或是其中一人需要發展劣勢功能，不再把這些部分的生活留給另一人時，才會開始出問題。但在婚姻初期，常常會選擇這種共生的解決方式，對自己的做法也沒有自覺。

選擇心理分析師時，也有相同的情形。人常常選擇相反類型的人當分析師，比如無法思考的情感型會欣賞能思考的人，於是尋找具有強烈思考功能的分析師。但我們不建議這種做法，因為你如果總是和萬事通在一起的話，就會洩氣而完全放棄，把所有需要思考的事都交給別人來做。你覺得很快樂是因為有人負責思考，但這沒有益處。比如說，榮格總是喜歡把盲點相同的人放在一起，他說如果讓兩個白痴坐在一起，由於兩人都不會思考，就會陷在這種困擾裡面，至少有一人會開始思考！究竟是分析師或病人先開始，都沒有關係！當然了，對其他功能來說，也是如此；雙方都只能坐著，希望別人來做，然後就可能發生什麼事！如果一個人找的是相反類型的分析師，就必須牢牢記住這一點，而應該負比較多責任的分析師就必須特別小心，不要過於顯露自己的優勢功能。他必須違反自己真實的感受，時常假裝自己不知道，或是覺得無能為力，或是沒有任何意見，諸如此類。分析師必須放棄自己的優勢功能，以免他的優越能力使被分析者洩氣，而怯於在這個領域展開嘗試。直覺型也是如此，一般說來，直覺型的人是如此完全不擅於處理財務事宜，以至於他只要有一位熟悉財務的同伴，能夠為他打理收支預算、填寫所得稅表格，他就永遠不會像一個英雄說：「不，我不會，所以我必須學習，請讓我自己做！」他會安心地嘆一口氣，把它全丟到感官型的人的桌上，覺得非常開心，然後永遠不碰任何現實的東西。你在心理分析和家庭生活都會見到這種合作關係，原始的部落生活也是如此，巫醫通常是內傾直覺型的先知，負責部落的未來，想出各種計劃和可能性，同時會有擅長狩獵或偵察的感官型的人，而首領則屬於情感型和思考型，負責維持情感或思考功能的條理。於是沒有人需要發展任何東西，大家只要依賴部落的主要意識功能，其他人就可以留在快樂的潛意識之中。

發展劣勢功能是一種社會義務

有的情形是把劣勢功能推到奴僕身上。在仍然有奴僕的國家中，這種做法可是一大樂事！奴僕是非常適合劣勢功能的象徵，人當然會雇用有能力做他們無法做的事的人，以及願意做他們想逃避的事的人，他們會從這個角度挑選奴僕。祕書也能執行相同的功能，以這種方式，你就可以擱置不良功能的發展問題；但你會有別的問題，因為整個狀況仍留在投射裡，奴僕和雇主的關係就像劣勢功能和優勢功能的關係一樣：他表面順服，卻會暗中欺負你！不會烹飪或甚至連扣子都不會縫的人，會被女僕欺負，由於她能做這些事，所以事情是由她決定的。雇主不能沒有她，否則會不知所措，於是在外在世界被欺負，就如同自己裡面的劣勢功能所做的一樣。許多所謂的社會問題其實是劣勢功能的投射問題，劣勢功能在夢裡常常裝扮成單純的人或勞工。潛意識用他們做為比喻，表示劣勢功能仍留在那個層面；但一般人不了解而投射出去，因為他們對勞工既輕視又恐懼。你可以說任何對自身劣勢功能感到不自在、不熟悉的人，都有社交適應不良，他無法和單純的人相處，很容易製造麻煩或壓迫他們，因為他暗中害怕他們。當然了，如果社會結構裡有少數民族，占多數的人就更容易把劣勢功能投射到他們身上。接下來就會出現更漂亮的象徵事實，認為劣勢功能屬於另一種族，確實和自己非常不同；它既怪異又不同於自己的族類，所以不同種族背景的人是很適合掛上投射的鈎，這種投射對社交關係會造成相當程度的困擾。

所以，發展自己的劣勢功能，在某種程度上也可說是一種社會義務。除非已經做到這一點，並處理過自己的劣勢功能，否則就很容易偏於一方，做出以自我為中心的行為，因為這是原始的方式。以印度種姓制度的四種階級為例：這種制度只是分配好某些功能，然後讓自己避免麻煩，並保持偏於一方的情形。

劣勢功能的一般情形具有這個事實：相較於優勢功能，劣勢功能通常比較緩慢。榮格說它既幼稚又專橫。這種緩慢的情形其實是劣勢功能的主要問題，也是一般人為什麼不想處理它的原因，因為優勢功能的反應來得很快，且適應良好，而許多人根本連自己的劣勢功能到底是什麼都不知道。例如，思考型的人不知道自己有沒有感受，或是有哪一種感受，他們必須坐上半個小時，苦思自己對某件事到底有沒有感受，如果有，到底是什麼。如果你詢問思考型的人有什麼感受，他通常會答以某種想法，或是很快就告訴你某個常見的反應，如果你堅持要知道他到底有什麼感受，他其實並不知道，他會搜索枯腸，也就是說，會花上半個小時。或是要直覺型的人填寫稅務表格，別人花一天可以做完的事，他會需要一個星期。他就是做不來，或是要他做得正確的話，可能要耗上一輩子。我認識一位內傾直覺型的女子，我竟然和她一起挑選上衣！我再也不敢了！這要花費一輩子的時間，直到整間店都瘋掉！但它是無法加快速度的，對它不耐煩也無濟於事。劣勢功能的發展是件嚇人的事，當然也讓人非常洩氣，因為我們沒有那麼多時間。

有的人具有兩種非常高度發展的功能，而另兩種功能都非常不發達。這種情形是有一種非常強烈、衝動的氣質隨著主要功能的發展而一起發展。這可以說是講求效率的缺點。懶惰的人絕不會像有效率的人一樣具有這種強烈的分裂功能，所以懶惰的人有其優點（對他們自己而言）！他們絕不會過度偏於一方，不會把主要功能的效率發揮得淋漓盡致，所以其他功能自然也不會太差。還有一個不能忘記的重點：這個關於功能的理論，談的並不是任何品質層次的東西。例如，一位感官型的人可能不是特別有效率或務實的工程師，而另一位感官型的人可能是非常高度分化的人。人格的整個品質層次可能有很大的差異，許多思考型的人並不會成為愛因斯坦，但思考仍是他們的主要功能。所以如果我們說這是某某型，意思只是指習慣的運作功能，並不是指其品質。

品質的層次似乎是件既定的事，所以俗語說朽木不可雕也。但另一方面，如果從一開始就務實地判斷，說這個傢伙不會有出息或不會有很好的發展，是很危險的事。因為有時會發生令人非常驚訝的事，所以很難務實地判斷人的層次，但我認為確實有一種層次的東西是無法超越的，多多少少是天生的。

有時透過分析治療，可以出乎意料地改善整體層次。但你永遠無法用科學方法證明你做到了這一點，你只能說那個層次本來就在那裡，只是受到阻礙而沒有表現出來。你無法解決這個問題。從結果來看，你可以說心理分析能發展品質的層次，或是說它本來就在那裡，分析的歷程只是移除障礙罷了。

今日的我們做了太多的智力測驗，我要說還有一種「情感智力」。法文有一種說法intelligence du coeur，意思是心的智能。有些人無法思考，但擁有大量心的智能，所以通常被認為是非常聰明的人，但他們的聰明可以說是在心裡面。女性常常擁有心的智能，能牢牢掌握非常聰明的丈夫。直覺和感官也是如此，它們都可以非常聰明，或相當愚笨！這就是為什麼我們喜歡談功能的分化，而不談智力。

劣勢功能的共通特性

不論是哪一種功能，只要成為劣勢功能，就具有一些共通的特徵。其中之一就是劣勢功能不適應社會，舉例來說，其中一點就是它的緩慢。如果要吸收劣勢功能，甚至讓它開始出現，都需要大量時間。如果情感型的人想要思考，他會坐在那裡八個鐘頭，只寫出兩頁東西——這已經算多的了。如果思考型的人想要了解自己的感受，就必須沉思幾個小時，才能感受到他的感受，因為他甚至不知道自己有什麼感受，可能只在身體下半部出現一些奇怪的交感神經反應，而必須沉思很久，才會出現一種感受。如果你詢問思考型的人有什麼感受，他通常會向你丟出許多通俗的答案，但你問他「到底」是什麼感受時，他會目瞪口呆地說他不知道！如果你讓他悶著頭體會很久，他會漸漸了解自己真正的感受。當劣勢功能是感官時，也是如此，這就是為什麼直覺型開始處理劣勢的感官功能時，會變得極度拘謹和過度迂腐，他必須用慢得可怕的方式才能達到高度的準確。這是無法協助的；它是不能省略的階段。如果有人只是一再失去耐性、怨天尤人，認為已經坐一整天卻沒什麼結果，就表示他們覺得無望而放棄，而這只代表他們切掉第四種功能，以某種人為的機制（拐杖）取代它。這個過程是無法加速的，或至多只能加速到某個程度，但永遠達不到優勢功能的速度，這有非常好的理由，因為你如果考慮到人生的轉折點，以及衰老和轉向內在的問題，那麼這種藉由帶入劣勢功能，而讓整個生命歷程緩慢下來的過程，就正好是我們所需要的。所以不應該以不耐煩和嘗試教育「糟糕透頂的劣勢功能」的態度來對待它；而是需要真正的接納事實，在這個領域就是必須浪費時間，這也正是其價值所在，因為會為潛意識的進入帶來機會。

所有劣勢功能的另一個典型表現就是它的敏感易怒與蠻橫，這也和它的適應不良與原始性質有關。大部分人的劣勢功能的問題，不論被什麼方式碰觸到，都會變得非常幼稚和敏感易怒；他們不能忍受一點點的批評，總是覺得被攻擊，因為他們對自己沒把握，自然會蠻橫對待周遭的每一個人；每個人都必須小心走路。如果你想談論別人的劣勢功能，就好像在雞蛋上走路，因為人無法忍受任何關於它的批評，而且需要進入的儀式，等待恰當的時機、平和的氣氛，然後小心翼翼地，加上婉轉冗長的前言，對方或可稍微接受你對劣勢功能的批評。但如果你向人射出任何批評，他們會變得全然困惑而情緒化，整個情境都被破壞。我第一次非常驚訝地學到這件事是許多許多年前，當時我還是學生，一位同學給我看她寫的文章，她是情感型的人，文章寫得很好，但有一小段從一個主題轉到另一個主題時，我覺得思路的連結有個疏漏。她的論點很正確，但對我這個思考型的人而言，在兩段之間缺少合乎邏輯的轉換，不過我覺得這是顯而易見的，於是我告訴她，我認為這是一篇優秀的文章，但有一頁可以做出更好的轉換，因為從一個主題到另一個主題之間有個跳躍，如果讀者沒有想清楚的話，就無法立刻做出連結。她變得非常情緒化，脫口說：「喔，對，整篇文章都毀了，我應該把它燒掉。」她接著把文章從我手中取回說：「我知道它是垃圾，我應該把它燒光！」我立刻把它從她的手中抽出來說：「看在老天的份上，不要燒它！」她說：「唉！好啦，我知道你認為它是垃圾。」她一直重複這麼說。當風暴終於平息，我有機會說話時，我說：「你甚至不需要重新打字；只要寫上一小句，做出轉換。只要在那兩段之間加上一句話。」風暴再度發作，我只好放棄！我後來遇見她，她說她那一夜夢見她的房子被燒毀，特別的是，火是從屋頂開始的。我心想：「天啊，這些情感型的人啊！」對她而言，寫文章向來是如此了不起的成就，能把一些想法表現出來，而這是她能做到的極限，於是她甚至連一點點批評都不能忍受，它甚至還算不上是批評，只不過是文章還可以稍加改善的想法罷了。這是極端的例子，說明大部分人的劣勢功能總是會發生的情形。他們會變得過度敏感易怒，而蠻橫地對待周遭環境，因為所有的過度敏感、容易生氣，都暗藏著某種形式的蠻橫。敏感的人就是蠻橫的人，別人全都必須配合他們，而不是由他們學著適應別人。但即使是適應良好的人，通常仍有某種幼稚、過度敏感的痛點，是無法與他們講理的，必須採用「叢林的規矩」，有如面對老虎和大象一樣。

讓生命得到更新

上述情感型的人寫文章的例子也描繪出另一種共通特性，就是蘊藏大量的情緒，這通常與劣勢功能的表現方式有關。只要一踏進這個領域，人很容易變得情緒化，這種情形不只是有上述實例描述的缺點，同時也具有正向的部分，就是劣勢功能的領域含有高度的生命力，一旦優勢功能受到磨損，開始像老車一樣發出咯咯聲和漏油時，如果能成功轉向他們的劣勢功能，就會重新發現嶄新的生命潛力。劣勢功能領域中的每一件事都變得令人興奮、引人注目，充滿正面和負面的可能性。劣勢功能蘊含巨大的能量，透過它，可以重新發現世界。缺點則是外在會有適應不良的一面，這就是為什麼我先前談到的童話中，愚人、四個皇室成員中的第三個兒子，才是能找到生命之水或偉大寶藏的人，因為只要讓劣勢功能在它自己的領域浮現，就會帶來生命的更新。許多人在生活中很快就發現自己劣勢功能的領域是他們情緒化、過度敏感和適應不良之處，於是養成一種習慣，以代理、虛假的反應掩蓋人格的這個部分。比如思考型的人無法在適當時機以適當的方式正常表達情感，他可能在聽到一位朋友的丈夫過世時會哭泣，但他遇見遺孀時，卻說不出一句慰問的話。這種人不但看起來非常冷漠，而且也感受不到任何東西！他在家裡原本具有一切情感，但在進到適當的情境時，卻無法在適當的時刻表現情感。這就是為什麼思考型的人常常被別人當成毫無情感的人，這絕對是不正確的。他們並不是沒有情感，而是無法在適當時刻表達自己。他們在別的時候能油然生出情感，但在應該表現出來的時候，情感就不見了。認為情感型的人無法思考，也是大錯特錯，他們有很好的思考，常常具有深入、美好、真誠的思想，跳脫常規的思想，但思想會隨己意來來去去，比如情感型的人很難在考試時拉出他的正確思維，他在必須思考的時候，卻無法思考！一旦他回到家裡，又能思考了，只是他的思考不聽話，無法在適當的時候出現，使情感型的人看起來非常愚蠢。他被社會看成愚笨的人，因為他無法隨心所欲地思考。

所以需要讓劣勢功能具有一點點適應力。例如，我不能因為自己是思考型的人，就雙手插在口袋裡、吹著口哨跑去葬禮說：「喔，我不在乎，我現在就是感受不到任何東西！很抱歉，我會在覺得想要時，在家裡再試一遍！」這種理由是不被接受的，生活對劣勢功能的劣等性是毫不憐憫的，所以大家才會製造虛假的掩飾反應。它不是真正的反應，只是從集體借用的一般形式。這就是為什麼情感型的人被迫做出思考反應時，喜歡提出一大堆陳腔濫調的言辭或想法，那不是他真正的想法，只是因為他必須快速思考，但真正的想法還沒有達到可以表達的層面，所以他只能說一些老掉牙的話。情感型的人經常運用自己以前背下來的資料，因為他必須說些什麼，但真正的想法還沒出現。思考型的人也是如此，他們習慣製造一種親切、常見的情感，他們會送花、送巧克力，或用某種很常見的方式表達情感。例如，我曾擬出一種慰問信的內容，裡面的句子是曾經打動我的話，讓我覺得非常美好、感人，每當我要寫這種信時，就把這些句子混合一下。如果我嘗試表達自己真正的情感，會在這封信上卡住三天！同樣的情形也適用於直覺型的劣勢感官功能，他們只向集體借用慣常的技術來處理事情。所以我們絕對不要被這些虛假的適應反應所騙，要不斷注意劣勢功能在什麼地方以自己的方式出現，不要被騙而以為某人有相當好的思考或情感功能。你可以一再觀察到這些用來掩飾的反應是非個人、平庸而非常集體的東西。

優勢功能對劣勢功能的掌控

還有一個與劣勢功能有關的共通問題，可以稱之為優勢功能對劣勢功能的掌控。若有人嘗試認識自己的劣勢功能，且在真正的反應中數度體驗到情緒的震撼或痛苦，優勢功能就會立刻說：「啊，它很重要，我們現在必須把它整理一下。」然後優勢功能就會像老鷹捕捉老鼠一樣，嘗試掌控劣勢功能，並把它帶進主要功能的領域。舉例來說，我認識一位自然科學家，他是非常成功的內傾思考型。他在五十幾歲時對自己的專業工作感到非常厭煩，開始四處尋找其他可能性。他的妻子和家人曾和他談過許多關於他的劣勢情感的情形，這個領域就在眼前，他可以開始進行一些實驗！他數度夢見自己搜集美麗、罕見的高山花卉，清楚顯示這是潛意識現在的目標。他具有思考型的人典型的劣勢情感功能，也就是罕見而非常特殊的情感，就像高山的花卉，因為那裡的花比平地的花具有強烈許多的色彩，這也是思考型的劣勢情感的典型特徵。他認為建立嗜好是好主意，於是和植物學家結伴，把好幾天的假期都拿來搜集高山花卉。別人想告訴他可以嘗試處理情感的問題，他都回答自己已放棄主要功能，正在做另一面的事，就是研究高山花卉！於是（一）他的問題在於以具體方式詮釋，而沒有用象徵來看事物；（二）他再次把它變成某種科學，因為他關心的是那些花卉的知識，所以主要功能再度抬頭，而劣勢功能再次受挫。

以非理性類型為例：一位直覺型的人陷入必須使用劣勢感官功能的處境，他被石雕的想法吸引，或是玩黏土，或是某種常常幫助直覺型的劣勢感官功能出現的東西，因為透過這種方法，他可以接觸某種具體的材質，碰觸物質的東西。他接下來可能用黏土做出某種模型，比如一座看起來很無助、稚氣的動物塑像，或是某種這類的東西，然後經驗到自己裡面有某種東西在改善，但直覺功能立刻像老鷹一樣跳出來說：「就是它，一定要推薦給每一所學校⋯⋯」，於是他再度進入他的直覺功能，進入黏土塑型的所有可能性，它可以對教育和人性有所貢獻，以及它可能涵蓋的範圍，因為從那裡可以得到體驗神性的鑰匙。你可以看見直覺型的人總是為全世界帶來什麼，它帶來每一件事，只除了一件事沒考慮到，就是做出另一個模型！就是缺了這一件！主要功能再度占上風，使這種與泥土生動活潑的接觸變質，再度飄入空中。

同樣的情形也發生在情感型的人，當他被絕對的需要逼到角落，有時也會產生一些思考，但他很快會逃離這個熱鍋，再也不回來。不過他對於思考像什麼東西、具有什麼用處之類的問題，擁有許多情感上的意見，他沒有繼續思考的企圖，但有許多評價。同樣地，他會立刻跳出來，然後優勢功能試圖掌控劣勢功能，以某種方式組織它。

其實根本不可能把排在第四的劣勢功能像漁夫釣魚一樣把它拉出來，所有這種要它加快速度或教育它，好讓它「必須」在適當時刻出現的企圖，都必然失敗。在考試時，或是在某個人生處境中，有可能嘗試強迫它運作，但這只能有某種程度的成功，而且只能帶來通俗常見、借來使用的東西。你能用前三種功能得到一種假的適應，但無法用第四種功能這麼做。它堅持留在下面，因為它被所有其餘的潛意識污染，且留在那種狀況裡。嘗試像釣魚一樣拉出劣勢功能，就好像嘗試把整個集體潛意識都帶出來，這是你根本做不到的。這條魚太大了，你的釣杆承受不了，如果你抓到它，你會怎麼做呢？你要再度切斷它嗎？若是如此，你就走回頭路了！如果你不讓步，那麼，只有另一種可能，結果是你的魚把你拖入水中！人會在這一刻遇到巨大的衝突，對思考型的人而言，這代表著名的以理智為祭品（用宗教的語言來說），或是對情感型的人來說，表示要犧牲他的情感，所以可說是謙卑地帶著你的其他三種功能，向下進入較低的層次。於是產生一個介於兩個層面之間的階段，大約是一切都既不是思考也不是情感也不是感官也不是直覺的層次，而出現某種新的東西，就是對人生全然不同而嶄新的態度，你在其中會一直運用所有功能，卻又沒有運用任何功能。

關鍵時刻的內在崩潰

真正碰觸劣勢功能時，就像人生在某個關鍵時刻發生的內在崩潰，其益處是某種功能在這之後不再蠻橫地對待自我核心，而只是被它運用。如果有人真的經歷這種轉化，就能展現適切的反應，有時思

原本的自我意識領域及三種功能

中間的領域，自我—本質我之間不再是自動作用，而只是像工具的關係

前意識的整體與四種功能的雛形

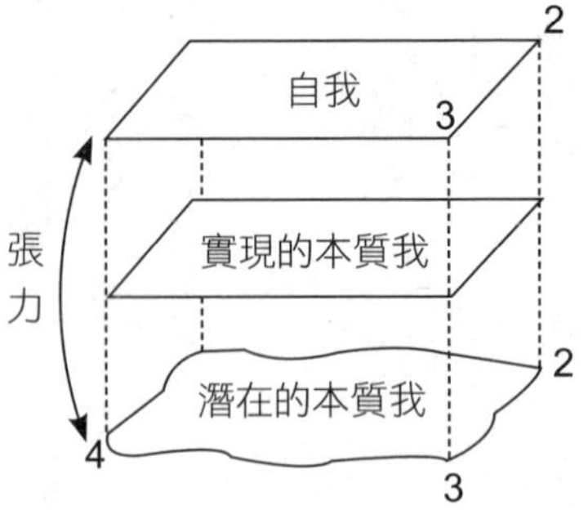

圖五

考，有時讓直覺或感官運作；但這些功能不會再有任何有如被占據般自動發生的情形。自我可以根據情境的需要進行一種功能，也可以將它放下，就像拿起一隻鉛筆或橡皮擦，而自我可說是安住於功能系統之外，存在於對自身實存的覺察之中。這種破除功能系統而加以脫離的情形，可說是遇見劣勢功能，藉此震撼整個人格而產生的結果。所以我們可以說劣勢功能其實是橋樑，能藉此體驗所有更深層的潛意識。與它同行、陪伴著它，不只是在裡面沾一下就趕快跳出來，而是在裡面逗留很久，可以讓整個人格結構產生徹底的改變。這就是為什麼榮格一次又一次地引用傳奇煉金術士兼作家瑪莉亞．普羅費提沙（Maria Prophetissa）的古老格言，那句格言翻譯過來是：「一變成二，二變成三，從三產生與一相同的四。」一變成二就是你要先吸收你的主要功能，然後是第一個輔助功能。這表示你先有一個功能，然後兩個，吸收完第三個後，就由二變成三。可是下一步並不只是加入另一個單位（持續數一、二、三，再加另一個單位，就產生四），而是開始一個非常複雜的過程：就是「從三產生與一相同的四」，你從三出來，朝向一退回去，好讓一以第四的身分回來。榮格曾在一次私人談話中告訴我，上層沒有第四個功能，而是像圖五所顯示的。

你可以用下述方式描述：有一隻老鼠、一隻貓、一隻狗和一隻獅子，你可以和前三種動物做朋友，只要你好好對待牠們。接下來是獅子，牠拒絕被加進來當第四種，而是吃掉其他動物，所以最後只剩一種動物。這就是劣勢功能做的事：當它出現時，會吃光所有其他的人格。這就是為什麼第四種會成為一，因為它不再是第四，只有一會留下來：一個總體心靈生活的現象，不再是一種功能！這當然是一種比喻，只是一種描寫。

還有另一種可能性，就是自我不允許主要功能成為祭品，而是幼稚地掉入劣勢功能，但這整個過程沒有益處可言，因為接下來就會突然放棄自己的適應能力，認同自己適應不良、孩子氣的部分，就是劣勢功能。他們嘗試強迫環境接受它，但這並不是犧牲主要功能：剛好相反，它讓獅子吃掉其他三隻動物，表示你變得幼稚，於是你要面對外在世界的所有抗拒。或是像外傾型的例子，從生活淡出，成為一個孤單的傻瓜。例如，我記得一位外傾直覺型的例子，他在中年突然崩潰之後，開始運用他神祕、內傾的感官功能來繪畫，他從生活退隱下去，創作最令人吃驚、孩子氣的孤寂畫作，匿名躲入這個工作中。他一無所獲，因為他逃避過渡時期的衝擊；他只是丟掉一部分，一頭栽進另一部分。一種情形是不由自主地掉入劣勢功能，另一種情形是經歷整個痛苦的過程，然後犧牲優勢功能支配的一面，兩者是截然不同的。在犧牲的情形中，自我人格並未受傷，而是脫離了功能，把它們當成工具來運用或是再度擱在一旁。但你如果一頭栽進劣勢功能，原本的自我會一起進去，變成完全等同於劣勢、幼稚的那一邊，而開始完全適應不良，這種人通常會建立某種被迫害的情結，因為每一個人都對他們有敵意。他們永遠不了解為什麼一切都出了差錯，卻認為必然是某處的某人的錯，不是耶穌會教徒就是共產黨徒！這是因為他們落入第四，而不是經歷瑪莉亞・普羅費提沙描述的歷程：一變成二，二變成三，從三產生與一相同的四。

不再認同這四種功能的新人格

這是一種新的人格，其自我覺察或自我意識已跳脫出去，不再認同所有四種功能。最接近這種境界且令人信服的可能實例，可見於一些佛教禪學大師行誼的記述，談到他們心如止水，但仍以如常的態度與每一個人和每一種處境相遇，他繼續過日常生活，就在其中，以正常的方式全然參與生活：如果有人想被教導，他可以用情感教他們；如果眼前有困難的問題，他可以思考；如果是吃飯的時間，他就吃飯，睡覺的時間就睡覺，表示他以正確的方式運用感官功能；當問題在於透過別人或情境看見直覺的亮光，他會這麼做，表示他如是運用直覺功能。可是，他內在不會把自己等同於任何處境，他再也不會對任何事執著，也不會被束縛，不只對處境如此，而是對遇到處境的自身的自我功能，也是如此。他會失去遇到事情時的某種孩子氣的熱切。如果你向仍然認同自身思考的人，提出思考問題，他們會直接走進去，這甚至可說是必要的，因為他們若不在這裡面學習的話，可能永遠學不會正確且適當的思考。但在跳脫之後，如果向他們提出思考問題，他們內心仍留在問題之外。雖然他們會把思考應用於問題上，但他們能在下一分鐘就停止思考，不會一直思考下去。大部分人開始處理問題後，就無法停止思考那件事，表示他們被自己連串的思緒掌控，有如被占據一樣。例如，一位心不在焉的教授就連吃午餐時還在反覆思索他的數學公式；他停不下來，表示思考霸占了他。達到那個境界的人太少了，很難舉例，不過有一些非常美好的記述，談到禪宗佛教徒跳出自己意識功能的實例。

兩者之間當然仍有差別，我們沒有出家的戒律，但必須在日常生活發展自己的劣勢功能。不過我認為我們嘗試處理劣勢功能問題的方式，也在所有人身上要求了某種戒律，相當於出家的生活，不只是東方的出家，也包括西方的修道院生活。舉例來說，我們會在困難中停留很長一段時間、放棄其他事務以擁有足夠的時間和精力來面對這個主要問題、實行一種苦行禁欲的生活。但出家的生活，不論在東方或西方，都是一種集體組織的事情，你必須在某個時間起床，做某種工作，服從上級等等，相對於個體化歷程裡的人面臨的戒律純粹是來自內在的要求，沒有外在的規則，所以發展是更屬於個體的。這表示你如果讓它自然發生，而不是從外在強迫人接受有系統的戒律，就會發現戒律完全是因人而異的。

我曾經同時分析兩位互為朋友的男士；一位是內傾思考型，另一位是外傾情感型。外傾型的戒律非常嚴格，因為他只要喝一杯酒，或是在晚宴多留了半個小時，都會出現最可怕的夢。有時兩人同時收到邀請函，內傾型會說他沒有時間，但立刻夢見他必須赴宴，而收到相同邀請的朋友，在同一夜的夢卻告訴他不應該去！他當然已經決定好要穿什麼服裝，也知道要邀哪一位女士為伴，卻不被准許赴宴，必須留在家裡！

這實在非常有趣，內傾型的人痛苦地赴宴，而另一個可憐的小伙子卻難過地留在家裡！有時他們會交換便條說：「這不是很差勁嗎！我想去卻不能去，你討厭去，你的夢卻要你去！」所以有一種無形的戒律，而且會非常精準地調整。這是我們處理問題的方式的優點，因為你會得到非常適合、專屬於你的修行戒律或軍事訓練——外在世界看不到，卻讓人非常難受。

別把魔鬼留在角落

這就是為什麼許多人會一再經驗到劣勢功能有如進入熱鍋，然後又趕快跳出來的原因。他們接下來或多或少會繼續運用前三種功能，一直因為尚未整合的第四功能而覺得不太舒服。當情況太糟時，就跳進去一些，但只要覺得比較好了，就再度跳出來。根據這種原則，他們仍留在三位一體的世界，認為第四是魔鬼，而讓它留在生活的角落。現在，我們看見這甚至與上帝的形象是三位一體或四位一體是多麼相關，因為根據我的經驗，陷在這種階段的人永遠無法徹底了解榮格所說的整個第四的問題是什麼意思，他們也不曾徹底了解個體化的真正意義。他們只稍稍拜訪了一下不同的世界，可說是仍留在慣常的舊有世界，認同自己的意識。許許多多人，甚至那些已接受榮格式分析的人，並沒有更深入拜訪第四的領域，而是再度跳出來，然後就向別人談論它。他們並沒有真正試著留在它裡面，因為那是非常難以達到的。

只要你沒有真正進入這個階段，我所說的魔鬼就仍躲在角落裡，其問題在於這還只是個人的魔鬼，只是個體自身的劣勢功能，但集體的整個邪惡其實也會跟著它進來。這表示每一位個體的劣勢功能只要開一點小門，就會促成世上龐大的集體邪惡的總合。例如，你在德國就很容易觀察到魔鬼在納粹運動中逐漸接管整個情勢，我認識的每一個在那時上納粹當的人，都是因為自己的劣勢功能而這麼做。情感型的人陷入政黨信條的愚蠢論點。直覺型的人陷入他對金錢的依賴——他不能放棄工作，也沒看見自己能如何處理金錢問題，於是即使發生他不同意的事，仍必須留在工作中，諸如此類。在每一個人的領域中，劣勢功能都是某些集體的邪惡可以聚積的地方。也可以說每一個沒有處理過自身劣勢功能的人，都對這個全體的災難有小規模的貢獻，但數百萬劣勢功能的總合就組成巨大的魔鬼！反猶太的宣傳非常明顯就是以這個方式形成的，例如，猶太人被羞辱為具有破壞性的知識分子，而完全說服了所有情感型的人——這是他們劣勢思考功能的投射。或是譴責他們為拚命賺錢的人，就完全說服直覺型的人，因為他們代表他的劣勢感官功能，而讓人知道魔鬼何在，諸如此類。於是宣傳手法利用平常的猜疑，也就是說，人通常會因為自己的劣勢功能而反對別人。所以每一個人背後的第四功能雖然不同於邪惡的集體原則，只是小小的缺陷，但其總合卻要為整個巨大的問題負責。

個體化歷程是道德問題

由此看來，個體化歷程是一種道德問題。沒有道德感的人如果無法改變的話，會陷在起點，哪裡也去不了。但「完美」這個字眼是不恰當的；這是基督教的理想，並不符合個體化歷程的經驗。榮格強調這個歷程並不是走向完美，而是邁向完整。這表示你必須彎下身子，這是一種相對地降低人格的層次，好讓這個較低的層次或許不會像以前那樣陰暗。如果你在中間層次，一側不會那麼陰暗，另一側不會那麼明亮，而更傾向於組成一種既不太亮也不太暗的完整性。但我們必須犧牲某些追求完美的努力，以避免建立出太黑暗的相反面。

所以處理自己的第四功能是一種社會義務，因為可以使人成為較不危險的個體，而危險地分裂的個體，總合起來就是戰爭和社會劇變的亂源。宣傳活動總是企圖喚起這個部分。

從事低層次宣傳的人都知道，擄獲群眾的不是講道理的談話，而是喚起情緒，如果你能引發劣勢功能，就可以同時喚起每一個人的情緒，因為劣勢功能就是情緒的功能。所以，如果你對一群知識分子演講，就必須喚起原始的情感！例如，你若是對一群大學教授演講，絕不能使用科學的語言，因為他們的心智在那個領域是清明的，如果你編了一句謊話，他們會讓你的謊言過不了關，但如果你讓謊話變身為大量的情感與情緒，由於大學教授平均而言都有劣勢的情感功能，他們會立刻上當。希特勒深諳這門藝術，你若閱讀他的演講紀錄，就會發現他演講時會以相當不同的談話方式對待不同團體的人，他也非常知道如何喚醒劣勢功能。一位曾數度參加希特勒演講的男子告訴我，希特勒是憑直覺做到的，也可能是他自己的情感很能融入情境。有時候，希特勒在一開始還不太確定，他會像鋼琴家試音一樣試驗不同的主題，談一點這個、談一點那個，那時他會顯得蒼白而緊張，他的侍衛會鼓動大家的情緒，因為元首似乎還沒進入狀況。但他會試驗現場的反應，如果發現談到某個特別的主題能激發情緒時，他就會完全傾斜到那個方向！這是煽動家！當他感覺到劣勢的部分，他知道情結就在那裡，這就是要去的地方，且必須以原始而情緒化的方式辯論，這是劣勢功能的辯論方式。希特勒並不是仔細考慮出這種方法，而是陷入自己的自卑感而有這種天賦，但這種例子並不是只發生在過去！自然的情形下，情緒和情感並不是一定相關的，它們在思考型的人身上才是連結的，法國人和德國人之間民族性的差異就是很好的例子，德語有許多關於情感的用字和情緒混淆在一起，而法語關於情感（sentiment）的用字就完全沒有表達情緒，連一點點也沒有，因為一般說來，法國人的情感分化得比較細膩，所以他們的情感不帶有情緒。這就是為什麼法國人總是嘲笑德國人的情感，說：「喔，德國人啊，具有沉重的情感，喝著啤酒唱歌，還有『喔，祖國啊』，都是多愁善感的東西。」但法國人的情感是明確、清楚的東西，不帶有任何空泛無力的成分。這個例子是情感型的民族責難具有劣勢情感功能的民族，情感不是這個民族的優勢功能。德國人的思考比較好，但他們的情感比較原始、溫暖，充滿穩定的氛圍，但也充滿炸藥！然而這是劣勢情感功能的典型情況。

大量的付出和訓練，可以促使劣勢功能在某些地方多多少少具有比較好的作用，像海洋中零星的群島，但即使是這種情形，如果被潛意識的情結困擾，魔鬼仍然會使你出車禍。例如，假使一位直覺型的人真的很擅長開車，但有一天他分心的話，仍然會比其他類型的人更容易出事情，因為即使是這種情形，仍然留有一扇未關緊的門，會讓集體潛意識的其他衝動闖進來。但在日常的狀況中，只要帶著大量的努力，確實能讓一個人的劣勢功能在某些地方具有相當良好的作用。在文明社會中，這個問題會更嚴重。

對於仍完全住在大自然中的人，比如農夫和獵人，還有勞倫斯・凡・德・普斯特（Laurens van der Post）筆下的布希曼人，在那種生活中，如果不會多多少少約略地運用所有功能，是無法存活的。例如，農夫絕不能像城鎮的居民一樣偏於一方，他不能只是直覺型的人，因為他必須運用他的感官。但他也不能單單運用感官，因為他必須規劃農場的經營：什麼時候必須收割，必須種植哪一種紅蘿蔔或麥子，要種多少，價格怎麼樣，否則他會立刻傾家蕩產。他也必須運用一些情感，因為你和家人或動物相處需要用到情感，他還必須對天氣和整體的未來具有某種嗅覺，知道可能發生什麼，可能不會發生什麼，否則他會一直陷入麻煩。所以在大自然的情境中，事物的安排多少必須在某種程度上用到所有功能。這就是為什麼住在自然環境中的人很少像住在城鎮的人一樣偏於一方。在原住民部落和這類人身上，你可以看見他們通常會分配這些功能。例如，我的農夫鄰居總是向附近的漁夫詢問未來的天氣，他不知道漁夫是怎麼知道的，但他就是這麼做，省得自己麻煩，而漁夫也總是正確的。他信賴那個人的直覺，而沒有運用自己的直覺，所以即使是那裡的人，也傾向於把某些功能交給其他專家來做。但他們無法像城鎮的專家做得那麼徹底，例如，假如你是單身漢，職業是獨自工作的統計學家，你其實真的不需要用到情感！這當然有其不好的後果，但你在大自然是無法這樣做的。

以上是關於劣勢功能問題的共通輪廓。接下來的章節我要簡短描述各個類型的劣勢功能在實際生活中的樣貌，好讓你能把這種知識連結到自己的生活經驗。

原著：

1. C. G. Jung, *Psychological Types*, CW 6(1971).
2. Ibid., paras. 628ff.

第二章（下）

劣勢功能

我們的意識領域就像有四道門的房間，而第四道門是陰影、阿尼姆斯和阿尼瑪，以及本質我的化身進入的地方。他們很少從其他門進入，因為劣勢功能如此靠近潛意識，而且仍是如此野蠻、低劣而未開化。它是意識人格永遠無法止血的傷口，但透過它，潛意識可以一直進來，而擴大意識，並帶來新的經驗。

第四功能的實際描述

本章會簡短描述各個類型的劣勢功能在實際生活中的樣貌，我先從外傾感官型的直覺功能開始，我不會仔細描述外傾感官型的人有什麼特徵，而是直接介紹劣勢的直覺功能如何在這種類型的人身上運作。我會集中的主題是，在他的情形下，他的劣勢直覺功能會做什麼，而我將以這種方式討論所有可能的八種類型。但我還是會先對這個類型的一般情形，給你簡短的描述，然後再談劣勢功能在這種結構中的表現。

一、外傾感官型的劣勢直覺功能

外傾感官型的天賦和特有的功能就是以具體實用的方式了解外在客體，由此與之建立關係。這種人會觀察每一件事，聞一聞每一樣東西的味道，進入某個房間時，幾乎立刻知道有多少人在現場。你總是可以問他們，某某太太在不在場、穿什麼衣服。如果你拿這些問題問直覺型的人，他會說他沒有注意她的穿著，對此也毫無概念。人平常視而不見的情形，是非常驚人的。感官型的人比較擅長於注意這類事物。有一個著名的故事，講到一位法律學教授嘗試向學生示範目擊者的不可靠，他要兩個人走進教室，談了幾句話，然後開始打架。他制止他們後說：「各位小姐和先生，請確切寫下你剛才目擊的情形。」結果才知道整個爭吵過程是設計好的，所以教授對剛才所說的話有精確的紀錄，但幾乎沒有人能對剛才發生的事給出正確又客觀的敘述，大家都遺漏了某些部分。根據這場安排好的事件，教授嘗試向學生顯示他們不應該過度信任自己的眼睛。這個故事說明感官功能會因不同的人而有很大的差異：有的人較有天賦，有的人較不擅長。我要說的是，外傾感官型的人在這個領域會得到最高分，他遺漏的部分可能是最少的，對場景的記述是相對最佳的。而內傾直覺型恐怕只能記住一點點內容，他可能看見兩人打架，但不知道是誰先動手的，也不記得其他情形。

外傾感官型的人可說是最佳的照相設備，他可以快速、客觀地和外在事實連結，這就是為什麼你會在好的登山家、工程師、企業家之類的人裡找到這個類型的人，他們對外在現實的種種細微差異有很廣泛而準確的覺察力。這種類型的人會談論事物的質地（不論是絲質或羊毛），因為他對物質是有感覺的，所以通常也具有良好品味的美感。榮格說這種人給別人的外在印象常常是有點兒沒有靈魂的味道，你們都可能遇過這種沒有靈魂的工程師型的人，當別人很有感覺時，這個人卻全心放在引擎和機油之類的東西，且從那個角度來看每一件事。他不會產生感受，似乎也不太思考，而直覺則是徹底欠缺，因為直覺對他而言只是瘋狂幻想的世界。外傾感官型的人認為所有要用直覺接近的東西都是瘋狂的幻想、全然愚蠢的想像，以及某種與現實無關的東西。他甚至不喜歡思考，因為他如果非常偏於一方，就會認為思考是抽象的東西，還不如注意事實就好。

我曾有位自然科學的老師是這種外傾感官型的人，你絕不可以問他一般性的理論問題，因為他會說你掉入抽象思考。他認為人必須留在事實上面，比如觀察昆蟲，看它的長相，然後畫下它，或是看顯微鏡並描述你在裡面看到的東西。這是自然科學，而所有其他的東西都是幻想、理論、廢話。他非常擅長解釋工廠如何製造某些化學產品，我到現在仍記得哈伯—博施製氨法，因為他把它強迫灌輸到我腦海裡。但談到元素間相互關係的一般理論等等時，他卻教得不多，他說那在科學中仍是不確定的，理論在每一年都會改變，一直進行演進，所以他會略過那部分的功課。對於感官功能分化細膩的類型而言，每一件可能是出於預感或猜測的東西，或是任何出於直覺的東西，都會以令人不舒服的方式出現。也就是說，如果這個人有任何直覺的話，其性質都是猜疑或怪異的。例如，這位老師曾經非常投入筆跡學的探索，有一天，我拿著母親寫的信，解釋我因為流行性感冒而沒有來上課，他看著信說：「這是你母親寫的嗎？」我說是，他就說：「可憐的孩子！」他只接收到負面的東西！他就像這樣，常常對同事和班上的小孩疑神疑鬼。你可以看見他具有某種黑暗陰鬱的直覺，由於他的直覺是劣勢功能，就像狗會嗅垃圾桶之類的地方，他對見不得人的東西有興趣。這種低劣的直覺常常是正確的，但有時卻完全錯誤！他有時只是有著被迫害的意念，是沒有任何基礎的陰暗懷疑。對事實層面如此準確的類型，卻有可能突然陷入憂鬱、多疑的預警、悲觀可能性的想法，根本不知道這些是怎麼突然冒出來的。這就是劣勢直覺功能如何在這類人出現的情形。由於他是外傾感官型的人，他的直覺比較在內傾的層面。「可憐的孩子」那句評論只是偶然轉向外在客體，也就是我和我母親的筆跡，但正常情形下，外傾感官型的劣勢直覺功能會環繞著感官型的人的主觀位置，往往是關於他可能罹患疾病或遇到其他不幸的悲觀感受或預感或預警，這表示劣勢功能一般說來是以自我為中心的，它轉向主體，但本身具有自我中心的性質，且常常有這種負面、貶抑的態度。如果你讓這種人大醉一場或非常疲倦，或深入認識他們，而讓他們吐露自己的其他面向，如果出來的是直覺功能，他們會說出最令人驚奇、不可思議、令人毛骨悚然的鬼故事。

我認識一位女士，她是瑞士最了不起的登山家之一，她顯然是外傾感官型的人，只在意具體事實，認為每一件事當然都是出於自然因素。她可以獨自攀登不只是在瑞士，而是包括法國、薩伏伊公國和奧地利的整個阿爾卑斯山脈的所有四千座高山。但天黑駐紮在小屋後，在美麗的火光下，她會變成另一個人，對你說出最荒誕恐怖的鬼故事，這種故事通常出自牧羊人和農夫。看到這種原始、怪異的幻想從她口中出來，實在是很奇妙的經驗。隔天早晨，她穿上靴子時，會對這些故事一笑置之，並說都是胡扯的！因為她那時已跳回自己的優勢功能，所以會嘲笑自己前一晚說的故事。我先前提到的男子也是這種情形，在學校遠足時，他會突然變成另一個人，對你說出超凡、奇妙的事件，顯然是他經歷過的。這種故事總是屬於個人經驗的，是私人的事件，指向這個人自身，表現出內傾的直覺功能；這種人在這種處境中憑直覺知道的東西都是他個人問題和處境的一部分。

外傾感官型的劣勢直覺功能還有另一個面向，就是突然被人智學、神智學或東方形上學的某種混合物所吸引，通常是最超脫世俗和形而上學之類的東西。原本是非常講求實際的工程師之類的人，是你認為最不可能的人，卻突然加入這種風潮，以完全沒有批評的心，全然迷失其中，這是因為他們的劣勢直覺功能具有這種古老的風格。你在他們的書桌上，會驚訝地發現神祕學的著作，但比較偏向二流的品質，如果你問他們是否在讀這種書，他們會說它只是廢話，用來幫助他入睡，這表示他的主要功能仍在否認劣勢功能！舉例來說，如果你詢問多納克（Dornach）的人智學家，是誰提供金錢幫他們蓋房子，就會發現錢都來自這種外傾感官型的人。例如，整體看來，美國這個國家有許多外傾感官型的人，這就是為什麼這類奇怪的運動在美國特別興盛的原因，遠遠多於瑞士。你幾乎可以在洛杉磯找到每一種古怪的教派，而且可以聽到一大堆不切實際、令人難以置信的故事。

我曾分析過這種類型的人，有一天在分析之外的時間，突然接到他打來的電話，這個男人在電話另一端啜泣說他受不了：「發生了，我無法告訴你，但我身陷危險之中！」他並不是歇斯底里性格的人，也沒有任何潛在的精神疾病或類似的問題，所以你不會想到他會以這種方式表現。我非常驚訝，問他能不能到車站買一張車票趕來蘇黎士，因為他住在瑞士的另一個城鎮。他認為他可以安排，於是我請他過來。當他抵達時，已跳回他的優勢功能，並帶著一籃櫻桃來找我，我們一起開心地吃櫻桃。我說：「怎麼回事？」但他甚至無法告訴我是怎麼回事！因為當他抵達車站，並買好櫻桃時，已再度回到上層功能，他被其他層面攻擊了一分鐘，我只從他那裡得知一件事，他說：「有一分鐘，我認識上帝是什麼！就好像我了解上帝！使我如此震撼，以至於我認為自己會瘋掉，但它現在又跑掉了。我記得它，但我再也無法表達它，我已不在它裡面了。」透過劣勢功能，他的直覺，突然擁有整個集體潛意識和本質我，以及一切。有一分鐘，像一道閃光，它完全出現，徹底撼動他人格的上半部，但他無法抓住它。這是劣勢直覺功能第一次出現的時刻，顯示出巨大的創造性和積極性的一面，以及它危險的一面。直覺的特質是能同時傳遞大量有意義的內容，你可以在一分鐘內，一秒鐘內，看見一切，它出現了一分鐘，然後又走了。他津津有味地嚼著櫻桃時，又回到他較單調、平凡的外傾感官世界。這是典型的例子，顯示這種類型的劣勢功能第一次真正出現時的情形。

另一種重大的危險就是我所說的優勢功能掌控了劣勢功能。我認識一位外傾感官型的人，他是非常有效率的建築商和可靠的商人，是很有錢的暴發戶。他非常務實，卻蓋了可怕的房子，不過那些房子裡的小零件很完美，所以有很多人喜歡住在裡面，但從藝術的觀點來看，那些房子實在不好看。他很擅長滑雪，穿著體面，欣賞女性，對感官享受的品味非常細緻，這是外傾感官型會表現出來的特徵，對食物也有很好的品味，諸如此類。這位男士落入一位大他二十歲的直覺型婦女手中，她是狂野、古怪、有如慈母般的人，非常肥胖，這在她的情形代表缺少自制力；內傾直覺型的人常常極度沒有節制，在身體和心理兩方面都會超過他們的合理限度，這與他們的劣勢感官功能有關。這位女士只活在她的幻想中，完全沒有供養自己的經濟能力。所以這是典型的結合，由男人提供金錢，照顧生活的現實面，女人則負責整個幻想面。我曾經和他滑雪，但再也不去了，因為我覺得乏味到想哭！唯一會讓他用有趣的方式談論的，就是他的生意，但他不對女性談這個，於是他什麼也沒得說，只能說說太陽很好、食物不壞！令我非常驚訝的是這位男士邀我到多納克的人智學會觀賞表演，戲院的名字是歌德館，這是他另一個「靈性」的母親，對他非常有吸引力。他完全被表演抓住，感動到完全傾倒，我不時看著他，納悶這個男人是怎麼回事，因為他完全沉醉其中。我後來竟然笨到對他說，這齣戲對我太高深了，我比較渴望的是好吃的牛排！他被我的唯物主義震驚到幾乎抓狂！我那時才十八歲，若是現在，我會聰明些，不會說出這種話。但那就是這種類型的人的劣勢直覺功能運作的方式，一方面，它被投射到那位婦女身上，另一方面，則投射到多納克。他嘗試和那位女性斷絕關係，因為了解他們之間有如母子關係，所以希望把他的劣勢直覺功能寄託在多納克，做為取代。相較於僅僅投射到母親型人物身上，這當然是往前進了一步，因為這至少表示在內在層次具有吸收它的企圖，這就是為什麼我的評語是如此不智的原因。我不知道他的這個企圖後來如何運作，因為我和他失去連絡，但請記住，對於帶著劣勢功能出現的人，永遠不可以說出貶抑或傷人的評論。

還有一個關於劣勢內傾直覺功能的例子，但這個例子真的很不堪，說明劣勢功能可以導向多麼可憎的形式和絕望的深淵。我最近在美國科幻小說出版品中，讀到一個故事，談到有人發明了一具設備，可以把人分解再重組，操作者可以在甲地把人分解，然後用電波送到乙地重組回來。例如，他的人在蘇黎士，然後在紐約重組。透過這種設備，有可能省掉飛機、輪船之類的東西。他先用煙灰缸做實驗，但效果不太好。後來用蒼蠅實驗，開始時發生一些錯誤，調整一些線路後，似乎對蒼蠅有效。由於怕有任何差錯，他想當第一個犧牲者，於是把自己放入設備。不幸的是，實驗發生問題，他從另一端出來時，有一顆巨大的蒼蠅頭！他嘗試和妻子連絡，他用衣服把頭包起來，讓她看不見它，告訴她必須想辦法救他，雖然給了她一些指示，但都沒有用。最後，在絕望之餘，他要求她殺死他，她出於憐憫而殺了他。故事後來的發展變成一般的犯罪小說。他死了被埋葬後，妻子發瘋，被送進精神病院，但後來找到蒼蠅，所以原本其實有機會挽回，但一切都太遲了。檢察當局出於同情，把蒼蠅放入火柴盒，感傷地放置在墳墓上，碑文提到逝者是「科學的英雄與犧牲者」。小說裡大部分噁心、變態的生動細節，都被我省略了。

你在此可以看到劣勢直覺功能如何在感官型的人身上成形，由於故事是由感官型的人寫的，所以會偽裝成全然講求實際的感官功能。蒼蠅代表劣勢直覺功能，與意識人格混雜在一起。蒼蠅是邪惡的昆蟲，一般說來，蒼蠅代表不由自主、使人困擾的幻想和想法，在腦中嗡嗡作響，揮之不去。此處，這個人涉及謀殺和瘋狂的意念，成為犧牲者，因為他勸妻子殺害他。為了挽救她的生命，她被關入精神病院，終其一生想要抓蒼蠅，希望找到可能是丈夫一部分的蒼蠅。故事的結局是警方告訴作者說，這位女士其實只是發瘋了，可以看出他代表集體的常識，這是作者最終接納的裁定，表示一切只是瘋狂罷了。

如果作者不是再次向外投射，而是讓他的劣勢功能連結到他的意識，使之不受制於他的外傾感官功能，那麼就會有一個全然純淨不受污染的故事。在真正的幻想中，比如艾倫．坡和詩人梅寧克（Gustav Meyrinck）的故事，直覺是可以直接成立的，因為那些幻想是極具象徵意義的，可以用前後一致的方式來詮釋。但感官型的人總是想要以某種方式使他的直覺變得具體。

二、內傾感官型的劣勢直覺功能

我必須先討論內傾感官型的主要功能。許多年前，在心理學社中，成員聚集時，會被要求用自己的話來描述他們的類型，不要引用榮格關於類型的書。成員必須描述他們如何經驗自己的優勢功能，我永遠忘不了艾瑪．榮格（Emma Jung）的傑出報告，因為我聽她描述後，覺得自己比以前更了解內傾感官型的人。她描述自己時，說內傾感官型的人就像高感光度的攝影底片，當有人進入房間，這種類型的人會注意此人進入的方式、髮型、臉部表情、衣著、走路的方式，這一切都對內傾感官型的人形成非常精確、巨大的衝擊，因為這種人會以高度的敏感吸收一切細節。印象是從客體達到主體，就好像一顆石頭落入深海：印象會掉落得愈來愈深，完全沉入其中。外表上，內傾感官型的人看起來十足遲鈍的樣子，他只是坐著凝視，你不知道他內在發生什麼事，因為他看起來就像一塊毫無反應的木頭，除非他用輔助功能之一的思考或情感來反應；但印象在內在是被吸收的。

內傾感官型的人會給人一種很緩慢的印象，其實並非如此；只是快速的內在反應在裡面進行，而外在的反應會延遲出現。這種人如果在早上聽到一個笑話，可能到半夜才會大笑。這個類型的人常常被周圍的人誤判或誤解，因為別人不了解他內在進行的事。如果這種類型的人想用藝術表現他有如攝影所留下的印象，可以用繪畫或書寫複製這些印象。我高度懷疑湯瑪斯．曼（Thomas Mann）就是這種內傾感官型的人，因為他能不可思議地描述每一件細節，把房間或人格的整個氛圍表現出來，比如他在《魔山》（*The Magic Mountain*）一書中的描述。

這種內傾類型的人的劣勢直覺功能很類似外傾感官型的劣勢直覺功能，因為它也具有非常怪異、荒誕、幻想的內在生活，但它比較在意非個人的集體外在世界。以我前面提到的建築商為例，你可以看出他是外傾感官型的人，他得到的直覺都與自己有關。在他的外傾感官功能中，他關心的是集體的外在世界（道路的建築，或是大房子的建造），但他的直覺都用在自己身上，且和他的個人問題混在一起。內傾感官型的人，動向是從客體朝向他自己。湯瑪斯．曼的小說具有非常主觀的特徵，但他的直覺卻與背景發生的事件有關，他抓住外在世界的可能性和未來。

在內傾感官型的人身上，可以看見非常有預言性的素質，是原型的幻想，代表的主要不是夢者的問題，而是他那個時代的問題。這種幻想是很難吸收的，因為外傾感官型也有相同的困難，也就是說，感官是一種用來了解此時此地的功能，感官的負面部分就是這種類型會卡在現實中。就如榮格曾提到的：對他們而言，未來是不存在的，未來的可能性並不存在，他們只在此時此地，前面則是一片鐵幕。他們在生活中的表現就好像永遠都會與現在相同；他們無法設想事物可能改變。這種類型的缺點就是在湧現大量的內在幻想時，會因為意識功能的精確和緩慢而很難吸收它們。如果這種類型的人願意認真看待他的直覺功能，會有嘗試以非常精確的方式描述直覺的傾向。但你怎麼能這麼做呢？直覺的出現有如一道閃光，如果你嘗試寫下它，它早已跑掉了！所以他會一直苦惱，不知道如何處理這個問題，因為劣勢功能可以被吸收的唯一方法，就是放掉優勢功能的掌控。

我認識一位內傾感官型的人，她多年來非常精確地畫出潛意識的內容，完成一幅畫大約要花三個星期，畫作非常美麗，且畫出所有細節，但我後來聽她說，她並沒有如實畫出潛意識的內容，而是修正和改善了顏色，並對細節做過精緻的修改。她會說：「我當然要增進美感。」整合劣勢功能的需求漸漸變得迫切，她的夢告訴她，必須加快繪畫的速度，準確畫出本來的顏色，不管多麼粗糙，就是快速畫在紙上就好了。我以這種方式轉譯她夢中的訊息時，她陷入恐慌，說這是不可能的，她做不到。要她這麼做就好像把她打垮一樣；她辦不到，仍繼續用原有的方式繪畫。日本禪宗的畫表現出內在意象的精髓，與這位女士的畫作截然相反。她並不是從內在得到準確性，也無法按照夢的指示來做，由於她不願放棄優勢功能和精確的細節，因而陷入巨大的掙扎。於是她一再錯失劣勢直覺功能的出現，因為她無法在它出現時如實捕捉它。

這就是優勢功能和劣勢功能在內傾感官型的人身上打架時的情形。如果你試圖強迫他們太快吸收直覺功能，他們會出現頭暈或暈船的症狀。他們覺得被帶離堅實的現實地面，就好像在海上或飛機上，由於他們如此執著於現實，所以會出現真正的暈船症狀，或是純屬心理因素的頭暈。我認識一位內傾感官型的人，她做積極想像時必須躺在床上，否則會覺得自己好像在船上一樣開始暈船，她會覺得堅實的地面好像在腳下融解。當然了，如果你不是這種類型的人，你會覺得比較有趣，但再次提醒你，仍有優勢功能掌控劣勢功能的可能。瑞士畫家富士里（Heinrich Füssli）是絕佳的例子，他在十九世紀末成名，來到英國宮庭。他顯然是外傾感官型的人，他的劣勢功能會出現於最奇異的主題，他畫了一幅美麗的圖畫，是關於莎士比亞的《仲夏夜之夢》這個輕快奇妙的童話，這個主題吸引他是因為它非常奇特，但他沒有根據內在浮現的東西來畫，而是做了詳細的研究，然後把他的直覺牢牢固定成非常感官的形式。圖畫中，泰妲妮雅醒來，看著她深愛的驢子，她看起來很吃驚的樣子！仙女、巫婆和她的愛人都看著她。這是一幅美麗的圖畫，但以如此傳統的方式畫出來，有太多關於身體和服裝的細節，甚至驢子頭上的每一根毛髮都畫出來了，使整幅圖畫失去它應該傳遞的氛圍，也就是夢中世界的味道。所以從某個角度來說，它徹底失敗了。富士里雖然很有天分，卻不曾成為真正知名的畫家。從圖畫可以看出他如何因為不願放棄優勢功能而糟蹋了自己的機會，他應該快速畫出夢中世界的一切朦朧感，但他繪圖時落入自己的優勢功能，把每一個人物的腳趾甲什麼的都畫出來了，所以這幅圖凍結在一個畫面，喪失了動態的特徵。

由於內傾感官型的優勢功能是內傾的，所以他的直覺是外傾的，因此通常會被外在事件觸發。舉例來說，這種類型的人可能在沿街走路時，看見一家店面櫥窗裡的水晶飾品，於是他的直覺可能立刻得到象徵的意含，或是關於水晶的整個大量象徵意義會浮現腦海，但這是被外在事件觸發的，因為他的劣勢直覺功能基本上是外傾的。當然了，他也具有與外傾感官型的人相同的不良特徵，因為這兩種類型的直覺往往都具有邪惡不幸的特徵，帶著悲觀的預兆，比如原子彈戰爭即將爆發、周圍的人會死於癌症，他們也會接收到負面的閒言閒語。他們幻想的素材容易帶著不幸的特徵，如果沒有經過處理的話，浮現的預言內容將是悲觀、負面的東西。

所有分裂的劣勢功能都有一種傾向，會變得具有強迫性，並製造被迫害的意念。舉例來說，思考型的人也會有這種情形。劣勢功能一直都是被迫害意念的載具，所以總是要優先注意它。如果直覺功能迷失了，就會對最粗糙性感的肉欲幻想著魔，就像老鼠在垃圾箱裡聞來聞去一樣。當人覺得被暗中破壞和迫害時，就很可能是劣勢功能在暗中迫害和破壞優勢功能，因為劣勢功能一直是這種黑暗事物進入的路徑。直覺型的人也會壓抑粗糙的感官幻想，因為他們非常忽視感官功能。但感官型的人的預感或直覺出現時，會有某個地方將發生某種事情的悲觀氣氛，所以會帶著恐懼的色彩。但我們必須非常小心，因為只有結果可以顯示預言是否正確。我們不能說原子能戰爭的預兆是不正確的，只是劣勢直覺功能的現象；它們可能是正確的！只有回顧歷史，你才能看出它們是否只是錯誤的負面直覺。聖經裡的先知會流芳百世，只是因為他們是正確的，所以他們大概不是感官型的人，而是真正的直覺型的人，具有比較正確的直覺。在感官型的人中，直覺可以完全正確或錯誤。在我一生中，已數不清有多少次遇到感官型的人打電話告訴我，他「知道」榮格快死了或已經死了，或某某人住院或得到不治之症，結果卻完全不是那麼回事！

關於負面的直覺，更糟的是它有時會正中目標。榮格說直覺不管怎麼樣都是一個很麻煩的功能，因為它會直達狀況的核心，它或是正中要害，或是完全迷失、偏離目標。一般說來，當直覺是主要功能時，如果再加上發展了另一種功能（思考或情感），這個人對於可能直接命中或迷失方向的直覺，就會加以保留。但劣勢直覺功能是如此原始，它或是正中目標，或是完全偏離，而感官型的人有時會準確得讓你驚訝，使你不能不大力稱讚，或是出現完全不是事實的預感，只是純粹的子虛烏有！這個類型會突然出現內在的直覺，他的困難在於不知道如何處理直覺，因為這些直覺可能純屬廢話，也可能完全正確。

三、外傾思考型的劣勢情感功能

這種人的意識人格是外傾的，我會嘗試描述劣勢內傾情感功能的運作方式。這種類型的人常見於組織者，如辦公室、政府單位、商業和法律界的人，許多好律師都是外傾思考型的人，還有科學家，特別是安排科學研究、建立團隊合作的人。他們也能匯編有用的百科全書。他們會挖出老舊圖書館的所有灰塵，掃除妨礙科學發展的因素，比如遲鈍或懶惰或欠缺明晰的語言，以及不同專門術語所造成的混淆。外傾思考型的人會為此地帶來秩序，以堅定的立場說：「我們說一就是一，說二就是二」或「我們的意思是什麼就是什麼」諸如此類的話。他們會在外在客體、外在處境上放進清楚明確的秩序。這是一種理性的功能，而它的方向是向外的，所以是一種想要建立邏輯秩序的活動。在商業會談中，這種人會要求大家必須理解基本事實，然後看看如何進行。律師若必須傾聽各方混亂的爭辯，就要有能力用優勢的心智功能分辨真正的衝突和表面的爭論，然後安排各方都滿意的解決方法。這種類型具有這種優越的能力，在社交上很有創意。他們能以具有創意的明晰頭腦切入，使事物具有可接受的秩序。他們的重心總是放在客體，而不是理念。這種律師不會為民主的理念或國家的和平或任何這類的東西奮戰，他的整個腦袋都沉浸於外在的客觀狀況，陷入其中，如果你詢問他對某件事抱持什麼態度或理念，他會大吃一驚，因為他並不關心這個，且完全沒有意識到任何個人的動機。一般說來，如果你研究他們，就會發現潛意識的動機是關於和平、博愛、正義的天真孩子氣的信念。如果逼他說明他所了解的「正義」是什麼，他會非常困惑，可能把你趕出他的辦公室，因為他「太忙碌」。所以他的主觀成分仍留在人格的背景裡，從來沒有想過自己了解了什麼；他為正義奮戰，卻不曾想過自己對正義有什麼了解！他的崇高理想的前提仍留在劣勢功能的領域，也就是情感。他對自己的理想有一種奇怪神祕的情感依附，但不會表現出來，你必須把他逼到牆角才會發現。他確實具有對某種理想或對人的忠誠感，但永遠不會在日常活動表現出來，這種人可能把一生都花費在問題的解決、公司的整頓，或是需要把事情安排好的處境，直到人生要結束時，才開始憂傷地自問，他到底為何而活，然後掉入他的劣勢功能。在這之前，每一件事都需要他的主要功能；他從來不曾想過自己為何而活，因為陰暗的背景一直模糊不清。

我曾和一位這種類型的男子談話，他極端過度工作，需要好好休假。他給我許多美好的勸告，說我應該去度假，但我問他自己為何不去度假時，他卻回答：「天啊，我如果孤單太久，就會過度憂鬱！」孤獨時，這種人會自問他的工作是否真的重要，他可能想起以前曾救過某人，使他免於被搶劫，諸如此類，但世界改善了嗎？這種情感會浮現出來，使他覺得有如落入深淵。他會被迫重新檢視自己對事物的所有價值觀。所以他當然會避免度假，直到有一天跌斷大腿骨，必須臥床六個月，這是上天強迫這種人面對劣勢功能的方式！

外傾思考型的人會以隱藏的方式對理想，往往也對人，有一種神祕、忠誠的情感依附，但這種深處、強烈、溫暖的情感卻很難浮現，而是完全隱藏的。我記得有一位外傾思考型的人，當他表現出他對妻子的情感時，真是讓我感動。這種情感的真誠、深度和溫暖是非常感人的，但我和他妻子談話後，卻悲哀地發現她完全不知道，因為他是十足的外傾型，把所有時間都耗在專業上，在生活中汲汲營營，卻不曾表達那些深處的情感。假如他的妻子憔悴至死，他恐怕也要到葬禮時才會發現，但那已為時太晚。而她根本不了解他對她的情感有多麼深刻，也不知道他對她非常忠心耿耿，因為一切都隱藏在內心深處，沒有在生活中表現出來；它留在內心，是內傾的，沒有走向客體。我花了好幾次會談的時間，才使他們對彼此有更好的了解，讓妻子明白她的丈夫真的愛她。他是如此極度地為外在世界忙碌，而他的情感又隱藏起來，不曾在生活中表現出來或被接受，以至於他的妻子根本不了解這份情感在他心裡其實占有非常巨大但隱藏起來的份量。

我記得有位外傾思考型的人做了一個處理移情的夢，他夢見要來找我時（他是外國人），有一位年老的馬車夫駕著四匹馬的舊馬車在同一時間也離開他住的城鎮，慢慢走向蘇黎世，但還沒有抵達。這個人來接受分析是因為各種外在的理由，比如想學習榮格心理學之類的理由，他的情感也上路了，但只走了幾公里，我揶揄他，問他的馬車夫什麼時候才會抵達！如果一個人可以開始因為自己的劣勢功能而哈哈大笑，就能得救了，因為接下來的一切都會改善二十倍。當幽默感得以建立，你可以扯別人的腳，別人也能扯你的腳，許多問題就會隨之消散，這就是我在本章一開始先提到愚人原型的原因。這個人具有幽默感，有能力笑他的馬車夫。

內傾的情感，即使是主要功能，也很難被了解。奧地利詩人里爾克（Rainer Maria Rilke）就是非常好的例子，他是情感直覺型的人，寫出：「我愛你，但不關你的事！」他就只是為愛而愛！情感非常強烈，但沒有流向客體，而比較像是一個人內在的愛的狀態。這種情感當然很容易被誤解，而這種人也會被認為是非常冷漠的人。他們其實一點也不冷漠，只是情感全都留在內心。另一方面，他們對周遭社會隱隱然具有強烈的影響力，因為他們會以非常隱密、強烈的內在方式來建立價值觀。例如，這種情感型的人可能不曾表達他的情感，但表現出的行為會顯示他認為某件事是重要的，而另一件事不重要，因此對別人展現出某種影響。當情感是劣勢功能時，甚至會更隱密、更絕對。我先前提到的律師擁有自己對於正義的理念，可能對別人有強烈的暗示作用；也就是在他認為正義是什麼的心思背後所隱藏的情感，會在潛意識中影響別人走上相同的方向，他自己卻不知道。這不但會支配他的命運，也在無形中透過他的行動影響別人的命運。思考型的人隱藏的內傾情感會建立強烈而無形的忠誠，這種人在我所有朋友中是最忠實的，即使他們可能只在聖誕節寫張賀卡（如果有的話），除此之外毫無接觸，但我知道他們在情感上是絕對可靠的，可是必須接近它才會知道它的存在。

表面上，外傾思考型的人不會給人一種具有強烈情感的印象。在政治家身上，他的劣勢情感可能會不自覺地表現在他對國家根深柢固、堅定不移的忠誠，他也覺得完全理所當然，但這可能使他丟出原子彈或做出其他毀滅性的行動。不自覺、未發展的情感可能是野蠻而絕對的，所以隱藏的破壞性狂熱有時會突然從外傾思考型的人爆發出來，如果不受約束的話，可能具有極大的破壞性，並以某種突然的狂熱行動表現出來。從情感的標準來看，這類人無法看見別人可能有不同的價值觀，因為他們不會懷疑自己捍衛的內在價值觀。當他們堅定地覺得某種東西是對的時，他們無法表現自己在情感上的立場，但他們永遠不會懷疑自己的內在價值觀。

從這個角度來看，劣勢情感功能就不同於劣勢直覺功能。直覺是一種與理性無關的功能，它抓住的是事實、未來的可能性和發展的可能性，但它不是判斷的功能。劣勢直覺功能可能會預感到戰爭或別人的疾病，這種預感可能發生也可能不會發生，或是預感到集體潛意識裡的原型變化。內傾直覺功能會突然預感到集體潛意識在時間之流裡的緩慢轉變。每一個時代對此都有某種氛圍，比如藝術或文學會突然打破以前的主題，而內傾直覺功能對此會有感覺。一位德國作家布魯諾．葛耶茲（Bruno Goetz）寫了一本關於第三帝國的書，意思是指結合異教和基督教的上帝之國。他在納粹掌權之前很久就完成了這本書，納粹想要找他為他們寫書，但他斷然拒絕。他在這本書中甚至預言到許多納粹真正的作為，甚至描述了十八到二十歲的年輕人成群結隊地蹂躪一切。他描述的景象後來幾乎如實出現於納粹德國，但他寫書時還完全沒有這種情形，當時仍是社會主義的威瑪共和國，但葛耶茲的內傾直覺功能已經知道原型匯聚的動向，並表達出來。這也會發生在內傾直覺是劣勢功能的情形，突然閃現洞識，看見背景的過程，出現又再度消失，但沒有評斷，就像葛耶茲描述事實而不加評斷。身為作家，他只是在你面前把它們攤開來，你並不知道他是贊成還是反對。這是直覺的作用，它呈現事實，沒有評價，但情感就完全不同了。在榮格的用語中，它是一種理性（rational，拉丁文字根ratio的意思等於秩序、計算、推理）功能，是建立秩序和判斷的功能，分辨這是好的或壞的，是我可接受或我不接受的。所以思考型的劣勢情感功能會對人和理想做出價值判斷，而不只是呈現事實；所以兩者是不同的。

舉例來說，有一位非常忽略直覺功能的外傾感官型的人，一再夢見他不喜歡的窮人和工人在夜晚破門而入，他對這個反覆發生的夢感到害怕，於是開始在朋友圈和晚宴中到處說他知道共產黨會獲勝，做什麼都沒有用了。由於他是非常能幹的政治家，這種話會有不好的影響，因為大家都相信他。但這是個人自己投射出來的不好、錯誤的劣勢直覺，這是劣勢直覺功能的情形。可是如果某人有劣勢的情感功能，就可能突然提出訴訟，相信自己是為正義、良善而戰，但如果有人能反駁這項指控，他就會把整件事都丟到一旁，包括他自己開啟的訴訟。他的判斷突然發生改變，表示是劣勢情感功能突然闖入而造成的，這就帶來另一個重點。當問題在於劣勢功能時，人很容易受到影響，因為它在潛意識裡，所以很容易變得不確定，如果是在他們的優勢功能的領域，通常都知道被攻擊時要如何反應，因為他們已準備好充足的武器，且沒有偏見、具有彈性、自覺強壯。只要你覺得強壯，就會很願意討論事情或改變態度，但你覺得自卑不如人之處，就會狂熱而敏感，很容易被人影響。朋友臉上的表情可以影響思考型的人的情感，因為他的情感在潛意識裡，所以容易被影響。如前所述，外傾思考型的人是非常忠誠的朋友，但你可能因為他受到毒害而反對你，而突然失去他，你可能有一天像燙手山芋一樣被丟掉，而你還不知道為什麼，不知道發生了什麼事！某種有毒的東西以某種方式進入他的系統，比如有人說了什麼閒話，甚至只是在提到你名字時扮了一個鬼臉！情感是未被意識到的，這種作用只有拉到意識中才能消除。從思考功能的角度來看，如果你反對他提起訴訟的做法，外傾思考型的人會願意討論，並問你原因，他是可接近的，不會受到錯誤的影響，但在情感的領域裡，他會突然斷絕往來，毫無理由，而他自己也不知道為什麼。

外傾思考型的隱藏的內傾情感，有時非常幼稚。這種人過世後，有時會被人發現筆記本中有幼稚的詩，寫給素未謀面的遠方女子，內容傾注許多感傷、神祕的情感，他們會要求在自己死後把這些東西燒掉。那種情感是隱藏的。從某種意義來看，這是他們擁有的最寶貴資產，但它仍是極為幼稚的；它也具有神祕的內在宗教的性質。這種人的情感有時完全留在母親身上，不曾脫離兒童世界，你可能會找到感人的文件，記錄對她的依戀。在這種情形裡，內傾的情感功能還不曾走出童年之地。

四、內傾思考型的劣勢情感功能

這種類型的主要功能不會那麼努力地在外在世界建立秩序，而是關心理念。凡是會說不應該從事實開始，而應該先釐清自身理念的人，就是屬於內傾思考型。他把秩序帶入生活的願望，會從理念開始，並認為你如果從一開始就糊裡糊塗的，就永遠到不了任何地方。你必須先知道你想遵循的理念是什麼，這些理念來自何處；你必須深入探討思想的背景，以清理糊塗的腦袋。例如，所有哲學都談到人類心智的邏輯過程、理念的建立，諸如此類，而這個領域正是內傾思考型的人最擅長的。在科學界，這種人總是努力避免同事在實驗中迷失，他們會一次又一次地嘗試回到基本概念，詢問我們到底在想什麼。這可以解釋為什麼物理學界通常會有實用物理學的教授和理論物理學的教授：一個講授如何進行實驗，另一個講授數學原理和其他原理，以及科學理論。在各種科學中，都總是有人嘗試釐清其科學領域中的基本理論。例如，外傾的藝術史學家會嘗試找出事實，想要證明聖母瑪麗亞的某種畫像比另一種更早或更晚出現，並試圖將之連結到藝術家的歷史和背景，而內傾型的藝術史學家卻會問人有什麼權利來評斷藝術作品，他會說我們必須先了解我們說的藝術是什麼意思，否則會陷入迷霧。內傾思考型的人總是會回到主觀的理念，也就是在整件事中，主體所做的事。

就傾向而言，內傾思考型的情感是外傾思考型的情感的另一種表現，也就是說，內傾思考型的人具有同樣強烈、忠誠和溫暖的情感，這是外傾思考型的典型情感，不同的地方是內傾思考型的情感會流向明確的客體。外傾思考型的人深愛他的妻子，但就像里爾克說的：「我愛你，但不關你的事」，而內傾思考型的情感擁有外在的客體，所以他會用里爾克的風格說：「我愛你，而且是你的事；我會讓它變成你的事！」除此之外，內傾思考型的情感具有與外傾思考型的劣勢情感完全相同的特徵，有著非常黑白分明的判斷，是或否，愛或恨。但它很容易被別人和集體的氛圍毒害，由此而變得不確定。這兩種類型的劣勢情感都很黏，外傾思考型的人具有這種無形的忠實，可以永遠持續下去。內傾思考型的情感也是如此，差別在於並非無形，而是顯而易見的忠實。如果用正向的角度評估，它就是忠實，但若用負向的角度評估，就是很黏。它就像癲癇體質的人有如膠水的情感；它具有那種像狗一樣依附的黏性，特別是對鍾愛的對象，這並不總是令人愉快的。你可以把內傾思考型的劣勢情感比擬成火山流出的炙熱岩漿，一個小時只移動了五公尺，但所到之處會摧毀一切。當然了，這就是為什麼內傾思考型的人會很快經驗到他總是因為外傾的情感而招惹麻煩、犯下錯誤，因為他的情感是如此原始、黏人和幼稚；但它也具有原始功能的所有優點，就是非常真誠而溫暖。內傾思考型的人在愛人時，是不會計算的，是因為對方這個人而有的愛，但也是原始的愛。這兩種類型都是如此，因為思考型的人具有原始的情感，但另一方面，它是絕不會計算的。思考型的劣勢情感就像一頭想和你玩的母獅，她除了玩，沒有其他意圖，但她會發怒，嗚嗚吼叫，拉扯你的腳，或是把你吞下去，或是在舔你的臉時，一掌把你打倒。但那裡是沒有計算的，也沒有計算的意圖；它只是一種情感的表達，就像狗向你搖尾巴！寵物的情感使人感動的原因，就是這種沒有計算的態度。

所以在兩種思考型的人中，劣勢情感都是沒有計算的，然而，具有分化情感的人，隱隱然是會計算的，他們總是把一點兒自我放到裡面。有一位打字員是情感型的人，我見過她的老闆後，很想知道她是怎麼度過可怕的一天！但她微笑說：「他是老闆。」所以她充分發揮這一點，既然她必須忍受他當老闆，就更仔細觀察他，從他身上找到一些正面的特質。一方面，看見好的可能性並加以認可，是值得讚賞的，但另一方面，其中是有一些計算的：她想保住這份工作，所以努力做出那種正面感受。這種情形永遠不會發生在思考型的劣勢情感！我永遠也無法忍受，我寧可沒飯吃，也不願過這種日子！我對劣勢情感和分化情感之間的差異感到訝異。情感型的人可以在那位恐怖的人身上找出一些正面的特質，然後忍受他。她並沒有否認我在他身上看見的一切負面情形，但她說他不曾要求超時工作，也會稱讚為他工作的人，所以她找到一些正面因素而留在那裡。

榮格在他的書中，對一些關於類型的誤解提出解釋。我說這位辦公室小姐會計算，行事為人出於機會主義，其實我完全錯了，因為在她的情形中，那只是背景的動機，是其他類型的人的負面投射。她並非只是機會主義者，這種正面的感受也不是出於計算，而是她具有分化的情感，所以她不曾有強烈的情感反應，但知道什麼地方是有價值的，也知道凡事總是有負面的部分；沒有什麼東西是黑白分明的，現實中的每一件事都是灰色的。她有這種哲學的態度。那只是我在懷疑她有計算和機會主義，因為內傾思考型的人總是有意識地知道哪一面是有利的。但那是不正確的。另一方面，你可以說劣勢功能的優點就是其中真的沒有計算，自我全然與之無關，但這當然也會造成適應不良的情形。以電影《藍天使》為例，教授迷戀上蕩婦，忠實又忠誠地被她毀滅，這是劣勢情感功能的悲劇。我們可以因為他的忠實而讚揚他，但也同樣可以說他是該死的笨蛋，因為他的劣勢情感功能的品味非常差勁。思考型的劣勢情感功能也是如此：情感功能顯示出非常好或非常壞的品味。思考型的人有時會選擇非常珍貴的人做朋友，也可能挑中完全錯誤的人，因為劣勢功能同時具有這兩面，很少符合一般常見的模式。

思考型的人還會以另一種方式展現幼稚的情感，以法國哲學家伏爾泰（Voltaire）為例，我認為他是內傾思考型的人。他全力對抗天主教會，提出著名的格言「砸爛可恥的東西」，他是位知識分子，是啟蒙時代的典型代表人物，可是，他在臨終時變得非常緊張不安，要求臨終塗油禮，並在接受時湧現大量虔誠的情感。他在生命終點顯示他全然分裂：他的頭腦早已離開最初的宗教經驗，但他的情感在無形中仍留在那裡。當瀕死或死亡的一刻來到時（這是身為人都會遇到的時刻），情感以完全未分化的方式浮現，淹沒了他。所有突然的皈依都具有這種性質，也就是該類型的劣勢功能突然出現而有的情形。

劣勢情感功能就像其他劣勢功能的情形一樣，會伴隨大量的情緒。每當出現非常情緒化的情感，就是情感尚未分化的跡象。在情感的情境中，只要眼淚在眼中浮現，你就知道劣勢功能被碰觸到了，情感在這種情境中匯聚，每一件事都猛烈激昂地湧現。但感官型的劣勢直覺功能也是如此，希望你還記得我對那位外傾感官型男士的描述，我和他觀賞人智學的悲劇表演，當我說我受夠了，想要好吃的牛排時，他不認為我在開玩笑，他的情緒如此深刻地被我們一起觀賞的表演觸動，所以當我說出不智的話時，正好打中他的情緒。他不是情緒化的人，而是非常冷靜的人，非常務實；但在那一刻，他內在的核心受到感動，所以不能對此開玩笑。

所有劣勢功能都有這種傾向，會使人極度認真、情緒化、令人討厭，你可以在思考型的情感裡，非常清楚地看見這一點。內傾思考型的人在情感方面的表現，若沒有達到歇斯底里的程度，至少也會惹人討厭。另一方面，就如榮格在《心理類型》一書所寫的，你如果非常了解思考型的人，就知道他們對人會有非常溫暖的情感，以及親近而可靠的友誼，因為他們如果有情感的話，就是真心真意的情感。

五、外傾直覺型的劣勢感官功能

外傾的直覺是會設想外在可能性的功能。感官型的人會說一個鐘是「一個鐘」，但小孩會說你可以把它想成任何東西，它可以是教堂的鐘塔，一本書可以是村落，某個別的東西可以是另一個物體，諸如此類。在每一件事中，都有發展的可能性；所以神話常常用鼻子來代表直覺。有人說：「我聞到老鼠」，意思就是我的直覺告訴我有某種可疑的東西，我不知道究竟是什麼，但我可以聞到它！我們感知到這種可能性，經過三星期後，老鼠或貓出現了，於是你說：「喔，我先前就聞到了，我有預感會發生什麼事！」這是尚未成形、有待出現的可能性，是未來的種子。所以，直覺是有能力在一種處境的背景中察覺尚未成形的未來可能性或潛力。外傾直覺型的人將之應用到外在世界，所以對整體外界處境的外在發展的推測是很有天賦，會得高分的。這種類型的人常見於有勇氣製造新發明，並將之生產上市的企業家，也常見於記者和出版家，他們都是知道明年會流行什麼的人，而且會做大事，因為他們會出產尚未流行但即將成為風氣的東西，他們是最先將之推入市場的人。你也會在股票經紀人中找到他們，他們不是根據閱讀報紙和商業財務報告的正常計算，而是擁有某種東西，能告訴他們某種股票會漲、市場將變成牛市，他們能感覺到股市的起伏而賺錢。他們能了解還不確定的東西，且是第一個談到這件事的人。凡是醞釀新東西的地方，就能找到他們，在較屬靈性的領域也可以看到他們，他們一直在發展的動向中，對先進的科學有興趣，充滿冒險精神，並推測冒險的後果，思索可以如何運用其他東西，找出散在人群中的新東西，諸如此類。

由於直覺需要從比較遠的地方看事情，或是模糊地看，才能讓它起作用，所以你必須瞇著眼睛，不要太靠近地看清事實，以便從潛意識得到這種預感。如果太精確地看清事情，就會聚焦於事實，預感就出不來了。這就是為什麼直覺型的人很容易不準時和迷糊，他總是太晚了一點而趕時間、遲到，他不會很仔細地聚焦於任何事實。以直覺為主要功能的另一個缺點是這類型的人通常會去栽種，卻很少收割。例如，假設你開啟一項新事業，一開始通常會遇到困難，事情不太順利；你必須等待一段時間，才會開始獲利。可悲的是，直覺型的人經常等得不夠久；他開啟事業，但這對他就已足夠，於是把事業賣掉，失去了它，但下一位業主就從這項事業賺到許多錢。直覺型的人不去收割自己栽種的東西，他總是在發明，但如果他過度使用他的主要功能，結果會一無所獲，因為他倉促完事，無法等待他栽種的東西從土壤長出而取得果實。如果他比較平衡，就可以多等一會兒，如果他不因為認同自己的主要功能而完全分裂，那他就是一個能在世界各地激發出新事物的人。

當然了，外傾直覺型的人特別有不照顧自己身體和生理需求的傾向：他絕對不知道自己疲倦了，他不會注意，必須到崩潰時才知道。他也不知道自己餓了；如果他是極度偏於一方的人，就不會知道自己有任何內臟的知覺。他也有在客體中迷失自己的傾向，舉例來說，這種人會跟隨創作者的足跡，促進別人的創造力，在別人之中全然喪失自身的可能性。這種情形特別常見於出版家和藝術品商人，這種人會稱讚有創意的藝術家，嘗試推銷他的作品，卻不知道自己在客體中、在別人身上，喪失了自己，忘記了自己。劣勢感官功能就像其他劣勢功能一樣，在這種人身上是緩慢、沉重的，且裝滿了情緒，完全偏離外在世界及其中的事物（因為是內傾的）。就像所有劣勢功能一樣，它也具有神祕的性質。

我曾分析一位外傾直覺型的人，他是商人，在某個遙遠的國家展開許多事業，也有許多投機買賣，還買了金礦，諸如此類。他總是知道哪裡有可能性，而在短時間內賺取大量財富，原因非常簡單，只是因為他就是知道！他知道即將來臨的事、幾年內會發生什麼事，他總是一馬當先，掌握整個事業。他的內傾感官功能（他是相當分裂的人格）第一次在夢中出現時，是個非常骯髒、壞脾氣的流浪漢，在小旅店坐著沒事幹，脾氣非常不好，穿著骯髒的衣服，沒人知道這個傢伙想從夢者得到什麼。我引導夢者在積極想像中與這個流浪漢談話，流浪漢說他要為一些身體症狀（有強迫特徵的心因性症狀）負責，而他就是因為這些症狀才來接受分析，這些症狀的出現是因為這位流浪漢沒有得到足夠的注意。他在積極想像中詢問自己應該做什麼，流浪漢說必須每週一次穿著與流浪漢一樣的服裝，到鄉下和他一起散步，並注意聆聽他必須說的話。我勸夢者完全照這個建議去做，結果他在瑞士許多地方長途健行，住在最簡單的小旅館，周圍沒有人認識他。他四處漫遊，在這段期間透過接觸大自然而有大量強烈的內在經驗：日出和一些小東西，比如看著岩石角落的某種花朵等等。它正好撞擊到他人格的核心，我只能用一種很原始的方式，把它描述成體驗大自然中的神性。他回來後非常沉默，安靜下來，讓人覺得他內在有某種以前未曾動過的東西已經開始在動了。在每週一次散步的期間，他的強迫症狀完全消失。接下來的問題是他如何維持這個經驗，避免在回家之後又掉回去，於是我們再次徵詢流浪漢，他說如果他每週放假一個下午，獨自到大自然走一走，繼續和他談話，他就會讓他脫離症狀。這個人離開後，我從他的來信知道他這麼做了一陣子，後來因為太忙又回到原來的生活，他又開啟了三種有太多可能性的生意，也有太多會議要開。於是他對流浪漢拖延，總是說：「下個星期，下個星期，當然，我就要來了，但要到下個星期。」接著他的症狀立刻回來了！這件事讓他得到教訓，於是他調整回來，定期散步，再度恢復健康。然後逐漸演變成買下一座小農場，自己養一匹馬，每週有一個下午來照料這匹馬，就像宗教獻身一樣投入。他為牠做清潔工作，悉心照料牠，為牠刷洗，照顧牠，馬就是他的朋友。就像儀式一樣，他每週看牠、騎牠、照顧牠。他從那時起得到平靜，我很少得到他的消息。我確信這匹馬讓他內在發生許多事情，可是我所知不多，只有聖誕節的卡片說他一切安好，還附上馬的照片！

你可以由此看見劣勢功能（這個例子是內傾感官功能）如何成為經驗深層潛意識超越個人部分的途徑。他透過這種與大自然和馬的接觸，跳出他的自我和自我的目的。我們也很清楚看見，內傾感官功能即使出現於外在（這個例子是馬），顯然仍帶著象徵的意義。對他而言，照顧馬就是照顧他自己的身體和本能人格：馬是他非個人的集體潛意識的第一個化身，但對直覺型的人來說，能全然具體而且非常緩慢地做這件事，是非常重要的，他沒有一下子跳出來說：「喔，馬是潛意識的象徵」，而是真的留在具體的馬上面，即使知道馬是象徵，他仍然擁有牠、照顧牠。牠帶著他生命的意義，但他必須以這種具體形式照顧牠。一開始，他有許多小意外，因為他對感官的事無能為力，所以他跌斷幾根骨頭，一次又一次，不只是無害的瘀青，而是他的鎖骨斷掉之類的問題，直到他能真正適當地照顧馬。因為他完全不擅長感官的事，習慣倉促行事，平常都由佣人來做生活中所有的具體事務。

這類型的人有兩個要素是非常大的問題：錢和性，這兩者其實和感官功能特別有關，不過我必須說我曾在內傾直覺型的人見過完全一樣的情形，因為一般說來，這是劣勢感官功能的典型特徵。金錢帶有某種程度的感官作用：我們必須知道自己有多少錢、可以花多少錢；這需要某種程度的準確性和現實性。至於性，從身體的角度來看，也是感官經驗。直覺型的人在這些地方常常有極大的困難，因為這兩個部分對他們而言具有極大的神聖性。性或金錢的情結不是只會出現於直覺型的人，其他類型的人也會有這些情結，不過直覺型的人有額外的困擾，就是會碰觸到他的劣勢功能，意思是身體感官對他們而言是神聖的，是令人敬畏的奧祕，是某種會碰觸他們情緒的東西。所以他們不能常常接近它；它是神聖的、令人興奮的，或是相反地，非常粗俗的。外傾直覺型的感官功能的劣勢性質有時會顯示在非常粗俗下流的性幻想和性行為，它是完全原始而未分化的。有人完全表現出來，有人則苦於非常原始、下流的性幻想。但對外傾直覺型的人而言，從某個角度來看，這並不是壞事，因為劣勢感官功能是內傾的，所以不會轉向外在對象，因此也不表示要大規模地在生活中表現出來，而是把它當成內在意義的攜帶者來接觸。

真正碰觸到未來的人，也就是具有未來種子的人，是有創造力的人格。由於外傾直覺型的人能聞到風向、知道明天的天氣，所以能看出這個可能完全沒有人認識的畫家或作家將成為明日之星，所以他會著迷。他的直覺能辨識這種有創造力的人的價值。

他會陪伴有創造力的人，嘗試用他的直覺促使他們開始努力，支持、贊助他們，因為他的直覺正確地告訴他，即使今天完全被忽視或尚未得到賞識，但那裡有未來、將來會成功。他在這個部分，有時具有很大的優點。有創造力的人往往是內傾的，非常沉浸在自己的創作裡，無法為了宣傳從工作中走出來，他們的工作耗掉如此大量的能量，以至於無力去煩惱如何將之呈現給世界、如何宣傳，或是任何這方面的事。此外，任何種類的目的，都會毒害創作的過程，所以他們可能根本不願意做這種事，於是常常要靠外傾直覺型的人前來幫忙。可是，如果他一輩子做這些事，當然會常常發生下述的情形：身為準創作家的出版商和藝術商，會把自己具有的小小創作能力投射到有創意的人身上，於是喪失了自己。所以這種人早晚必須從外傾特質跳出來說：「雖然不是那麼了不起，但我的創造力是什麼呢？」這時他們會被迫進入他們的劣勢功能，不再是照顧別人的創造力，而是必須照顧自己的劣勢感官功能，以及可能從中浮現的東西。

同樣的事也可以應用到我先前舉例的商人身上：他總是開設新工廠和新企業，有許多人為他工作，賺了很多錢，但他找我諮商時，卻是窮鬼中的窮鬼，他除了錢，可說是一無所有！他如此拚命的賺錢，根本無法享受金錢的好處；他沒有時間！直到他發現自己可以買下農場和馬，才從金錢得到一些東西。他有生以來第一次擁有重要的東西，因為他能擁有農場和馬！但如果心理分析沒有幫助他開始這樣做，他就無法從金錢得到任何東西，錢就只是銀行存褶裡的抽象數字！但如果他不知道如何享受人生，不知道如何活在當下此刻，不會照顧他的身體並注意這個世界、看見世界的美麗、觀看太陽升起和樹木茂盛生長，金錢又有什麼用呢？他需要轉向劣勢功能，才能擁有這一切；在這之前，金錢對他毫無用處。他的妻子是感官型的人，他最初告訴我，他賺那些錢，都是為了她！她知道如何享受錢，而他卻是為她賺錢！這不是她的錯；她其實沒有要他賺那麼多錢，可是他把感官功能投射到她身上，所以他是為了她而賺錢。但他沒有從金錢得到任何東西；他只是臉色蒼白、不斷煩惱，為了賺更多錢而趕飛機追火車！即使在他已有一些了解之後，每當看到大生意的可能性，他還是很難放手留給別人來賺。這是他的貪婪戰場，他看到別人沒注意到的可能性，就會抓住機會從中賺錢，但他必須撒手，把機會讓給別人——那其實是地獄！他需要犧牲優勢功能，對外傾直覺型的人來說，意思是忘掉某些生意，想著：「喔，好，別人也需要錢，讓他們去賺，我已賺夠了！」他們就是無法抗拒他們用聰明的直覺最先看見的可能性！但你如果不在某個程度上放棄優勢功能，就無法發展劣勢功能。以他的情形來說，就是必須放棄大量金錢，錢好像就躺在他面前，他想要時只要撿起來就好了，這當然是很不舒服的事，因為他知道如果他不拿，別人就會來拿。可是，外傾型的人如果想要轉成內傾的話，總是要放棄某種份量的世俗利益，對外傾直覺型的人而言，意思就是放棄這些可能性，看見它們時，無論如何都不利用它們！就是要把它們放下！

六、內傾直覺型的劣勢感官功能

內傾直覺型的人和外傾直覺型的人都具有相同的能力，可以聞到未來，能對處境中尚未見到的未來可能性做出正確的猜測或預感，但他的直覺是轉向內的，所以你可以說他基本上是宗教的先知或預言家的類型。在原始部落，他是巫師，知道神鬼和祖靈在計劃什麼，他是傳遞這些訊息給部落的人。以心理學的語言來說，我們可以說他知道集體潛意識裡緩緩進行的長期過程，潛意識裡發生的原型的變化，並把訊息傳達給社會。舉例來說，舊約裡的先知會在以色列人快樂安睡時（人們向來如此），一再告訴他們耶和華神真正的意圖是什麼、祂現在正在做什麼，以及祂想要祂的子民做什麼，這通常都是大家不想聽的話。

藝術家和詩人之中，有許多內傾直覺型的人，這類藝術家通常會創作出非常原型而怪異的題材，比如尼采的《查拉圖斯特拉如是說》，梅寧克的《泥偶》（*The Golem*）和庫賓（Kubin）的《異界》（*The Other Side*），我們可以稱之為遠見藝術，通常要到後代才能了解，因為集體潛意識進行的東西到後來才會實現。這種人的劣勢感官功能也很難注意身體的需求，或是非常失控。大家都知道史維登堡（Swedenborg）甚至曾在異象中，由上帝親自告訴他，他不應該吃太多！當然了，他的飲食毫無節制，完全沒有自覺。史維登堡是典型的內傾直覺型，是先知或預言家，而他的過度飲食是粗劣魯莽、不受約束、無法控制的，以至於他要在異象中由上帝來告訴他，他必須停止！內傾直覺型的人和外傾直覺型的人一樣，也會在牽涉到事實的地方非常茫然。

我要告訴你一個故事，說明內傾直覺型的劣勢感官功能很荒謬的一面。我在講授早期希臘哲學時，有一位內傾直覺型的女士來上課，她非常感動、覺得印象深刻，要求我為她提供蘇格拉底之前的初期希臘哲學的私人課程，因為她想要深入了解這個領域，於是邀我喝茶。為內傾直覺型的人上課的情形，就像以往一樣，她浪費了我的第一個小時（這是許多年前的事），她用整個小時來告訴我，她有多麼感動，她認為我的頭腦背後是什麼、她的又是什麼，以及她相信我們可以一起合作，諸如此類。她說了又說，正如俗話說的「咬斷耳朵」，於是第一個小時浪費了，第二個小時也浪費了，我覺得自己拿了鐘點費就該讓她多少學到一些東西，於是堅持我們應該看一看我買好的書，以有系統的方式進行，她突然領悟，表示贊成，說她現在就會看，但我要讓她自己來，因為她必須用她的方式來讀，我發現她變得非常緊張。我下次再去時，她說她已找到進入問題的正確方法，就是她若要研究希臘哲學，就必須先了解希臘，要了解希臘，就必須先很具體地認識這個國家，所以她開始畫希臘的地圖，她向我展示地圖！這可花了她不少時間！她運用劣勢功能時，必須先買好紙筆墨水，這使她非常興奮，她對自己的發現可說是高興得上了七重天，我必須說她向我展示的東西確實畫得很好，她製作了一張希臘地圖，她確實是緩慢而正確地去做。她說她現在不能繼續研究哲學，她必須先完成這張地圖。到下一次，她為地圖上了顏色！像這樣持續了幾個月，然後她的直覺抓到另一個讓她非常熱衷的主題，於是我們再也沒有研讀希臘哲學！後來她離開蘇黎世，我很少見到她，但我在十五年後遇見了她，她告訴我一段很長的故事，說她仍對我教授的希臘哲學課程，以及她從中構想出來的東西，覺得印象深刻而感動。她竟然畫了一張地圖！帶著大量的全心投入！她是非常極端的內傾直覺型，但我必須承認，回顧起來，那位女士畫出那張希臘地圖，確實是極奧祕的事，因為那是她有史以來第一次接觸她的劣勢功能。

內傾直覺型的人有時會完全不知道外在事實，所以必須非常小心地看待他們對事物的報告，因為他們雖然不是有意說謊，但他們會說出最荒誕的故事，只因為他們沒有注意眼前的事實。舉例來說，我非常不信任鬼魂的報告，還有超心理學現象的報告，就是因為這個原因。內傾直覺型的人對這些領域的事非常有興趣，但因為他們完全不擅長觀察事實，對外在事實缺乏專注，所以他們會說出最荒誕無稽的事，還發誓一切屬實，只因為他們並未注意到底發生了什麼事。他們會忽略大量得可怕的外在事實，就是接收不到它們。例如，我曾在某個秋天和一位內傾直覺型的人開車，路邊田野的馬鈴薯正被挖掘出來，到處都是火堆，我很早就發現了，很享受這個景象。內傾直覺型的這位朋友正在開車，突然驚恐地停車，聞來聞去說：「有東西著火了！是外面來的味道嗎？」她檢查煞車和車子的各部位都沒有問題，然後判斷是從外面來的，接下來才發現火堆！我早就注意到這些火堆；到處都有這些火堆，燃燒的味道這麼明顯是來自它們！但內傾直覺型的人可以穿過這種鄉間景象一個小時，才發現到它，然後突然被事實嚇到，於是，當然了，會做出錯誤的推論。他們會做出錯誤的猜測！這當然也是所有劣勢功能都有的特質，此處的情形就是內傾直覺型的感官功能以片段的方式進入意識：它有時起作用，然後又消失了。例如，突然聞到強烈的味道，但在先前的四十五分鐘完全沒有發現，卻突然以巨大的強度發現了。外傾直覺型的劣勢感官功能是極端強烈的，但它會在這裡或那裡突然冒出來，然後再次退出覺察的範圍。當然了，內傾直覺型的人對性也有特別的問題，因為性牽涉到他的劣勢外傾感官功能。在尼采的作品中，你可以看見這種情形以最悲慘的方式反應出來，他發瘋之前不久，在他晚期的作品中，詩裡面有愈來愈多非常粗糙、下流的性暗示，在《查拉圖斯特拉如是說》就已出現這種情形。他發瘋後，顯然創作出許多這類的題材，可惜在他死後因為水準不佳而被銷毀了。在他的情形中，外傾感官功能和女人與性非常有關，而且是以全然外在具體的方式表現，他完全不知道如何處理這個問題。

德國神祕主義者雅各．波姆（Jakob Boehme）的開悟經驗，可以很有趣的說明內傾直覺型的劣勢外傾感官功能所具有的正向部分。他是內傾直覺型的人，有妻子和六個小孩，但他不曾賺任何錢來供養他們，他和他們之間一直有問題，因為他妻子總是說，他與其寫一些關於上帝的書，幻想內在的神性發展，還不如讓家人有東西可吃。他確實在人生的這兩極之間飽受折磨，但他最重要的內在經驗，他日後的著作全都根據這個經驗，就是從看見一道光在錫盤上反射而產生神性的啟示。陽光突然穿透窗戶，在盤子上反射，他的眼睛被一道光射中，這個外在的感官經驗抓住他，使他進入內在的狂喜，他在一分鐘之內看見神性的整個奧祕。接下來的年歲，他什麼也沒做，只除了把他在一秒鐘之間向內看到的東西慢慢轉譯成散漫的語言！他想說明這個景像，一次又一次地描寫它、拐彎抹角地敘述它，他的作品非常混亂而情緒化，因為他以如此多的文字，用那麼多的擴大方式，嘗試描述這麼一次的經驗。但真正的景像就是發生在看見一道光射入他桌上的錫盤，這是外傾的感官功能，有一個外在事實開啟了他裡面的個體化歷程；所有他的深入的體悟都是從那短短的一刻開始的。除了外傾感官功能劣勢的部分，你還可以看見整體的這個奇怪特徵，就是劣勢功能往往具有的神祕的一面。有趣的是，雖然史維登堡的過度飲食使他連結到神性，但仍必須由上主親自告訴他不應該過度飲食，所以他的劣勢感官功能的問題連結到他最深或最重要的事。小小的愚蠢細節連結到他最重要的事，用這個問題來警告他的，是上主本身。

關於波姆，有一個有趣的情形，當他仍在內在的需求與嘮叨的妻子之間飽受折磨，妻子說他最好製作好鞋子並餵飽六個小孩之後，再去思索神性的事，他在這種時候有許多著作，但在他第一本書出版後，德國男爵馮．默茲（Von Merz）非常為他惋惜，覺得他是偉大的預言家，於是為他負擔他和家人所有的支出，為他掃除所有外在的問題，從此之後，波姆的著作充滿怨恨和重複的內容。他的創作力被扼殺了，他的墓碑是一個)(形狀的神性意象，這真是個悲劇，因為它表示他無法結合光明面和黑暗面。他一直有一個無法解決的問題，根據我的經驗，這與一個簡單的事實有關，他接受了這位男爵的金錢，從此逃離了劣勢功能的折磨。

我曾為一位這種類型的女性做心理分析，她來自一般階層的背景。她的內在能看見偉大的景像，當然了，她也一直把金錢和外在生活弄得亂七八糟，就是不知道如何做好。她和房東與牛奶店都有問題，因為她忘了把牛奶瓶放回去，或是發誓她放回五個瓶子，而牛奶店也發誓只有一個瓶子，這是此類先知常有的感官功能的問題。他們就是不擅長現實的東西，自認為非常確定自己做了某事，但別人說他們沒做，於是譴責他們說謊，其實他們只是不知道自己在做什麼，他們不會數瓶子的數目，也不記得自己是否把瓶子放回去了。這個人也有一個祕密的希望，期待有一天有某個人會發現她的能力，為她付生活費，她就可以逃離這些困擾。可是，當她真的脫離困擾，就會精神錯亂！一旦回到她的煩惱，並接受這些煩惱，她就恢復正常。所以在優勢和劣勢功能之間被折磨，是非常重要的，我只能告訴你，如果你想拯救這種藝術家或先知，看在老天的份上，要非常謹慎的觀察他的情形，看看你可以為他提供多少幫助，因為你如果收買他的現實，他就會脫離現實！結果你完全沒有幫到他。正是這種類型的人會求你幫助他們解決困擾，或是跪著求你拯救他們脫離他們無法適應的外在現實的折磨，但你如果真的拯救他們，他們人格中的創作核心就被摧毀了。這不表示他們快餓死時，你也不能給點東西讓他們活下去，也不是不能在處境艱難時偶爾幫助他們。但千萬不要讓他們脫離現實問題，因為很奇怪的，這也會扼殺了內在的歷程。這種情形發生在波姆身上，他因此不論在他的體系中，或是他的生活中，都無法結合對立面，所以馮．默茲男爵因為不智的善行，竟然摧毀了他。

七、外傾情感型的劣勢思考功能

外傾情感型的特徵就是他的主要適應能力在於適當評估外在客體，並與之建立適當的關係。所以這個類型的人很容易交朋友，很少對人抱持幻想，但有能力恰當地評估別人正面和負面的部分，並知道這些人和處境對他們有多少意義。所以這類型的人通常非常受到周圍的人所喜歡，他們是適應良好、非常通情達理的人，在社會中友善的打滾，能夠很輕易地得到他們想要的東西，並能確保每一個人都願意把他想要的東西給他。他們如此奇妙地潤滑周遭環境，生活對他們而言是非常輕鬆地進行。你會發現他們大多是女性，通常擁有非常快樂的家庭生活，還有許多朋友。周遭的事情都很輕鬆，但這不表示他們有任何錯覺或是正在計算；他們只是友善可親，看見情境和別人身上的良善。除非他們因為某種原因而有神經質的分裂，才會變得有點不自然、機械化和算計。如果你和外傾情感型的人參加午宴，她或他能說一些瑣碎的事，像是「今天天氣真好，我好高興又能看到你，好久沒見到你了！」這個人真的是這個意思，就是這種東西讓氣氛得到潤滑，使宴會能進行下去，讓你覺得開心和溫暖。他們會散發一種接納的氛圍，「我們彼此欣賞，我們今天一起度過美好的一天」，這種話是讓人愉快的。他們使周遭的人覺得很美好，他們在其中快樂地舞動，製造舒適的社交氣氛。只有在他們做得太過火時，或是他們的外傾情感已經耗盡而開始思考時，你才會發現他們的言行變得有點像是慣性，像是機械化地說話。例如，我曾發現一位外傾情感型的人在外面升起大霧的可怕天氣中，機械化地說：「今天天氣真好，不是嗎？」我心想：「親愛的，你的主要功能跑太快了；你做得太過頭了。」

一般說來，這類型的人對伴侶和朋友的選擇有很好的品味，但有一點傳統。他們不會冒險選擇太不平常的人，而會留在社會可接納的架構中。外傾情感型的人不喜歡思考，因為這是他們的劣勢功能，而他們最不喜歡的就是內傾的思考，也就是關於哲學原則、抽象事物或人生基本問題的思考，比如：人生的意義是什麼？我是否相信上帝？關於邪惡的問題，我抱持什麼態度？他們認為思考這些問題會使人憂鬱，所以會小心避免這種深入的問題。不幸的是，他們當然會想到這種事，卻不自覺，而且因為他們的思考是被忽略的，所以容易變得負面而粗糙，包括粗糙而原始、完全沒有分化的思維判斷，而且往往帶著負面的色彩。我也曾見過內傾情感型的人有時對周遭的人具有非常負面的想法，非常挑剔，我會說是過度吹毛求疵的批判，這是他們平常絕對不會表現出來的態度。所以榮格會說外傾情感型的人有時是世界上最冷酷的人，這種情形會發生於你受誘惑進入他們潤滑得很好的外傾情感的氣氛，覺得「我們彼此喜歡，相處很好」，然後有一天，他們突然對你說出一些話，好像用一袋冰塊敲打你的腦袋！我們難以想像他們有時會有多麼憤世嫉俗的負面想法，他們並沒有覺察到這些想法，但在得到流行性感冒，或是趕時間，或是劣勢功能湧現而優勢功能的控制失效的時候，會脫口說出這些想法。

有一位外傾情感型的人夢見自己必須蓋一座鳥類觀察站，她在夢中看見一種水泥建築物，是一座高高伸入空中的塔，頂端是一種實驗室，人必須在裡面觀察鳥類。我認為這表示她必須覺察自動出現的想法，這些想法會經過腦袋，然後又離開。這是情感型的人思想運作的方式；帶著想法的鳥落在她頭上又飛走，在她能說：「我正在想什麼」之前，就已離開了。這位女士表示同意，我問她要用什麼方法，她說她必須隨身帶著小記事本和鉛筆，當她有突然出現的想法時，應該立刻寫下來！這樣就可以了，我們可以在事後看看這些想法如何連結起來。她下次來會談時，只帶了一張紙，上面寫著：「如果我的女婿死掉了，女兒就會回家了。」她被這個想法嚇到，再也沒有捕捉第二隻鳥！

一隻鳥就夠她消受很久了！她坦承一些更有意思的事，她說她多少知道自己有時有這種想法，但總認為只要沒有寫下來，這些想法就沒有任何作用，但如果她寫下來了，就會像黑魔法，影響周遭的情況，所以她避免去看這些想法。她現在發現完全錯誤；完全不是這麼一回事！如果情感型的人知道自己的負面想法，它們就不會像黑魔法一樣作用；它們的破壞力會被消解。只有這些想法在腦中盤旋，未被捕捉時，才會對周遭的情況產生破壞的影響。

分析師為外傾情感型的人做心理分析時，如果對氣氛有一點敏感度，就常常會在他們的親切態度中發現一絲冷酷或無情，這是因為他會感覺到那些批評的負面想法在他們的腦袋中聚集，卻沒有表達出來；它們會以很不舒服的方式打到別人。他們的眼睛有時會閃現一種冷冰冰的味道，讓人知道裡面有非常負面的想法，但下一秒，它又不見了！這會讓人覺得毛骨悚然！例如，像「如果你死了⋯」之類的想法，通常是建立在非常憤世嫉俗的人生觀：人生的陰暗面是疾病和死亡之類的事，以及環繞這些因素的想法。但這個人不「允許」它們浮現，於是一種悲觀而消極的人生哲學會在背景中爬行。最糟糕的是，外傾情感型的這些負面想法是內傾的，所以往往會針對自己。我這個內傾思考型的人還不曾像外傾情感型的人那樣，對自己有那麼多全然破壞性的批判。他們打從心底認為自己無足輕重、毫無價值，他們的生活一無是處，每一個別人都可能有所發展，走上個體化的道路，但他沒有希望，諸如此類對自己全然破壞性的責難想法，但他們並不是有自覺地想到這些。這些想法住在腦袋後面，當他們沮喪或狀況不好時，或特別是在他們內傾的時候（也就是當他們獨處半分鐘的時候），這些負面的東西就會不時在腦後低語：「你無足輕重；你的一切都不對勁。」這些想法是粗糙、原始的，完全沒有分化；它們是概括性的批判，就像穿過房間的冷風，讓你顫抖，結果造成外傾情感型的人討厭獨處，因為這種負面的想法會在腦海浮現，所以只要他們發現一、兩個念頭，就會趕快打開收音機或匆匆與別人見面。因此，關於他們最糟糕的就是永遠沒有時間思考。但他們會以這種方式小心安排自己的生活！

由於外傾情感型的人很能客觀感受別人的處境，所以他們通常是真誠為別人犧牲自己的人。當你染上感冒，獨自待在公寓裡，最先出現的人當然就是外傾情感型的人，他會問你有沒有人幫你買東西，他是否能幫你的忙。別人無法這麼快速而實際地感受到你的處境，因為這個類型的人每一分鐘都在體會你的感受，自然會忍不住伸出援手。至於別的類型的人，即使他們同樣喜歡你，也不可能為你做這做那的，可能是因為他們是內傾的人，或是他們的系統中占優勢的是別的功能。所以你會發現外傾情感型的人總是在緊要關頭挺身而出，因為每當有什麼問題出現，他們會立刻發現，並看出其重要性。情感型的人會看見某件事的價值，他們能看出什麼是重要或值得去做的事，然後就去做。當然了，如果他們做得過頭時，就會對外在處境累積負面的抗拒。如果這位女士對她的小小念頭「我唯一的女兒就會回家了」，能有更深入的探索，就必然對自己說：「好，我要面對這個想法！我想要什麼？如果我有這種念頭，前提是什麼？我可以得到什麼結論？」她就會推演這個想法，發現前提就像是一位貪婪母親的態度，而結論是她想要女婿死掉。為什麼？目的何在？舉例來說，她可能說：「假定我的女兒真的回家了，接下來呢？」然後她會看見她討厭有位臉色陰沉的老女兒待在家裡。繼續這個想法，她就會看見其中含有矛盾，然後她可能進入更深的層面，說：「然後呢？如果我的子女現在都已離家，我人生的真正目的是什麼呢？」接下來她就必須對自己四十八歲以後的人生做一翻哲思：「一旦把子女養大，他們開始自己的人生後，我的人生仍然有意義嗎？如果有，是什麼呢？整個人生的意義是什麼呢？」她會面對深入而人性化的哲學問題，是她以前不曾面對的，而這會把她帶入困境。她當然無法解決這個問題，但她接下來可能在整個過程中會做夢而得到幫助，這個過程是探究人生的意義，而她的劣勢思考功能也會開始啟動。因為這個人是外傾情感型，所以她的探索將是完全內傾的內在事物，像是對她自己的人生發展出內傾的哲學觀，這需要她花很長的時間在自己的房間獨處，真的慢慢去了解她隱藏起來的黑暗思想。

我在一些外傾情感型的人身上見過一些簡易的逃脫方法，使他們脫離困難，就是把自己的靈魂輕易地賣給一些既有的思想體系。我記得有一個人皈依天主教，他不加檢視地全然接受基本的經院哲學，從此只引用經院哲學家的話。這可以說是開始使用思考功能，卻是用既定的方式使用。榮格心理學也可能被人這樣使用，只用機械化的方式背下來，複述各種概念，卻不曾建立自己的觀點。這是一種像小學生一樣、沒有創造力的態度，只是未經檢視地接受一個體系，卻不曾問：「我對它有什麼想法？這真的能說服我嗎？這套思想所根據的事實，對我有說服力嗎？它是否符合我檢視過的事實呢？我能用我自己的信念來採用它嗎？它是否符合我自己的內在經驗呢？」他會不加區別地全盤接受，所以這種人如果遇見知道如何思考的人（比如思考型的人），就會因為覺得無助而變得激烈。他們會以某種類似傳教士的狂熱，為自己選擇的體系奮戰，因為他們並不確定思想體系的基礎是什麼：體系是如何發展出來的，它的基本概念是什麼，諸如此類；正因為他們不確定，又覺得體系可能被好的思考者拋棄，於是採用激烈的態度。

另一種危險是外傾情感型的人如果開始思考，會全然陷入其中。他或是無法好好切斷他的關係，坐下來獨自思考，或是成功切斷所有外在的束縛，有足夠的獨處時間認真看待他自己的思考問題——這已是很大的進展——但是他接下來會陷入這些問題，失去生活的視野，消失在書本中，或是躲進圖書館，直到身上積滿灰塵，再也無法轉移到任何其他活動。他會被那一項思考任務所吞噬。

如果你想要一個世界知名的例子來說明外傾情感型的劣勢思考功能，請閱讀歌德的《與艾克曼對話》（*Conversation with Eckermann*），這是一本陳腔濫調到令人吃驚的對話錄，乍看之下有所謂的深度，但其實只是徹底的陳腔濫調。你在此看見歌德的劣勢功能非常明顯地暴露在世間。他還出版了格言集，都是常見的省思，你可以在每一本日曆的扉頁看到這些話，非常適用於日曆的層次！它們非常正確，你無論如何都很難反駁這些話，但它們太正確了，就連綿羊都想得到。這是偉大詩人身上的華格納。〔譯註〕

當然了，情感型的劣勢思考會被這種一般見解和陳腔濫調所挾制，這是典型的未經發展的思考。舉例來說，如果你給十四到十八歲的學生一個書寫的主題，你會看見那個年紀的人通常寫不出什麼不同的

〔譯註〕華格納意指表面華麗但欠缺深度的人物。

東西或特別的思想，只能寫些一般見解，在那個年紀，這已經是一種成就。我們在學校教育小孩書寫這種一般見解，實在是很愚蠢的方式。我記得自己年輕時拿到如下的題目：「歷史過程是由個體或群體決定的呢？」現在，請想像一下，一個十六歲的女孩怎麼可能對這個題目知道什麼相關的事實或做出什麼分辨呢？你只能寫些一般見解！我必須承認下述的話只是道聽塗說，聽說美國大學有許多辯論社團似乎走到這個層次，對思想和事實沒有做出絲毫分辨，講不出任何特別的或超水準的或集中在一個主題的東西；只有明顯的陳腔濫調和一般見解，是任何人都想得到的。因此外傾情感型的劣勢思考具有一種令人很不舒服的方法，會在暗中使人覺得不自在。情感型的人喜歡（潛意識中）用自己暗中的負面思考向周遭環境丟出掃興的話，其中有一種懷疑的態度，對別人有壓抑的作用。你如果和這種外傾情感型的人討論負面的想法，一般說來，他會太快跳到結論，因而沒有弄清事物的真相。他會有各式各樣的負面想法和比較概括的敘述，這也是劣勢思考的典型特徵。

八、內傾情感型的劣勢外傾思考功能

內傾情感型的人主要是以情感來適應生活，但比較以內傾的方式，也就是說，分化的評價尺度主要是指向主體的。這種類型的人很難被人了解，榮格說「深藏不露」這句話就可應用到這種類型的人。他們具有分化非常細膩的價值尺度，這種反應和外傾情感型相同，不同的是他們不會向外表現這些反應，而是內在受到這些反應的影響。當重要而有價值的事件或方案正在發生時，你常常會在背景裡找到內傾情感型的人，就好像他們的內傾情感告訴他們，那套方案確實很重要，是有意義的事。他們帶著一種沉默的忠誠，沒有任何外在的解釋，出現在發生重要而有價值的內在事實和原型匯聚的地方。例如，他們會以不引人注目的持續力，堅持重要的原型理念，而且他們通常會設定標準，在無形中對周遭的人發揮正面的影響力。別人觀察他們時，會認為他們什麼也沒說，因為他們非常內傾，不太表達自己，但他們會設立某些標準，因為他們內在具有這些東西。內傾情感型的人很常成為團體暗中的道德支柱，同時不會用道德或倫理的教條激怒別人，他們本身擁有這種倫理價值的正確標準，而在無形中對周遭的人散發正面的影響力。別人必須行為端正，因為他們擁有這種正確的價值標準或良好的品味，當他們在場時，總是讓人覺得必須行為合宜，這是因為他們分化良好的內傾情感能看見什麼是內在真正重要的因素。

這種類型的人的思考是外傾的，會流向外在客體。相對於他們沉默、不顯眼的外觀，內傾情感型的人通常會對大量的外在事實很有興趣。在他們的意識人格中，他們不太移動，坐在自己的洞穴裡，但他們的外傾思考是比較潛意識的心靈，會在大量外在事實中漫遊，例如，他們會閱讀最讓人意想不到的東西：自然科學和上帝才知道的東西。他們其實對人生的所有外在事實都感興趣，但這是一種隱藏的興趣，相較之下，外傾思考型的人會把他們的興趣擺在檯面上。如果內傾情感型的人想要以有創造力的方式使用他們的外傾思考，就會有外傾型的人常有的困難，被過多素材、過多參考資料、過多事實所淹沒，所以他們的劣勢外傾思考功能有時會迷失在某個外在客觀參考資料和事實的泥淖中，再也找不到出路。他們的外傾思考的劣勢情形往往會以某種偏執狂熱的方式表現出來，這時他們只有一、兩種想法，但會匆匆掃過大量的素材。這就是為什麼榮格說佛洛伊德體系的特徵就是外傾思考的典型實例，這是非常明顯的。

榮格不曾談過佛洛伊德的人格類型；他只在他的許多書中提到，佛洛伊德的體系代表外傾思考，所以我想添加我的個人看法，就是佛洛伊德是內傾情感型的人，所以他的著作帶有劣勢外傾思考的特徵。你可以看到如下的典型事實，作者的基本觀念只有一點點，但會劈哩啪啦匆匆掃過極大量的外在資料，且完全導向外在客體，以至於蹩腳的生物學外在事實架構也會被連結到他的思想基礎。如果你閱讀佛洛伊德的傳記，就會看見他這個人具有分化最細膩的待人方式，他是絕佳的心理分析師，對待病人有分化非常細膩的方式。他也隱隱然有一種紳士風度，對病人和周遭的一般人都有正面的影響力。在他的例子裡，真的必須分清楚什麼是他的理論，什麼是他身為一個人的人格。根據與他有關的描述，我認為他屬於內傾情感型的人。

劣勢外傾思考的優點就是被我歸類為負面的特徵：用大量素材來支持一點點觀念。（佛洛伊德本人抱怨他對夢的詮釋實在單調得可怕，每一個夢都有相同的詮釋，連他自己都覺得厭煩。）如果這一點沒有做得太過火，如果內傾情感型的人覺察到自身劣勢功能的危險，且不斷加以核對，它就有極大的優點：簡單、清楚、容易理解。它有一些包羅萬象的思想，具有一種明顯的特質，這是從正面的角度來解讀。但這還不夠，內傾情感型的人如果不想讓自己不時落入這種偏執理念的陷阱，就必須再鑽深一點，嘗試詳細說明他的外傾思想，並分辨細微的差異。也就是要假定他為了證明理念所引用的每一件事實，都各自具有些微不同的觀點，從這個角度來看，他的理念應該在每一次都被重新闡述，使他能保持思想和事實之間活生生的接觸過程，而不會只是把他的思想強加在事實之上。劣勢外傾思考功能就像所有劣勢功能一樣，也有相同的負面傾向，會變得蠻橫、僵化和無法調整，如此則不足以配合它自己的目標。

劣勢功能與其他潛意識內容的關係

我們現在必須詢問，劣勢功能與出現在夢中的陰影、阿尼瑪和本質我，有什麼關聯？劣勢功能與所有這些人物都有關，且會賦予他們某種性質。例如，直覺型的人的陰影往往會化身為感官型的人；你可以說每一種類型的劣勢功能都被陰影污染了，因為在思考型的人，陰影就會現身為較劣勢或原始的情感型，諸如此類。所以，詮釋夢時，如果你要求夢者描述這位陰影人物，他們描述的其實是自己的劣勢功能。當你試圖覺察自己的陰影或是讓陰影浮現意識時，劣勢功能又會為代表阿尼姆斯或阿尼瑪的人物賦予特殊的性質，以阿尼瑪人物為例，當化身為特別的人時，往往以具有相反功能的人現身，就是第四功能。同樣地，本質我的化身出現時，也有相同的情形。所以你可以說劣勢功能是讓所有潛意識人物進來的門。

我們的意識領域就像有四道門的房間，而第四道門是陰影、阿尼姆斯和阿尼瑪，以及本質我的化身進入的地方。他們很少從其他門進入，道理不證自明，因為劣勢功能如此靠近潛意識，而且仍是如此野蠻、低劣而未開化，它當然是意識的弱點，潛意識的人物可以透過它闖入意識。它在意識中被當成弱點，因為一些讓你不舒服的東西總是透過第四道門進來，你無法關上這道門，這些東西永遠不會讓你平靜，總是造成困擾，每當你覺得自己已得到某種內在的平衡或內在的立足點，內在或外在就會發生一些事，再度把你打亂。你可以關緊內在房間的三道門，但第四道門的鎖就是沒有用，在你想像不到的時候，出乎意料的事又再度出現。你可以說感謝老天，否則整個人生歷程就會僵化、停滯在錯誤的意識。

它是意識人格永遠無法止血的傷口，但透過它，潛意識可以一直進來，而擴大意識，並帶來新的經驗。

只要你還沒有發展你的其他功能（輔助功能），它們也會是敞開的門，所以對於只發展了一個優勢功能的人，兩個輔助功能也會以劣勢功能的方式運作，也會出現陰影、阿尼姆斯和阿尼瑪的化身。但在你已成功發展了三種功能，把三道內在的門鎖起來之後，第四道門的問題仍會保留，因為這道門顯然是無法鎖起來的。這是一個人必須被壓垮、必須承受挫敗的地方，以便得到進一步的發展。如果你注意自己的夢，如果它們化身為真實人物，你就會看見這些內在人物有選擇這種化身的傾向。另一種化身是第四功能被來自較低社會階層或未開發國家的化身所污染，這當然與陰影有關。「未開發」國家，真漂亮的措辭，更奇妙的是我們西方人如何以自大的優越感輕視未開發國家，並把自己的劣勢功能投射到他們身上！其實未開發國家就在我們自己裡面，由於這是如此明顯的象徵作用，所以白種人的劣勢功能常常以野蠻的黑人或印第安人出現。劣勢功能也常常以某種異國種族來表現：中國人、俄國人或任何被我們賦予這種性質的人。潛意識以這種方式嘗試把某種未知事物的性質，傳遞給意識領域，它好像在說：這是你還不認識的，就好像你的文化還不認識中國人一樣。陰影、阿尼姆斯和阿尼瑪常常被投射到亞洲人、非洲人或「原始」人身上。

夢對劣勢功能的這種比喻，也特別符合劣勢功能以負面方式表現野蠻特徵，並造成被占據的傾向。例如，假使內傾型的人陷入外傾狀態，會以被占據而野蠻的方式表現外傾。我所謂野蠻是指無法有自覺的控制、被一掃而過、無法踩煞車、停不下來。這種誇張、強迫的外傾態度很少見於外傾型的人，但發生在內傾型的人就好像沒有煞車的汽車，在完全沒有意識控制的情形下前進。這是比較為人所知的事實，因為內傾型的劣勢外傾態度必須表現在外表、在社交中。內傾型的人可能會變得難以相處、傲慢自大、咄咄逼人，聲音大到整個房間的人都聽得到，每個人都注意到他。當內傾型的人喝醉時，劣勢的外傾態度可能以這種方式突然冒出來。外傾型的內傾態度也同樣野蠻而被占據，但不是在社交中看得到的，因為外傾型的人被野蠻的內傾傾向占據時，會從生活中消失不見。他會在自己的房間裡全然發狂，但別人看不到。外傾型的人落入自身原始內傾態度時，會讓別人覺得他們很重要。他們會以曖昧的暗示，向每一個人保證自己擁有非常深入、但不能說出來的神祕經驗，他們是如此重要而深入的人。他們會好像很慎重的樣子說自己現在正深深沉浸在積極想像和個體化的歷程，你知道你必須立刻離開，因為他們必須處理那件事。然後他們會像著魔似地坐著好幾個小時，無法放鬆也無法跳出來。如果你打電話給他們，他們會說自己正深入個體化歷程，目前無法參加茶會，而且是用一種防衛的態度丟出這些話。你會有對方好像被野蠻地占據了的奇怪感覺。如果這種情形是以瑜伽或人智學的形式發生在他們身上，也會有相同的表現，他們好像正在進行某種非常重要而神祕的事，現在沉浸到深不可測的程度。這種狀態其實混雜了別的東西，因為他們一直有轉回外傾的徵兆，這可以解釋他們為什麼過度強調時間的不足和完全不想接觸任何人的態度，他們其實很想轉回外傾的態度，參加每一場茶會和晚宴，所以會用防衛的方式說：「不行，這是絕對禁止的；我正在心靈的深處。」這個階段的人往往確信自己是他們現在必須活出來的類型。例如，正在這個階段的外傾型的人，會認為自己必須吸收內傾態度，而發誓自己一直都是內傾型的人，說他是外傾型其實一直都錯了。進入另一面對他們是很困難的，所以他們會以這種方式想要幫助自己進入。如果他們嘗試表達自己內傾的內在經驗，通常會過度激動，變得非常情緒化，很想發言，要每一個人都仔細聽。這是因為它對他們而言是如此獨特而重要。

潛意識裡的叢林規則

劣勢功能的野蠻特質與其他傾向混雜在一起時，是實務中的重大問題之一，會形成人格的巨大分裂，因為這時不只需要從一個功能轉換到其他功能，而且就第四功能而言，還必然需要轉換到其他傾向，這時就要冒險（甚至是無法避免）暫時被相反的傾向占據而變得野蠻與適應不良。如果相反功能只有化身為夢中的原始人，就要感謝老天了，因為它常常以石器時代的人或甚至動物來代表，這時的劣勢功能甚至還沒有達到原始人的層次，仍然完全在動物的層次。這個階段的劣勢功能可說是住在身體裡，只能以身體症狀來顯示，還沒有達到人類的意識層次，甚至未達到原始的層次。例如，當你看到內傾直覺型的人有時如何在太陽下伸懶腰，這是他的劣勢功能的享受，你可以全然感覺到他就像坐在陽光下享受太陽或食物的狗；他的感官仍在狗或貓或某種寵物的層次。

思考型的情感功能也往往沒有超越狗的層次。比較難想像情感型的人像動物一樣思考，但這也是真的；這些人習慣說些平庸陳腐的話，讓人覺得如果牛、貓或狗會說話的話，也會這麼說，因為這些話只不過是一些很普通的見解。狗有時也會徒勞地嘗試思考，我的狗有時會做出完全錯誤的結論，牠總是躺在我的沙發上，我向來會叫牠下來，牠由此推斷我不喜歡牠坐在任何高於地面的東西上，所以每當有人把牠放在某個東西上，牠會變得困惑，認為自己會被處罰，牠無法了解我禁止的只有沙發，不包括任何其他凸起來的傢俱。牠就是會做出錯誤的結論！同樣地，當你想要教導狗在家中保持乾淨，牠們會推斷這個規定適用於任何鋪上磁磚的地面，於是狗和主人會遇到各式各樣的困擾，直到最後，可憐的狗才了解只有在家裡才必須小心。你可以看見狗有一種只發展一半的思考，很容易做出錯誤的結論。我常常驚訝地發現情感型的人一點不差地用相同的方式思考，當你試圖向他們解釋某件事時，他們可能做出全然適合一般情形的結論，某種一概而論的主張，卻完全不符合當時的情境，於是他們會做出最愚蠢的事。他們的腦袋開始原始的思考，然後做出完全不恰當的結論，導致全然錯誤的結果。所以你可以說情感型的思考層次是在狗的層次；是普通、徒勞而僵化的思考，你可以在高等動物身上觀察到。

一般說來，在最正常的社會中，大家會用人格面具掩飾自己的劣勢功能。發展人格面具的主要理由之一，就是不要暴露劣勢的部分，特別是第四功能的劣勢性，這個部分沾染到動物本性，也就是適應不良的情緒與感情。

榮格在蘇黎士成立心理學社時，想要了解一個團體或社會若不掩飾劣勢功能，而且透過它接觸彼此的話，要如何運作。結果令人大吃一驚，從外面進入這個社群的人會嚇瘋，因為看到這個團體展現的粗魯、惡劣的行為，以及完全無止盡的爭吵。我多年前拜訪這個學社，那時因為我太羞怯，所以一直沒有成為會員。有一天，榮格對我說：「你不想加入心理學社嗎？還是你不敢加入它？」我說：「我很想，但不敢加入。」於是他說：「好，我來當你的教父（需要有教父才能加入學社），但我要先等一等，看看你是否有夢來印證時機是否正確。」我夢到什麼呢？我夢見一位自然科學家，是位看起來很像榮格的老人，他成立一個實驗團體，想要查明不同種類的動物怎麼樣和睦相處！我進入那個地方，看見很多水族箱，裡面有魚，還圈養了烏龜、蠑螈之類的生物，還有養在籠中的鳥、狗和貓，老人坐在中間，記錄動物彼此如何進行社交行為。我發現自己是水族箱裡會飛的魚，可以跳出來。我把這個夢告訴榮格，他笑著說：「我認為你現在已成熟到可以加入心理學社；你已掌握到它的核心理念、它的目的。」

潛意識以這種比較幽默的方式抓住重點，知道它確實是個大問題，因為身為有意識的生命，我們可以彼此接觸，但在這種劣勢功能中，一個人是貓，另一個是烏龜，第三個是野兔，全都是動物！這種社交上的適應是非常困難的，有各種地盤的問題，因為每一種動物都傾向於擁有數公尺的家園。每一隻鳥和每一隻動物都會捍衛自己的領土，對抗入侵者；不可以踩到別人的土地，只要有新人加入，並丟棄人格面具，嘗試與人真正的接觸時，就要再度擴大所有這些繁複的規矩。於是讓人覺得好像真的在叢林或野地活動：絕不能踩到這條蛇，也不要因為快速的行動驚嚇到那隻鳥，情況變得非常複雜。叢林規矩的要求甚至讓人相信心理學會造成社交行為的退化，就某種程度而言，這是相當正確的。榮格學院也是如此，在某種程度上，我們確實是比養狗或兔子的社群，或釣魚俱樂部，更棘手、更難以相處的團體，因為一般說來，那些團體的社交接觸有較好的水準。這種指控不但發生在心理學社，也見於榮格學院。但實情只是我們沒有掩飾底層在進行什麼事的傾向。在一般人的所有社群或團體中，那些事會被掩蓋起來，在私底下暗中地玩；底層有許多問題，但它們不曾被帶到表層公開討論。面對陰影和劣勢功能，其實當然會使人較難社交、較不適應習俗，且會製造更多磨擦。但另一方面，它也會創造出更大的活力：不再無聊，因為總是有小事可以引起軒然大波，總是有讓人興奮的事，而團體會非常有活力，不再只有乏味、陳腐而正確的表面。心理學社甚至因為擁有自己地盤的動物傾向過於強烈，以至於大家開始保留座位，那是某某的椅子，你不可以坐上去；這是很大的侮辱，因為某某人總是坐那裡。我曾發現有人在椅子上放著寫上自己名字的文件，表示這是我的椅子，換句話說，這是某某狗或某某貓的位子！這是很好的跡象，我認為：「好，現在，這樣比較好，情況正在改善！」這是恢復原初、自然的情境。劣勢功能可以把人向下連結到自己裡面那麼深的動物本性，真是太驚人了。

它除了可以用我剛才的幽默方式來描述，也是一個非常重要的事實，因為劣勢功能確實可以連結到我們最深的本能、內在的根源，也就是把我們連結到人類的整個過去。原始社會戴著動物的面具跳舞，意思就是使部落連結到祖靈，亦即部落的整個過去。我們大多都已喪失這種面具之舞，只在嘉年華會還有一點遺跡。任何不知道自己劣勢功能的人，都應該參加戴面具的嘉年華會，並查明自己那時做何感受！你往往可以在這種場合重新連結到你過往的動物本性，亦即你的劣勢功能。

個人禮節和叢林禮節

理論上，人可以自然地擁有所有功能，但它就不會成為問題，而其中的生活也沒有什麼強度。榮格曾說，你的相反類型並不是最難了解的事，意思就是你如果具有內傾的情感功能，雖然會很難了解外傾思考型的人，但更難了解的是具有相同功能類型、但傾向不同的人。也就是說，對內傾情感型的人而言，最難了解的是外傾情感型的人。他會覺得自己不知道另一個人的腦袋是如何運轉的，無法用自己的方式了解對方，對他而言，這種人是一大謎團，很難自然而然地了解。這就是為什麼整個類型理論在實務上這麼重要的原因，因為它是可以避免全然誤解某些人的唯一方法。它是條線索（至少理論上是），可以用來了解某些人，因為有些人的自然反應對你而言是一大謎團，如果你用自己自然的方式去反應，就會完全誤解這個人。有一天，我觀察到這種情形，一位直覺型的人不顧事實的程度，會讓感官型的人認為這個人是他這輩子遇過最糟糕的騙子，直覺型的人說的每一件事都不太準確；感官型的人會仔細核對，發現每一個事實都受到扭曲，或是在某種方式上不太正確，諸如此類。所以感官型的人認為這種情形太可怕了，這個人從早到晚都在說謊，因為對方引用的每一件事都不正確！在這個特例中，問題不在於說謊，而在於嚴重的偏於一方，以至於在事實面完全不正確。但譴責說謊是不正確的，要想了解這個類型的人，這一點是非常重要的，因為可以避免許多非常嚴重的誤解。我被找來調解爭執，嘗試解釋這種情形只是直覺型的人典型的不精確，你必須約束這種人，對每一句話都插嘴核對：「它有多準確？」但就如我所說的，更困難的是了解相同功能但不同傾向的類型，這時真的只能用理論來了解對方，因為用自然的反應是不可能了解的。

一般說來，在劣勢功能的領域中，人會害怕對方，非常害怕，因為他們覺得無助。我記得曾和一位與我相同類型（內傾思考型）的女士吵架，我們互相大吼。接下來的晚上，我夢見一隻野兔和一隻長尾鸚鵡被放入同一個籠子，長尾鸚鵡坐在一根木桿上，害怕得發抖，野兔在籠子的另一個角落，也害怕得發抖。所以這個夢的評論是：我們表面上在吵架，但兩人的底層都非常害怕對方。情感型人格非常害怕別的情感型人格，所以我才會說，在劣勢功能的層次建立關係的唯一方法，就是榮格所說的叢林禮節。在叢林裡，人與人相遇時，會停在十公尺外，用明顯的方式放下手中的矛，表示自己沒有惡意，然後彎腰欠身，有時跪下，然後慢慢接近對方，停下來再欠身，然後確定彼此都沒有傷人的意圖，接下來只握握手，很類似彼此不認識的動物靠近對方時的方式，牠們從遠處對看，前進一點點，然後又停下來，再試著讀取對方的眼神，以知道對方要做什麼。我們做的正是完全相同的事！只要落入劣勢功能，我們的行為舉止就像原始人對待彼此的方式。我們只能用叢林禮節來彌補劣勢功能的兇猛好鬥、不可預期和適應不良。

我剛讀到范．蓋尼普（Van Gennep）的《通行儀式》（*Les Rîtes de Passage*）書中的例子，說明探險家如何接近原始村落。他們必須停在數英哩遠的地方，然後有三個使者從村落過來，村民必須確認探險家沒有邪惡的意圖，特別是沒有使用黑魔法傷害住民的意圖。然後使者先回去，再來時就交換禮物，有時甚至交換女人，或是把女人送給客人，和他們睡覺，因為這可以建立一種親近關係；如果男人和另一個男人的妻子同睡，他們就成為同一族的人，他被接納進入另一人的家庭。拉不拉多（Labrador）半島的納斯卡比人（Naskapi）以前會這樣做，許多愛斯基摩男人過去也常把妻子借給過夜的外地人，以避免任何邪惡的衝動，包括任何客人可能謀殺這個家庭裡的人的念頭，或是家人可能謀殺客人的念頭。在沒有警察的國家，這種事情有可能在任何時候發生，拜訪這種人有可能讓自己從此消失。許多原住民會交換血液；他們割傷彼此，然後交換血液。還有一種特別的方式是親吻和交換禮物。一旦需要在劣勢功能的層次與人建立關係時，所有這些通行儀式就開始運作。

日常生活也能看見相同的情形，例如，你可能認識某人兩、三年了，但只在一般的層面喝喝茶、一起吃晚飯，談談天氣、政治和理論的問題，但不曾大膽到碰觸各自的痛點，或是把談話拉到某些敏感的話題。可是有一天，你覺得這不是真正的關係，你認為沒有真正的親近，然後你喝了一點酒，如果氣氛適合的話，你說出自己的痛點，並邀請對方也說出自己的痛點，透過所有叢林禮節的預防措施，你們逐漸真正靠近彼此！在叢林禮節之外，我不知道有任何其他的方案。叢林禮節是接近另一面的方法，因為痛點通常都與劣勢功能有關。

個人禮節和叢林禮節是不同的。容我舉個實例：有一次，我和一位直覺型的人開車回家，當時已很晚了，他忘記打開點火裝置，卻一再嘗試發動汽車，車子當然不動。我客氣地冒險問他是否打開了點火裝置，他回答：「當然了」，但在這種情緒下，我不敢再多說什麼！這是他的劣勢感官功能！於是我們在那兒坐了半個小時，我確知問題是什麼，但不知道如何告訴他！只要有一絲絲我比他更懂的口氣或指導的味道，都會產生類似的回答。我覺得非常無助，因為我一直知道問題在哪裡，卻不知道如何指出痛點。所以你可以看到，劣勢功能和痛點絕對是相關的。如果他的劣勢功能不是感官功能，就不會那麼敏感，如果我說：「你開啟點火裝置了嗎？」他就會說：「喔，我的天啊！」然後打開它，我們就已離開了。可是我們在路邊坐了一個小時，猜測問題可能是什麼，而我就是不知道如何處理劣勢功能的這種痛點。

你瞧，這裡牽涉到他的威信問題。我必須說，大量酒精會造成每況愈下，使他的心理狀態更暴躁，而這位男士比我年長，又牽涉到失禮的問題。這種必要的禮節並不是人格面具的禮節；而是對別人的弱點有真正的感受和了解，以至於不敢去碰觸那個弱點。如果你引發情緒，總是會有徹底破壞關係的危險，就像鋒利的剃刀邊緣，可能造成徹底的決裂。例如，我知道曾有十二位成員在狂怒的心情下離開心理學社，他們再也不願討論問題，就是一走了之，而他們之中有一些非常重要的人。我後來遇見其中一位，這位老先生對這件事非常遺憾，我問他現在為什麼不回來，但他回不來了，他說這會違背他的榮譽感，他的感情已經離開太遠了！他曾在暴怒中說過那麼可怕的話，他覺得自己無法回去；他的自尊心不可能讓他回去。這是非常悲慘而不幸的事，這就是為什麼在處理劣勢功能時，叢林禮節是必要的，因為感情很容易離開太遠，然後關係就永遠破裂。同樣的情形可以發生在兩個人之間，或是人與團體的關係，一不小心就會爆發到彼此隔得太遠，再也無法和解。劣勢功能加上背後負荷的情緒，確實是非常危險的事。

功能的吸收是需要非常認真看待的事，通常要花很久的時間才能吸收輔助功能，有時可能要花八到十年才能成為不是自己原初類型的人。例如，我認識一位內傾情感型的女士；她原本是情感型的人，但在我們相遇的時候，她已經轉換到發展直覺功能的過程，那個階段的她有許多感官功能的問題，好像她原本是真正的直覺型。她正在成為直覺型的階段；她甚至發誓自己原本就是直覺型！但如果仔細回顧她的過往歷史，就會看見那不是事實。在我們相遇之前的幾年間，她主要是用直覺功能生活，因為她的情感功能已經磨損殆盡，其中已無生命。接下來她又經歷從直覺型轉換到感官型的過程的所有危機，就像原本是直覺型的人會經歷的；例如，她對事實變得完全不精確，很難與事實建立關係，完全就像直覺型的人一樣。然後她特別強調，過去說她是情感型的人，一直都是錯誤的，因為她原本就是直覺型，可是她錯了！對於她所處的階段來說，她既是正確的，又是錯誤的，她完全像個直覺型的人，但那是因為她處於根據第二功能生活的階段，且正在克服第三功能造成的危機。

吸收功能的過程絕不容易。吸收一個功能的意思是，至少有好幾年的時間，完全把那個功能放在最重要的位置來生活，然後才能說你已吸收了它。如果你曾做過一點烹飪或縫紉，並不代表你已吸收了感官功能，如果你在週日午後進行一點思考，也不表示你已吸收了思考功能。大家常常對此抱持極大的錯覺。吸收一個功能的意思是要有一段時間，把整個生活重心都放在那一個功能。當你覺得你的生活方式變得了無生氣，或是你對自己和你參加的活動感到厭煩時，或是一直有一種這不是你要的生活的感覺，就是轉換到下一個功能的時候，你後來會再度達到必須轉換到另一功能的階段。一般說來，它發生時，理論上你並不需要做出決定。轉換的最佳方法就是單純地說：「好，現在這一切已是全然乏味；它對我再也沒有任何意義了。我過去的生活中，有什麼活動會讓我仍覺得有趣的？有什麼活動是我仍能覺得興奮的？」然後真誠地投入那件事，在這種情形下，你就會看見自己轉換到劣勢功能了。

四種功能模式的原型類比

榮格想要用這個第四功能的模式，建立一套讓我們更了解人類意識運作的啟發式模式，這是一個有效的假設，並不是教條。可是，讓人非常驚訝的是，四個一組的模式也見於物理學和神學，這些模式似乎與榮格的功能模式有關。例如，物理學有四項威爾金森法則（The four Wilkinson principles），根據威爾金森的觀點，你可以用四種方法來看物理現象，第一種是從能量過程的觀點解釋所有現象，這相當於感官功能或感官知覺，這是一種能量的過程：光子打到你的眼睛，諸如此類。重力的法則可以類比為思考功能，以某種秩序整理事實，分類為上層或下層。你可以從這個法則或這個角度對物質現象做出相當程度的解釋。第三個法則是具有相同電荷的粒子在某個距離會互相排斥，但如果它們接近到一個程度，會以特別強的凝聚力吸引彼此，這又相應於關係和關聯性的情感功能。最後，第四個法則是物理學家所說的「弱交互力」，這是一種持續不斷、非常緩慢的擴散過程，會分解所有物質現象，這種分解相當於直覺功能，直覺總是有模糊或消解事實的傾向，而且只在這種情形下運作。

這是個有趣的新觀點，顯示榮格用直覺提出四種功能的原則時，碰觸到非常原型的觀念，而現在從完全不同的角度在物理學重新出現類比的情形，而且被完全未受到榮格思想影響過的人詳細述說出來。我對此的態度是，第四功能的觀念是觀看事物的原型模式，就像所有科學模式一樣有其優點，也有其缺點。物理學家庖利（Wolfgang Pauli）曾談到某種對我很有說服力的東西，他說在科學領域中，每一種新的理論或新的豐富發明被提出時，沒有不受到原型觀念影響的。例如，三度或四度空間的觀念在某種程度上是根據原型的再現，原型的再現一直以非常豐富的方式運作，且有助於解釋很多現象。但接下來是庖利所謂的原型假說的自我限制，也就是如果把這個觀念過度擴張到它不適用的現象，就會使原本豐富的觀念變成壓抑科學進步的因素。例如，三度空間的觀念對平常的力學仍是完全有效的，每一位木匠和泥水匠都會用它來畫草圖或做計劃，但如果你想要把這個觀念應用到粒子物理學，就走錯路了。所以我們可以說那是源自三位一體教義的原型觀念，這個觀念可以在西方人的科學心靈得到明確的證明。克卜勒做出行星模式時，說太空是三度空間，因為有三位一體的聖律！或是以笛卡兒為例，他擁護因果觀念，認為它根據的是上帝絕不會突發奇想、總是按照邏輯行事的事實，所以一切都必然有因果關聯。如果上帝曾經突發奇想，就不會有因果律。因此，包括自然科學在內的所有基本觀念，都是原型的模式，但只有在人不把不符合的事實或相關領域的東西，勉強套入這些模式時，它們才會以豐富的方式運作。

我認為這個四種功能的理論具有實用的價值，但它不是教條，教條只會使它全然僵化。這就是為什麼榮格非常明確地用啟發的角度提出這個模式，它是豐富的假設，你可以從中發現許多事物，但你不可以把它當成不容置疑的教條。我們現在知道，在所有科學探索中，我們仍只能提出思考模式，並看看事實能符合到什麼程度，如果事實與它不一致，就必須矯正模式。我們並不需要修正整個思考模式，但必須說它只適用於某種領域，只要你轉換到另一種事實領域，它就變成一種扭曲。我個人相信，特別是來自威爾金森法則的這個新的證明，我們還沒有耗盡這個模式的豐富，但這不表示所有事實都符合它，我們還是有可能被迫去修訂它。

宗教象徵體系中第三和第四的問題，也和四種功能的問題有關。第二章（上）的圖一顯示，原型匯聚於心靈的基礎，具有發展四種功能的結構傾向，你在所有神話都可以看見，有四個人、羅盤的四個方向，四種風，世界四方的四個角落，以及所有四個一組的象徵系統。基督教的象徵體系也是如此，例如，四位福音天使的象徵，包括三隻動物和一個人類。赫魯士的四個兒子，有三個是動物的頭，一個是人的頭。這些都是人類心靈中形成基本結構的原型的表現形式，是人類氣質傾向的表現形式，一旦他想用模式來表現整體的存在（整個宇宙世界、整個人類生活或之類的東西），就傾向於使用四重模式。他的選擇自然而然就落在四重模式，遠多於任何其他模式。在中國，到處可見四重模式。這些四重的曼陀羅總是起於一種衝動，想要投射出表現整體存在的模式，因為人不想面對單一的事實，而想要繪製普遍現象的地圖。所以這是人類心靈先天結構的傾向，要使用這種四重模式來代表整體。

個體意識中的四種功能的問題，是這種更基本模式的衍生物。這就是為什麼我在解釋圖一的關聯時，不建議把意識功能的要素拿來解釋原型結構裡的功能，而應該說個體意識中四種功能的問題只是這個更普遍的原型傾向的眾多表現形式之一罷了。例如，如果你嘗試解釋中國四方世界裡的四座山的模式，或是世界四個角落的四風，你若試圖界定它們而說某一個必定是思考功能，另一個必定是另一個功能，你將一無所獲；因為它們不會恰好吻合。所以我會說四個一組的原型做為整個情境的解釋，會比四種功能更為普遍。當人嘗試對內在或外在生活建立大體的方向時，具有一種先天的傾向，總是會拋出這個模式。所以把三位一體的教義和三位一體中第四人的問題（不論是聖母瑪麗亞或魔鬼）簡化成功能的問題，是非常危險的。我寧可把它轉到另一個角度來看，說它是更普遍的原型問題，但是在個人身上，除了別的可能之外，確實可以採用四種功能的形式，或是碰觸到四種功能的問題。例如，在基督宗教裡，魔鬼是神性中絕對邪惡的象徵，如果你為你的劣勢思考或劣勢情感賦予這麼大的榮耀，稱呼它為人裡面的魔鬼，未免就太放肆了！這是對你的劣勢性質自我膨脹的解釋，就好像你不能說你那三種比較有發展的功能等同神聖的三位一體！一旦你這麼魯莽地使用它，就會看見這個觀念變得多麼荒謬，但你可以說它們之間有某些關聯，因為邪惡、負面性和破壞性確實與個人的劣勢功能有關。舉一個實際的例子，假設你有耍詐的先天傾向，但你很少耍詐，或是你的耍詐陰影很少干擾到你的主要功能，因為它相當受到你的道德感控制，而無法得逞；但它很容易與劣勢功能產生關聯。

我要舉一個幾天前遇到的例子。一位直覺型的人必須送一封信給我，內容是讓我非常高興的消息，但她非常嫉妒而忘記把信放在什麼地方。什麼原因使她放錯地方而找不到這封給我好消息的信呢？是她的劣勢感官功能，還是她耍詐、嫉妒的陰影？兩者都是！耍詐、嫉妒的陰影透過劣勢功能抓住她。你永遠無法約束這種人；你只能說：「喔，那是你的劣勢功能，希望我們不會再碰到它。」但它是非常典型的陰影或負面衝動偷偷溜進劣勢功能的情形。我記得有一位情感型的男子，因為他感興趣的女子對榮格產生巨大的移情作用，使他非常嫉妒，以至於這位情感型的人覺得被她冷落，因為她就是不願看他，這使他心痛欲絕，很長一段時間都無法忘懷，甚至寫了一本反對榮格心理學的書，內容充滿錯誤和不當的引述。他在書中提出所謂更好的新哲學——比榮格的哲學好很多——榮格真可恨啊。在情感的層面（這是他的優勢功能），這個人做不出齷齪的事；例如，他不會用卑鄙的方式攻擊榮格，因為他的情感分化得太好了。他很清楚地看見榮格無法幫助這個女子的移情，榮格和這件事毫無關係，所以他的情感仍保持客氣的態度，但他的劣勢思考抓到動機（無非是惡劣的嫉妒），而製造出最驚人的垃圾，甚至差勁到錯誤地引用榮格書中的話。他甚至無法正確抄寫引述的話，因為他已盲目到被陰影的衝動淹沒了。陰影的衝動、破壞的衝動、嫉妒、怨恨等等，通常會透過劣勢功能抓住一個人，因為那是他的弱點，那是我們無法持續控制自己的地方，無法不斷覺察自身行為的運作，所以任何破壞性或負面的傾向都會攻擊這個角落，在這個地方，你可以說魔鬼確實和第四功能有關，因為它透過這裡掌控人。以中世紀的話來說，我們可以說魔鬼想要毀滅人，且總是透過你的劣勢功能嘗試抓住你。這是你房間第四道門的問題，天使可以由此處進來，但魔鬼也可以！從這個角度來看，我認為三位一體和魔鬼的問題，確實與功能的問題有關，就如榮格在他的文章《三位一體教義的心理學取向》（*A Psychological Approach to the*

Dogma of the Trinity）的評論，但你不能把它簡化為功能的問題。功能問題是一個分支，並不是問題的解釋，但實務中，依我的經驗，在個別的案例中，它是以這種方式產生關聯。但你不能把聖母瑪麗亞或魔鬼這種原型人物，稱為劣勢功能的化身。

可是，第四功能的問題在某個角度具有宗教的原型面向。如何把第四元素整合入三位一體的系統，曾占據了許多煉金術士的心。榮格曾對一本中世紀談到這個問題的名著，做了廣泛的注釋。[1]

這本煉金術的書以投射的方式，反映出第四功能的問題，並為這個無法解決的問題建立中間的立場。它的名稱是《煉金術士亞理士多德對亞歷山大大帝談哲人石之論》（*Treatise of the Alchemist Aristotle addressed to Alexander the Great about the Philosophical Stone*），它可能來自阿拉伯地區，被翻譯成拉丁文。它提出下述訣竅：

> 抓住蛇，放入有四輪的車子裡，然後讓它回歸土地，如此頻繁以至於整輛車沉入深海，什麼都沒留下，只有最黑的死海。你必須留下那輛車，帶走四個輪子，直到許多煙霧從蛇生起，整個曠野乾涸，完全變成黑色的沙地。這時的土地並不是土地，只剩沒有重量的石頭。但煙霧回到雨水的外形時，你就能把車子從水中拉出，放在乾地上，這個時刻你將把你的四輪安裝到車子上。[2]

把輪子拆下來，然後裝回去，這是非常奇怪的意象。有趣的是你可以在完全不相干的《易經》找到相同的意象，《易經》有時談到必須把輪子從馬車上拆下來。就我所知，《易經》的記載和西方煉金術完全無關。當你把四個輪子裝上馬車，如果你想要的話，就可以「繼續走向紅海，沒有奔跑的奔跑，沒有移動的移動。」榮格的註釋指出煉金術的蛇是莫丘里原質的象徵，是你用來開啟歷程的東西，進一步會化身為一種充滿對立面的自然精靈。榮格的文章《精靈莫丘里》（*The Spirit Mercurius*）顯示，莫丘里被視為一種具有雙重模糊性質的精靈，這隻莫丘里蛇在這裡被放入馬車。輪子在正文被詮釋為元素之輪，而馬車或車子則被稱為圓墓，是圓形的墓碑或墓穴。它的意思是文本中車子的比喻代表煉金術的容器，潛意識的精靈被包含在裡面。榮格說象徵系統簡要地描述了煉金術不可或缺的階段：赫密斯的蛇，大自然冷酷的一面（即潛意識），被放入玻璃做的圓型容器，容器代表宇宙，也代表靈魂。如果從心理學的角度來看，它就代表外在和內在世界的意識。取出馬車的輪子，表示停止四種功能：也就是從內在收回它們。這四個輪子後來的轉化相當於心理的吸收，就是透過超越功能進行的整合過程。超越功能會結合對立面，並以關係到整體的四個一組的方式來安排，就如煉金術所顯示的。

目前還沒有解決我在圖一所碰觸到的問題。我那時談到，自我會吸收它的第一功能，且暫時滿足於此。一段時間後，它會吸收第二項意識功能，然後滿意地以此生活（兩者都是從潛意識拉出來的）。然後再把第三功能拉到意識的層面，這個層面包含生活中的各種活動。現在有三個功能在文明的上層被吸收，我們嘗試在這個層面正常生活。我曾說過，不論多麼努力，都無法把第四功能帶到這個層面。剛好相反，如果努力過頭了，第四功能會把人向下拉到完全原始的層面。如果你想要的話，你只能突然向下掉入下面的動物層面，然後具體活出你的劣勢功能，不管怎樣都無法吸收它，因為在這種情形下，你喪失了原有人格的整個上層結構，這是你在之前所發展的部分。你把它遺忘了；它對你再也沒有任何意義。

第四功能一直都是個大問題：如果我不活出它，我就沮喪有如半死不活的人，而每一件事都令人厭煩。但如果我活出它，它卻在如此低下的層面，我做不來。大部分人沒有這個勇氣；有些人可能有，但他們看見這不是解決之道。那麼，你該怎麼辦？感謝老天，這個大問題通常只出現在生命後期，因為它只在其他三個功能都被吸收後，才會真的以強烈的方式出現。在那個時刻，這道化學處方才會開始起作用：就是努力吸收第四功能，將之放入圓瓶，亦即給予它一個幻想的架構。它發生的時刻是在人可以開始進行的時候，並不是要以有形的方式活出第四功能，而是給予它幻想表現的可能性，不論是書寫或繪畫或舞蹈，或是任何其它形式的積極想像。

透過積極想像建立中介的平面

榮格發現積極想像其實是唯一可能吸收第四功能的方法。在吸收了三項功能之後，他發覺自己無法開始吸收他的劣勢功能，於是他開始玩，透過象徵性的玩耍，讓他的劣勢功能得以表現。選擇積極想像的方法時，你通常會找到讓劣勢功能開始起作用的最好方法。例如，直覺型的人通常很想用黏土或石頭來固定住他的積極想像，或是以某種方式使之成為形體，也許是蓋房子，否則它就不夠真實，而劣勢功能就不會開始起作用。榮格是直覺型的人，他最初發現他需要用黏土和石頭來蓋小城堡，他看見那就是方法，可以了解第四功能形成的問題。跳舞是積極想像較少見的形式，通常見於第四功能是情感功能的人。思考型的人必須吸收情感功能時，有時會真的想要以某種原始節奏的舞蹈表現它，所以就我所見，以跳舞表現積極想像，是劣勢情感功能的典型特徵。劣勢情感功能表現自身時，也會以色彩非常豐富的繪畫來表現，顏色通常會表現強烈的情感氛圍。感官型的人會想出怪異的故事或狂野、荒誕的小說，讓直覺功能在其中奔跑。所以我們可以說，當面臨如何以幻想來吸收潛意識心理的問題時，所做的選擇往往與劣勢功能有關，通常只能透過積極想像才能建立中間的平面，讓三個優勢功能降到這個平面，而第四功能升到這個平面。

此時不再有四種功能，因為人把生命感傳送到內在的核心，四種功能只是可以讓人隨心所欲使用的工具，可以拿起又放下。自我及自我的意識活動不再等同於任何功能；人已完全脫離它們，這就是煉金術書中把四輪從車上拿下來所代表的意思。內在的核心有一種全然的靜止，功能對外在或內在世界已不再作用；它們不是轉動的輪子。所有四種功能都達到靜止的狀態，然後可以隨心所欲地取用，好比飛機可以在著陸時放下輪子，必須飛翔時則再次收起來。這確實是個體化歷程的整個精髓。然後四種功能就像原本放在車上的四個輪子，當你有時想要使用它們時，可以隨心所欲再度放上去。在這個時刻，功能的問題已不再是問題；功能變成只是意識的工具，意識不再以功能為基礎，也不會被迫在功能中活動，而是擁有另一個層面的運作基礎，這個層面只能被想像世界所創造。這就是榮格稱之為超越功能的原因。他所說的超越功能就是用來幻想這種內在的場地；它創造出結合的象徵。這奇妙地符合煉金術的象徵系統，後者總是談到四種元素（水、火、風、地）的問題，這四種元素在我們引用的書中，是以必須被整合的輪子所代表。接下來就是第五種要素，這不是另一種元素，而是所有四種元素的精華，卻又不是這四種元素的任何一種；它是四種合而為一，不是四種中的一種。同樣的觀念也可以這麼說：從這四種產生第五種東西，這不是原有的四種，而是某種既超越它們又包含它們全部的東西。這就是煉金術士所說的第五要素或哲人石。它是人格的統一核心，不再等同於或認同任何功能。人在此得以跳出對自身意識和自身潛意識的認同，住在或嘗試住在四種功能得以整合起來的中間平面，從那時起，就如書上所說的，在不動中動，在不跑中跑，然後另一種發展於焉開始，因為在煉金術和人格的發展中，四種功能的問題都只是第一步，但能走出這第一步就已是非常不容易的事。

我們所說的積極想像非常不同於其他治療體系關於想像的一般用法，他們只是讓人想像而已，而積極想像是自我意識從它的立場來想像。你可以把這種第五要素稱為邁向個體化的推動力，當它仍屬潛意識時，只是邁向個體化的推動力，是一直不滿意和躁動不安的元素，會在生活中糾纏不休，直到他們一次又一次地達到較高的層次。個體化原則與超越功能是完全相同的，但在榮格心理學的特殊形式中，不會讓它只是啃噬人直到人不得不採取下一個步驟，而是直接轉向它，嘗試給予它一個形式，透過積極想像來表現它。由此導向一種發展，能超越四種功能的問題，使四種功能持續不停的戰爭得以止息。

你帶著意識的內在核心，停留在中間地帶，不再認同上層和下層發生的事。你留在積極想像之中，你會覺得那就是你的生命歷程繼續之處或真正發生之處；其餘一切都是在說明它，例如，在某個層面，你常常注意到同時性事件的發生，在另一個層面是夢，但你保持你的意識轉向中間層面發生的事件，也就是在你的積極想像中展開的事件，你在生活中向前行時發生的事。對你而言，其他層面仍然存在，但你不以它們為中心。

整體形成了意識的中心，人可以隨心所欲停留在各個部分，但這些部分不再是不可或缺的。事實上，當你和尚未做到這一點的人談話時，你會覺得他們等同於一種功能：這一分鐘，他們談論想法，而且就存在他們所思的內容裡面，或是他們談到夢境，而他們也就在夢裡面，不在外面。他們的自我（即生命之流）全然等同於他們的某一種功能。相較之下，當其他歷程發生之後，人格的核心部分已跳出這些功能，你仍然能根據情境的需要，隨心所欲地思考或感受，但你的自我覺察不再等同於功能。重心從自我及其功能性運作轉移到中介的位置，轉而注意本質我的暗示。

透過認識四種功能，榮格創造出一種工具，可以消除許多爭端和誤解，它特別有助於平息婚姻的不和。未來世代的任務是要把它應用到種族，種族也常常被某種功能支配：例如，愛爾蘭人是直覺功能，英國人是感官功能，德國人是思考功能，法國人是情感功能。所以未來還有許多可以探索的東西。

……………………

原註：

1. C. G. Jung, *Mysterium Coniunctionis*, CW 14(1963), paras. 260ff.
2. Ibid., para. 260.

第三章

榮格心理學的積極想像

積極想像的重要性在於它是榮格所說的個體化歷程的工具，個體化歷程就是整個個體全然而有意識的實現自己。透過這個歷程，上帝的形象在個體中被經驗到，並開始實現其超越自我層次的影響力。自我成為僕人，為祂邁向實現的傾向而服務，若沒有這個僕人，本質我就無法讓自己現身於時間和空間之中。

我在此要說明什麼是榮格心理學的「積極想像」（active imagination）。這個名詞非常有名，是一種與潛意識和解的特殊辯證方式。榮格大約在一九一六年處理自己的狀況時，開始發現它。[1]他第一次詳細描述它是在一九二九年為衛禮賢（Richard Wilhelm）的《金花祕要》（*Secret of the Golden Flower*）一書所寫的序言，然後是一九三三年的文章「自我與潛意識的關係」（*The Relationship between the Ego and the Unconscious*）[2]。他發現把清醒狀態的潛意識內容具像化，並有意識地與之建立關係，會產生有益的效果。這可以透過繪畫或雕塑而做到，比較少見的是透過舞蹈，但最主要是把內在觀察到的現象寫下來。與內在人物的對話，在此扮演了特別顯著的角色。

如果把這些內在事件的記述和夢中人物的對話做比較，就會發現對於同樣的內容，如果有意識的參與，往往會提供顯然更有條理、更集中，也更戲劇化的特徵。夢代表純粹的潛意識產物，相較之下，積極想像則使榮格稱為「超越功能」的心靈要素得到表現（這個功能引發了意識和潛意識人格之間的結合）。所以，積極想像會加強人格的成熟，並能加快其速度（相較於純粹只有夢的分析）。

更詳細探討這個主題的一般面向之前，我要先提出幾個實用的說明。

沒有練習積極想像的人，或是雖然練習積極想像，但缺少了解積極想像的老師指導的人，都很容易分不清它和所謂被動想像（passive imagination）有什麼不同。被動想像是指幾乎每一個人，不論有沒有幻想的天賦，在放鬆狀態下，比如睡著前，內在之眼都會上演的「內在電影」。此外，與某個情結或心理狀態進行的內在對話，或是一個人在想像的情境中常常不由自主與自己進行的內在對話，都絕不應該被誤認為積極想像。當事人在這些想像形式中，好像在腦海的某個角落一直都「知道」整件事「只是」幻想。如果他不知道這一點，我們必然會認為他處於一種非常奇怪的狀態。但積極想像加了一點料，它和這些想像形式的不同在於整個人是有意識地進入事件之中，所以榮格也稱之為「預期中的精神病」。[3]

容我舉例說明。一位接受分析的女士向榮格報告她的想像，她以下述方式做開場白：「我在海灘上，一隻獅子走向我。牠變成一艘船，然後出海……」榮格打斷她：「胡說。當獅子走向你，你會有反應。你不會只是在那兒等著瞧，直到獅子變成一艘船！」我們可以說她沒有反應（如恐懼、自衛、驚奇）的事實顯示她並沒有全然認真地看待獅子的影像，她內心有某個角落認為「牠畢竟只是幻想的獅子」。

許多初學者也認為幻想事件出錯時，只要倒帶回去，以不同的方式進行就好了。在一次想像中，被分析者基於「衛生」的理由，清空童年時的住家，並將之燒掉，卻發現裡面有位生病的小孩（嬰兒時的她），她後來了解這是錯誤的，因為這個方法會使生病的小孩也突然被消滅。她為了避免麻煩，開始想像房子又回到原處，並進一步「玩弄」小孩在房子裡的幻想。我們在此又看見一個不是真正積極想像的例子，事件的過程並不真實，沒有受到認真的對待，因為真正發生的事是無法逆轉的。

另一種錯誤常常發生於想像者不是以真正的自己出現於內在事件，而是以某種虛構的人格出現。[4]透過這種方式，內在事件的任何真實互動的特質當然都被剝除了，也失去了意識和潛意識的結合。這個錯誤往往過於隱微，常常只能間接透過夢的反應才被發現，或是因為缺乏任何效果而被發現。如果想像來得太容易，往往也是可疑的，因為真正的積極想像需要非常努力才做得到，一開始很難持續十到十五分鐘以上。剛開始做積極想像還有幾個困難，以下是常見的幾項。

有一種困難是意識的束縛，造成心裡什麼都沒有出現的狀況。另一個典型的困難是以昏昏欲睡來抗拒，或是產生難以克服的厭惡感，或處於負面的內在心情而一直說：「這整件事都不是真的，只是被編造出來的。」榮格說：

容許事情發生、透過不行動產生行動、放下自己，就如艾克哈特大師所教的，這種藝術成了我開門上路的鑰匙。我們必須有能力容許事情在心靈中發生。對我們而言，這其實是一種很少有人了解的藝術。因為意識總是不斷地干預、幫忙、矯正和否定，永遠不讓心靈的歷程在平靜中單純的成長。5

雖然上述兩種困難，只能以耐心或勇氣保持客觀，才能加以克服，但在我的經驗中，處理懷疑之聲的最好方法，就只是單純地讓它說話，然後回答它：「這有可能不是真的，但就現在而言，我要繼續向前走。」通常接下來會發生某件事，而說服當事人相信對話的對象是神祕存在、獨立的真實，當事人會了解「我不可能有意識地自己發明那件事」。積極想像是否真實，最好的判斷就是根據它的作用來看，因為不論是正面或負面的作用，都是巨大而可以立即感知的。所以積極想像是非常危險的工具，如果缺少有經驗的督導，最好不要嘗試。榮格強調，它可能使潛在的精神病發作出來，6 病人在積極想像時，可能有一段時間會出現精神病。

另一層危險是出現身體症狀。我記得一個例子，當事人是藝術家，因為酗酒的傾向，以及一般所認為的失去定向感而接受心理分析，他的夢境一再出現一個特殊的陰影人物，姑且稱之為艾伯特。這位人物是類精神分裂、非常聰明、全然憤世嫉俗、不顧道德的男子，現實中的他早已自殺身亡。由於我們無法與這個「陰影」和解，我建議這位藝術家嘗試以坦率的對話，與這個內在的艾伯特攤牌。他以極大的勇氣和開放來進行，但艾伯特非常聰明，把藝術家說的每件事都加以負面的扭曲：他只是因為害怕酗酒的後果才接受治療；他是一無是處的懦夫，實在沒辦法，才把心理學當成拯救自己的最後一招等等。他的論點是如此聰明而犀利，所以對話到某個程度時，藝術家覺得被打敗了，他傷心地承認艾伯特是對的，於是停止對話。過了沒多久，他心因性心臟病發作，趕到現場的醫生判斷不是器官的問題，但藝術家卻更加焦慮不安。

心臟象徵感受所在的地方，心臟的抗議是很有意義的。我向藝術家指出，他雖然被艾伯特的才智打敗，但他還沒有運用心的論點來反駁對方。於是他回到內在對話，艾伯特立刻嘲笑他：「你的心理學保姆給了你好建議，但那不是你的東西！」諸如此類的話，但這一次，藝術家沒有跌倒，他站穩雙腳，得到優勢。他在接下來的夜晚夢見艾伯特死去，從此以後，這個原本每週至少夢見兩次的內在人物，在接下來幾年的夢中只出現了一次，且不再是原本那個舊的艾伯特，而有了一些正面的改變。同時，在我看來，這位藝術家的藝術成就也開始了嶄新而更有意義的階段。

想像的解放作用

藉著這個例子，我們要來看積極想像中可能最重要的部分：它是影響潛意識的工具。沒有錯，正確了解夢，如果不只是理智上的了解，也會為意識人格帶來改變，進而影響潛意識；但積極想像的作用更為強烈，兩者完全不成比例。此外，夢和了解夢的能力一直要仰賴聖靈的恩典，相反地，積極想像則把鑰匙放在我們手中；至少在某個適度的架構中，它使我們能組成自己。基於這個理由，對於想發展自己成為比較不會像小孩一樣依賴心理分析師的人，它是無價之寶。此外，對於所有因為命運的安排（如結婚、改變職業、返回故鄉、分析師死亡），而與分析師分離的人，這也是一種解放的經驗。

可是，還有比上述理由更為重要許多的因素，就是積極想像使被分析者的自主性成為全然可能的。事實上，榮格認為對這種想像形式的接納和練習是一種標準，可用來判斷被分析者是否願意為自己負責，或是仍想持續不斷像寄生蟲一樣依靠分析師。根據這個解放的作用，可以推演出下述事實，就是積極想像有可能直接對情緒做出絕佳的工作，而能從壓抑或宣洩的兩條死胡同之中，走出不同的路，這兩條死胡同的前者是不健康的，而後者往往無法向外表現出來。

我想到一位年輕女孩的例子，她有非常顯著的負面母親情結，伴隨輕微的偏執意念。就像命運諷刺的安排似地，她租的學生宿舍的房東就是一位壞脾氣、非常偏執、在鄰里間惡名昭彰的老婦人。這位老婦人立刻對她展開無情的騷擾，這當然非常不幸地符合那位女孩本身的傾向。租約中有一部分是女孩可以在萊茵河游泳，這條河就流經房子前面。可是，有一天，老婦人沒有任何迫切的理由，就永遠禁止她的這項樂趣。女孩具有足夠的自制力，在表面上接受這個處境，但她的怒氣令她如此心煩意亂，以至於足足兩個小時都只能不斷暗自咒罵，在內心發洩，無法回到需要理智的課業。我們都知道，這種心情是非常無益而耗神的，自己「在正義這一方」的事實也無法避免怒氣造成自身的混亂。

這位女孩於是進行下述的積極想像。她在河上看見一個標誌寫著「禁止游泳」，周圍環繞著大浪。「懷疑者」的聲音說：「這不過是你自身情緒的意像」，但她仍堅持繼續這個想像。波浪分開了，從波浪中浮現一位長相有如青蛙的黑色地精，身高大約兩英呎半，她想著：「喔，這只是我情緒的化身」，但仍繼續客觀地留意觀看接下來發生什麼事。地精用他的青蛙腳緩緩走向房子，她充滿恐懼地想著：「喔，天啊，他一定會去殺了老婦人，也可能像一束炸藥一樣突然爆炸！」她內心發生道德衝突：「我應該讓他進屋子嗎？但如果我拒絕，而他對我生氣的話，該怎麼辦呢？」她決定讓正在按門鈴的地精進來，問他想要什麼。他立刻以手勢表明他想上樓到老婦人那裡，內心衝突再次因為謀殺的問題而升起，女孩這時決定走在前面，按下老婦人公寓的門鈴，她要留在地精身旁，以免他有任何不當的行為。老婦人前來開門，女孩此時想到老婦人看見她身邊站著具有黑色青蛙腳的侏儒，實在是非常滑稽、令人吃驚的場景，忍不住哈哈大笑。老婦人在驚訝中確實露出可笑的表情，但女孩說：「某某太太，這位紳士想和你說話。」老婦人尷尬地邀請兩人進入布置得很美麗的客廳，女孩以前在現實中不曾見過這個房間。（當她後來確實有機會進去時，驚訝地發現她在積極想像中對房間的想像，就和真實的情形一樣。）兩人坐上絨布沙發，面對著老婦人，侏儒開始對老婦人說起帶有雙關語的黃色笑話，老婦人非常開心，於是先把女孩送走，好讓她能單獨和這位可愛的「紳士」獨處。

女孩從這個幻想回到意識後，心情非常滿足而超然，能夠毫無問題地全心投入理性的課業。傍晚時，她在樓梯遇到女房東，想著剛才想像的故事，忍不住露出微笑。後來的發展出人意表：老婦人客觀上好像被轉化了，直到過世，她都再也沒有打擾這位女孩。

這個想像的解放作用與原型的主題有關。陷入憤怒或哀傷的「大母神」，可以透過粗俗的笑話而被帶回人性，這是我們從狄米特（譯註一）神話得知的事。旅遊指南至今仍會指出伊留希斯（Eleusis）遺跡殘存的圓柱，忿恨悲傷的狄米特就坐在旁邊，侍女寶波（Baubo）裸身在狄米特面前，說著粗俗的笑話，而首度引發女神再次露出笑容。但根據某些異教的碑文，卻顯示寶波、狄米特和她的女兒柯兒（Kore），都是同一位女神！

從遠古時代起，大母神就有崇拜陽具的矮地精卡畢里（Kabiri）為伴，許多人都確知他是她的同伴。實例中的女孩雖然熟悉這個原型的背景，卻沒有聯想到。我們在這個實例也能看見，發出懷疑評論的意識會如何做出錯誤的聯想；因為侏儒和巨人相反，侏儒是創造衝動的化身，並不是情緒的化身，所以在想像中出現的特異景象已經具有建設力，但意識以其「合理的」固定成見，懷疑他是破壞性情緒的化身。

你或許會認為這個想像並不是非常積極的想像，它確實是以較被動、有如電影的方式呈現，不過就某些時刻而言，它是真實的積極想像，比如女孩全心參與其中，並做出符合道德的決定：一方面，她考慮是否不管地精的危險性，讓他進來，另一方面則考慮要阻止他，以免他企圖謀害老婦人。當然了，她也可以有完全不同的表現，比如，她可能告訴地精，如果不先說明他要什麼，就不讓他進去。

不當誤用成黑魔法

每當我傾聽被分析者的積極想像時，常常在特別的地方會想著：「如果是我，一定不會那樣做！」

可是，正是這種反應，可以強烈顯示出，浮現的想像是在個人條件下產生的獨特系列事件，英國人會說是「就是如此的故事」（譯註二），就像個人生活本身的現實一樣。偏執的老婦人真的發生改變，這讓人有點驚訝，但並不少見，我們藉此要來看一看積極想像的另一種危險，就是誤用它，把它當成黑魔法來滿足自私的目的或影響別人。

曾有一位年輕的女性被分析者帶一個夢來找我，夢告訴她，她已落入一位女巫的控制。我探討她最近幾天內在和外界的活動時，她提到她做了一項積極想像（至少是她所謂的積極想像），在想像中反對一位熟人，這個人曾惹惱她，而她沉浸在自己砍她的頭、使她痛苦轉動、對她吐痰之類的幻想之中。照她的說法，她想用這種方式來「宣洩她的憤怒」。但她的潛意識發現她所做之事的正確名稱不是積極想像，而是巫術。這樣誤用想像是非常危險的，特別是對具有類精神分裂傾向的人，這種方式可能非常有吸引力，可是它無法讓人脫離自己的困境，反而容易讓人罹患精神病。把想像當成一種「愛的巫術」或用來滿足自己的誇大妄想（英雄幻想），也屬於相同的情形。滿足願望的幻想與真正的積極想像是完全無關的。前一個例子描述的女孩並沒有影響老婦人的意圖，她只想擺脫自己心情受到的破壞性影響。這種合乎道德的乾淨意圖，是每一次積極想像最重要的基本前提。

譯註一　Demeter，司農業、豐收和婚姻的希臘女神。

譯註二　just-so story，意指對於文化習俗、生物特質、人類或動物行為，所做的無法被證明也無法被否定的解釋。

被分析者對積極想像的運用，並不是每次都是適當的。它受到下述事實的限制：有些人就是無法克服自己對積極想像的抗拒，也不應該被強迫去做積極想像。此外，如前所述，積極想像對於有潛在精神病的人，是非常危險的。邊緣型精神分裂症病人的自我往往已非常脆弱，所以很少對這種病人建議這種冥想方式。（但此處也有例外；我曾在這種特別的例子中，看見積極想像的釋放作用，大大加速了療癒的過程。）一般說來，積極想像適用於兩種情形，一種是出自潛意識的高度壓力，也就是一直出現太多的夢和幻想，或是相反地，夢的生活被卡住而沒有「流動」。積極想像對於所有尋求內在獨立的個案，都能提供獨特的機會，以達到這個目的。

積極想像的保護性質

積極想像能快速、有效的釋放自己，脫離強迫的情緒和想法，這個要素使積極想像成為治療師對待自己特別重要的工具。榮格甚至認為，精通這種冥想方式對分析師而言是不可或缺的。就如我們所知，強烈的情緒是很會傳染的，分析師也很難不受傳染，通常也不建議分析師避免受到影響，因為人畢竟需要「同」情和「共」鳴，才能幫助人。必須傾聽和觀察反常或病態的幻想或意象時，也是相同的情形，不管願意或不願意，都會破壞自己的平衡；就如榮格所說的，某件醜陋東西留下的印象，也會在人心裡留下醜陋的東西。對於這些「印象」，不能老是等待療癒之夢，或是讓自身的健康本能使它們逐漸消退；特別是在同一天還有別的人準備來接受分析時，畢竟，人不能在這種混亂的狀態接納被分析者，否則反而會使傳染更加蔓延開來。不過，我們總是可以用短暫的積極想像來保持健康（就這種情形而言，很少需要十分鐘以上的積極想像），並以這個方法使自己自由。如果連短暫的時間也沒有，有時只是真誠地決定以後用積極想像來處理困擾，也會馬上有幫助。畢竟，心理治療師終究是能夠療癒自己的人。艾利安（Aelian）說，狗是一種與療癒之神艾斯克列普斯（Asclepius）有關的動物，因為牠知道要吃什麼草使自己吐出有害的食物，也因為牠會用自己具有消毒作用的唾液舔自身的傷口。

來自極地區域的人會分辨精神病人和巫醫、巫師的不同，方法如下：精神病人是被神靈或魔鬼附身；巫醫或巫師雖然也被附身，卻能靠自己再次得到釋放。[7] 醜陋的情感和病態、反常的想法，確實會像魔鬼一樣起作用，它們會進入我們、纏住我們。可是，適當的積極想像是透過象徵而進行的釋放行動，它有可能被誤解為走向「自我拯救」的危險傾向，但這種危險其實已經被排除了，因為積極想像的適當運用只能發生在宗教的脈絡中，也就是對神聖事物展現出充滿敬畏、真誠的尊敬。

積極想像除了具有這些例子提到的保護性質，更重要的在於它也是榮格所說的個體化歷程的工具，個體化歷程就是整個個體全然而有意識的實現自己。透過這個歷程，上帝的形象在個體中被經驗到，並開始實現其超越自我層次的影響力。自我成為僕人，為祂邁向實現的傾向而服務，若沒有這個僕人，本質我就無法讓自己現身於時間和空間之中。

我先前提出了幾個小小的實例，用以說明積極想像的本質，這些例子只代表這種個體發展歷程中的小小片斷，甚至連本質我、整體的原型都還未出現其中。不過，這種冥想方法如果能持續較長一段時間，且與生活的基本問題連結在一起，經驗上，這個核心的內容，本質我，幾乎一定會清楚地在顯著的地方現身，而且在更接近本質的脈絡中，就會清楚看見某種相當於各種宗教冥想道路的類似性。基於這個理由，榮格在蘇黎世理工學院的系列演講中，把他所認為的潛意識，和東方瑜伽的方式、耶穌會的修行方法，以及煉金術士的冥想方法，做出詳細的比較。結果認為最後一項最接近榮格的積極想像，理由如下。[8]東方瑜伽的各種方式中（佛教禪宗的禪修可能是例外，我稍後會談），有相當大的程度是由「上師」負責帶領，經典也會提出某些教導，或許能帶領學生經驗到我們所說的本質我。在基督教的修行方法中，本質我的意象可見於基督，學習者也是接受帶領，以某種方式向內接近它。在這兩種情形中，學生都被警告會遇到障礙，並告訴他該如何「把它們當成誘惑而置之不理或將之趕走」。[9]

相較於所有這些過程，榮格的積極想像比較沒有既定的步驟，沒有必須達到的目標（沒有「個體化訓練」），沒有模範、圖像或教科書做為道路的指南，沒有規定的身體姿勢或呼吸控制（沒有教練，分析師也不參與幻想內容），就只是從內在自行出現的東西開始，或是用一個看起來比較不明確的夢境或一時的心境。如果出現障礙，當事人可以自由地視之為障礙或不是障礙，由他自行決定該如何回應。所以每一步驟都成為獨特、負責的個人選擇，因此也是意識與潛意識獨一無二的「就是如此」的結合。舉例來說，假設想像者在幻想中正努力爬上一座高山的山頂，若出現一位美麗女子想要誘惑他下到深淵。我們這時不會對他說：「這是愛欲的幻想，是一種誘惑，想要讓你達不到崇高的目標。」也不會說：「這是人生的一部分，你必須先整合它，才能繼續爬山！」我們什麼也不會說。想像者必須自己探索他遇見了什麼、他應該對此做什麼。這與個人外在生活遇到狀況時的情形完全一樣。

正是這種絕對的自由，可以看出榮格式的積極想像和所有其他著名的冥想方式的不同，也使榮格式的積極想像很類似煉金術士的真實想像（imaginatio vera）。煉金術士試驗自己完全不知道性質的物質實體及其精神層面時，也沒有方案可循，只是在黑暗中觀察自己對它的真實經驗，他們沒有從既定的觀點認為它是什麼東西，也不是只有憑直覺得到的模糊觀點，也沒有對行為採取外在的道德指導方針，只有自己內在的聲音。他們在物質存在的此時此地尋找「神聖的真實」；除此之外，在大多數情況下，他們本身什麼也不知道。這就是為什麼他們的方式和他們對象徵的經驗，如此接近當代許多男男女女對象徵的經驗。

沒有計劃的自由

佛教禪宗邁向開悟經驗的過程與榮格取向最為接近，原因可能就在於這種完全沒有計劃的自由。許多大師擁有真正的本質我經驗，並據此生活，其他一切都未列入考慮，也是無法考慮的。就我所知，禪宗和榮格的積極想像的不同之處只有下述情形（出自我和鈴木大拙教授在一次談話中所得到的看法），佛教禪宗不認為幻想的意象和夢境是不可或缺的，而且剛好相反，是會遮蔽「真實本性」的比較不必要的元素，師父企圖鬆動學生，脫離它們，也脫離其他假我的執著。相反地，榮格的積極想像是以不批判的方式，屈身撿起心靈為我們提供的每一片象徵，並處理它，因為它對我們而言可能是本質我的雛形或一部分，可能是我們還不認識的部分。在任何情形下，都沒有規定要做的行為，這種最大的自由其實也是榮格向內之路最困難的部分，但我認為也是最有價值的部分。

這為我們帶來一個問題，而且可能是會造成爭議的主題。榮格屬於最左翼的心理治療師這個族群的人，他們無條件地擁護個體的自由。舉例來說，休爾茲（J. H. Schultz）的自發訓練所提出的冥想仍然有規定要做的身體放鬆練習。卡爾·哈皮區（Carl Happich）指導的冥想會建議一些主題，好比「童年的草地」或「山」，而心理治療師會「引導」幻想中的被分析者進入這些主題。至於林內·德索里（René Desoille）的清醒之夢則是深受榮格影響的方法，基本的差異則在於心理治療師會對象徵的內在事件提供自己的反應；例如，他會建議病人在象徵的處境中可以或應該做什麼。還有，德索里要求對集體潛意識及其原型要有經驗，同時要能掌握這些原型。對我們來說，他過度強調心理治療師的指導和反應，這絕對無法培養被分析者在道德和靈性上的獨立。

從這個角度和我提供的例子來看，帶領榮格式積極想像的心理治療師只會採取一種立場，就是詢問當事人的幻想是不是真的。唯一進一步的介入就是在出現症狀或夢的反應時，用一般的分析方式詮釋這些夢和症狀的意義。大家可能還記得，先前談到被譴責使用黑魔法的女性被分析者，並不是被我譴責，而是被夢譴責；而警告藝術家不要忘記「心」的，是心因性心臟病的發作。

潛意識對積極想像產生的這些自發反應，是常常發生的。它們允許我們給予被分析者如前所述的自由決定權，對他們而言，「主人」終究活在自己的心靈，這是非常有價值的經驗，許馬茲（Schmaltz）教授適切地稱之為最深的療癒（medicus intimus）。東方的冥想方式和基督教的方式都建立在歷史悠久的古老傳承，其優點是能提供已經被許多人試驗、修訂過的指導方針；但也是這個理由，可能使它們成為個體「就是如此」的束縛。就如榮格一再指出的，現代人不論在內在和外在，都已背負過度沉重的訓誡、要求、勸告、口號、集體的建議、理想主義，以及其他被認為好的指導方針，所以或許值得努力為他們提供機會，以一種不受強迫、全然由自己負責的方式，來了解自己的本質。這可能是神性的影響力以最純淨的形式現身的方式：完全由祂自己產生。這也很可能是個體對當代具有破壞性的潛意識力量的最佳抵抗，獨自透過自己內在的經驗，而扎根於自己與上帝的關係。

原註：

1. See C. G. Jung, "The Transcendent Function" in CW 8(1960), pp. 67ff.
2. 令人驚訝的是，Wolfgang Kretschmer博士在他的論文「心理治療的冥想步驟」（Die meditative Verfahren in der psychotherapie，發表於一九五一年五月的德文「心理治療期刊」〔*Zeitschrift für Psychotherapie und Medizinische Psychotherapie*〕）詳細討論了Schultz-Henke, Carl Happich, René Desoille和Friedrich Mauz等人的不同技巧，卻對榮格的積極想像不提隻字片語，而這是比上述諸心理學家的工作更早就已發展與公諸於世的，且對他們形成不容置疑的影響。
3. C. G. Jung, *Mysterium Coniunctionis*, CW 14, para. 184, pp. 156-57.
4. Ibid., para. 184.
5. "Commentary on *The Secret of the Golden Flower*, 1929/1965, in Richard Wilhelm, *The Secret of the Golden Flower* (New York: Harcourt, Brace & World, 1962), 93.
6. *Mysterium Coniunctionis*, CW 14, p. 156.
7. See Mircea Eliade, *Schamanismus und archaische ekstasetechnik*(Zurich, 1957), 38ff. English translation: *Shamanism: Archaic Techniques of Ecstasy* (Princeton: Princeton University Press, 1964).
8. See especially CW 14, paras. 406ff.
9. 就我所知，這一點的例外見於一本中世紀的書《雨果．馮．聖維克特與自身靈魂的對話》（*Hugo von St. Viktor's Conversation with His Soul*），書中的修行者似乎非常相信基督是他自身靈魂的真正目標，而不憑暴力、透過愛的信念帶著靈魂走向目標，即使靈魂依戀世界且極力抗拒皈依。

第四章

積極想像的四個階段

積極想像和魔法的界限非常微妙。在魔法的情形裡，不論是出於善意或惡意，總是有某種願望或欲望在運作。我們練習積極想像應該只是為了得到關於自己的真理，而且只有這個目的。

我想集中討論幾個關於榮格積極想像的特點，這是與當代處處可見的許多其他想像技巧不同的特徵。許多人在接受榮格式分析前，已經練習過某種想像技巧；根據我的經驗，在這種情形下，很難讓人進行真正的積極想像。積極想像可以分成四個部分或階段。

第一階段：我們都知道，首先必須倒空自己的自我意識，脫離自我的意識之流。對許多人而言，這是非常難以做到的，他們無法停止佛教禪宗所說的「瘋狂的心」。在繪畫中比較容易，沙遊也比較容易，但沙遊會為意識提供既有的人物形體，雖然它確實可以幫助人跳過「徒勞無益」或沒有任何想法的過程（這個過程經常是剛開始時會有的情形），但被分析者日後必須進行真正的積極想像時，沙遊的經驗反而容易導致困難。大部分東方的冥想技巧，比如禪宗、某些瑜伽的修習和道教的修行，都會使我們面對這個第一階段。在禪宗的修行中，不但要切斷自我的所有念頭，也要切斷從潛意識湧出的任何幻想。對於這些念頭和幻想，或是用公案的方法擋住，或是讓它們通過、予以忽視。打坐姿勢的唯一目的就是象徵所有活動的停止。

第二階段：這時必須讓潛意識之流升起的幻想影像流入內在知覺的範圍。相對於上述的東方技巧，我們在此歡迎影像的出現，而不是趕走它或忽視它，剛好相反，我們專注於它。達到這一點時，我們必須留意兩種錯誤：或是過度努力地專注於升起的影像，真的「固定」住它，使它凝結，或是不夠專注，結果內在影像變化太快，開始播放快速的「內在電影」。依我的經驗，主要是直覺型的人會落入第二種錯誤，他們會寫出無窮的幻想故事，沒有焦點，或是留在內在事件裡，卻不進入任何私人關係。這是被動想像、幻想想像的層次，並不是煉金術士所說的真實想像。這強烈地使我們想起陸納爾（H. Leuner）

的「引導想像的意象生活」（cathymic image experience life），陸納爾承認受到榮格積極想像的啟發，但決定簡化它，我認為他沒有得到很好的結果。我發現曾經做過這種想像練習的被分析者，很難轉而練習真正的積極想像。福洛爾（W. L. Furrer）的「潛意識的具體化技巧」也有相同的缺點，林內·德索里較早以前的技巧「清醒做夢」也是如此。這些技巧都允許分析師的在場和介入，這是一大錯誤，我稍後再談。

第三階段：現在來到第三階段，就是以書寫、畫圖、作曲或跳舞（必須記錄舞蹈的動作），讓內在感知到的幻想影像得到表現的形式。當某些情緒和劣勢功能過於留在潛意識中，好像被埋藏在身體裡一樣，[1]那麼，跳舞時的身體參與有時就變得非常重要、不可或缺。發明一些具體的小儀式往往也是有用的，比如點蠟燭或繞圈行走，這種做法帶來無機物質的參與。榮格曾告訴我，這種方式比一般做積極想像的方式更為有效，但他不知道原因何在

我認為這也有助於回答當代大量討論的一個問題：身體在心理分析裡的角色。事實上，根據榮格的說法，煉金術著作其實就是一種以化學物質進行的積極想像，也就是讓這些物質混合、加熱等等。東方的煉金術士，特別是中國的道士，他們所做的大部分是嘗試處理自己身體裡的東西，較少在實驗室的鍋爐進行。西方的煉金術士大多處理身體之外的物質，在蒸餾瓶中，堅稱「我們的靈魂想像出身體外面的偉大事物」。可是，帕拉塞色斯（Paracelsus）和他的徒弟唐恩（Gerhard Dorn）也著手處理身體裡面所謂的內太空，他們想讓內在受到外在的神奇影響。他們認為這些神奇的外在影響和身體的東西經由類比的方式而具有同時性的關係。在這種方式中，積極想像經由化學成分的象徵意義而在實質上與身體連結

在一起。我自己對正確或錯誤執行的積極想像，常常經驗到強烈的正面或負面的身體反應。有一位被分析者在積極想像中違背自己的感受時，甚至產生嚴重的心因性心臟病發作。強烈的感情和情緒有時是練習積極想像的障礙。榮格在回憶錄談到自己有時必須憑藉瑜伽練習來控制情緒，接下來才能從中取出一個影像，然後在積極想像中與之建立關係。

有一種積極想像是與內在想像的身體部位對話，也會傾聽它們說話（就如《奧德賽》中，奧德修斯有時和他的心臟或「橫隔膜」所做的一樣），這個技巧有時適合心因性的身體症狀。每當事情開始發生，不論是在身體的內在或外在，就可以預期會有同時性現象，表示這種積極想像是特別「充滿能量的」。它負面的部分是近似魔法，且具有危險，我稍後會回來討論。

第三階段容易發生兩種錯誤，榮格在他的論文《超越功能》（*The Transcendent Function*）[2]中描述過。一種錯誤是過度強調幻想內容的美感細節，過於想把它做成藝術品，結果忽略它的「訊息」或意義。依我的經驗，這最常發生在繪畫和書寫，因為太重形式會害死內容，就好像某些歷史時期的藝術「讓神明湮沒於金子和大理石之中」。（現代的我們常常從觀賞原始崇拜的東西或早期基督教文明未經修飾的藝術品，得到較多樂趣，甚於羅馬時代的頹廢派藝術品。）感官和情感功能是此處最先造成我們迷路的因素，我們忘了自己正在描繪或描述的只是內在真實的相似物，目標是碰觸真實，而不是相似物。

另一種錯誤則剛好相反，就是隨意速寫內容，然後立刻進入意義問題。直覺型和思考型的人特別容易掉入這個錯誤，這表示缺乏愛與獻身。當病人帶著草率的簡圖或隨便的書寫描述，就已知道「意義是什麼」時，我們立刻就能看見這個錯誤。第三階段會為潛意識提供表現自身的方法，往往帶來巨大的釋放，但它還不是真正的積極想像。

第四階段：第四階段是關鍵的階段，也是大部分想像技巧欠缺的部分，就是以道德面對自己製造出來的東西。在這個時刻，榮格警告我們會有一個常犯的錯誤，會危及整個歷程，這個錯誤就是以虛構的自我進入內在事件，而不是以真實自我進入。

我要以實例說明這一點。一位被分析者在夢中發現一個在沙漠中的馬蹄，它不知怎地非常危險，並開始追逐他。它是與瓦坦神（Wotan）有關的一種魔鬼。他試圖在積極想像中繼續幻想這個夢，他現在坐在馬背上逃走，但魔鬼愈來愈大，也愈來愈近，於是被分析者轉身把魔鬼踩在地上。他向我敘述這個情形時，我對他的表情和故事結局間的奇怪差異感到驚訝。他看起來驚恐而苦惱，於是我告訴他，我不相信這個快樂的結局，但我也不知道為什麼。一週後，他向我承認，當馬蹄魔鬼接近他時，他分裂為二，他的自我只有一部分克服了魔鬼；另一部分跳出行動，只從外界觀看行動。所以他只用虛構的自我得到勝利；他的真實自我逃走了，暗暗想著：「畢竟，這只是幻想。」

當被分析者眼前可被觀察的狀態，與積極想像發生的情形不一致時，我們就可以假定出現了這個虛構自我的錯誤。很難完全避免這種情形。另一位被分析者在積極想像中，與一位阿尼瑪人物產生一段長期的浪漫愛情，但他不曾讓她知道他最近剛結婚。我問他這一點時，他說他絕不會在現實中做這件事（隱瞞婚姻），那麼，他在積極想像中的自我就不是他日常生活中的自我！整件事對他而言顯然不是完全真實的；比較像在寫小說，而不是做積極想像。這一點非常重要，因為積極想像的整個效果就在這裡。性格非常分裂的人或是有潛在精神病的人，完全不能做積極想像，因為他們只會使用這種虛構自我。基於這個理由，榮格警告我們不要為邊緣型病人做積極想像。就事實而言，我舉的第二個例子中的被分析者並不是病人，而是知識分子。理智是最偉大的騙子，它會誤導我們忽視事件的道德面，陷入懷疑，認為整件事終究只是幻想和一廂情願的想法。積極想像需要某種程度的天真。

需要由自己找到出口

榮格曾談到當代精神醫學已找到這個歷程的第三步驟，但還不了解第四步驟。現行的想像技巧大多停止在這個地方，還有一面是尚未被了解的。當前的創造性或意象式技巧大多允許分析師在這方面有某種參與，甚至需要他的介入，他或是安排主題（比如哈皮區的技巧或休爾茲的進階自主訓練），或是在被分析者卡住時介入，並提出建議。另一方面，不管病人卡在什麼樣的洞裡，榮格本人向來讓他們留在卡住的地方，直到自己找到走出來的路。他對我們談到，曾有一位女病人，一生總是不斷掉入某個「陷阱」，他向她推薦積極想像，她立刻看見自己在想像中穿越原野，遇見一堵牆，她知道自己必須走到另一邊，可是怎麼過去呢？榮格只說：「你在現實中會怎麼做？」她就是想不出任何方法。經過很長一段時間，她終於想到可以沿著牆走，看看是否在某個地方找到牆的末端，可是找不到。她接下來尋找門或開口，還是找不到，榮格沒有提供任何協助。最後，她想到要找來鐵槌和鑿子，在牆上打出一個洞，這是解決的方法。

這位女子花這麼長的時間找到這種解決方法的事實，反映出她在外在現實中的無能，就是這個理由說明我們為什麼不伸出援手；如果我們這麼做，病人就什麼都學不到，仍像以前一樣幼稚、被動。相反地，當他在積極想像中痛苦地學會自己的功課，就也學會外在生活中的某件事。即使病人停滯幾個星期，榮格也不協助他，而是堅持要他繼續靠自己找到解決的方法。

在指導下使用藥物，也同樣欠缺第四步驟。負有完全責任的是監督的人，而不是進行想像的人。我偶然看見一本書，是泰倫斯和丹尼斯・馬坎納（Terence and Dennis McKenna）兄弟寫的《無形的景色》（*The Invisible Landscape*）[3]，描述兩位勇敢的年輕人到墨西哥，自己實驗剛被發現的迷幻植物。根據他們的記述，他們經歷了精神分裂的心智狀態，導致「他們的靈性視野得以擴大」。可惜他們沒有詳細描寫他們的經驗，只暗示他們去到其他星球，接受無形協助者的支持，對方常以巨大的蟲體現身。此書的第二部分寫下他們從「擴大的靈性視野」產生的洞見，使人大為失望，和現代其他對心、物、同時性等主題出於高度直覺的推測，並無不同。他們完全沒有提出有創意和嶄新的東西，只有博學的作者在意識中就能輕易想出來的東西。最重要的地方在結尾，此書結束時的觀點是所有地球上的生命都會被毀滅，為了這個理由，我們或是必須逃到別的星球，或是要向內逃，進入宇宙意識的範疇。

我要把這個觀點和一個夢做比較，這是一位學生的夢，他正在接受榮格式分析，並沒有精神病的危險。我很感謝他允許我講述這個夢。自從我發表這篇演講以來，愛德華・艾丁格（Edward Edinger）也介紹過這個夢，並發表了非常好的詮釋。[4] 這個夢是這樣的（以稍微縮短的方式呈現）：

我沿著被人稱為柵欄的地方行走，從那裡可以俯瞰紐約市。我和一位不認識的阿尼瑪人物一起走路；我們都被一位男子引導，他是我們的嚮導。紐約已化為一堆瓦礫，我們所知的整個世界已被摧毀。到處都是燃燒的火；成千上萬逃竄的人在四面八方盲目的奔跑。哈德遜河泛濫，淹沒大部分的城市。這是黃昏，天空的火球向地面呼嘯而來，這是世界末日。

這是來自外太空的巨人族造成的，我看見其中兩個巨人坐在瓦礫之中，冷漠地挖起一把又一把的人群，吃下他們，有如吃葡萄一樣。這是恐怖的景象⋯⋯我們的嚮導向我們解釋，這些巨人來自不同的星球，他們在那裡和平共處。他們坐著飛碟（那些火球）著陸，我們所知的地球其實是這些巨人設計出來的，他們「培育」我們的文明，就像我們在溫室種蔬菜一樣，現在是他們收成的時候。為此有一個特別的理由，我後來才得知。

我獲救是因為我有一點高血壓，如果血壓正常或太高，我就早已被吃掉。於是我被揀選來經歷這個火的試煉，如果我成功走過，就會被允許去拯救別的靈魂。我接下來看見我前面有一個巨大的金色寶座，像太陽一樣綻放光芒，上面坐著巨人國王和王后，他們是毀滅我們星球的元凶。

我的試煉除了必須經歷上述一切的痛苦，還必須攀爬寶座的階梯，向上到達我能和國王和王后面對面的地方，這以好幾個階段發生，我開始登高，路很長，但我知道我必須去做，世界和人類的命運都依靠它。我接著在滿身大汗中醒來，我醒來後，才了解地球的毀滅是國王和王后的婚禮盛宴。

這個夢使我們想到聖經以諾書（Enoch）描述的巨人入侵地球的情形〔譯註一〕，榮格將之詮釋為「集體潛意識過早入侵意識」，這會導致廣泛的自我膨脹。根據以諾書，天使和女性人類生下巨人，並教導人類許多新知識，而產生自我膨脹。上述的夢顯然反映出類似的現代處境，馬坎納的書清楚顯示出過早利用集體潛意識的洞見會造成什麼情形，就是非常不穩定的心智狀態。可是，在這同時，這個夢非常貼切地顯示，藥物的幻覺和尚未被找到的潛意識取向，有什麼不同。夢中的做夢人有一個任務：到達國王和王后。馬坎納的結論卻剛好相反，所有個人能做的就是嘗試逃離。所以這表示只有在潛意識和個體自我面對面有如同伴時，才能匯聚出潛意識建設性的一面。這是我們在積極想像中想達到的情形，而這也是為什麼服用藥物（即使是在指導之下使用）或是由分析師引導之下練習的想像，是不適當的原因，因為自我就無法親自面對潛意識了。

馬坎納的書和這個夢的啟示景象，都與我們對原子彈戰爭的恐懼有關，但夢沒有逃到外太空，而是為夢者安排任務，當面看見國王和王后的婚禮，這代表對立面的結合，包括父親與母親、心與物等等。榮格在我們問他是否無法避免第三次世界大戰時，曾告訴我們，只有在夠多個體能在自己裡面把對立面連結起來時，才可能避免這種戰爭。此處把整個集體的重擔放在夢者一個人的肩上，如果身為個體的我們能意識到對立面，潛意識才能向我們顯示脫離危機之路。

這個夢有個重要的主題，就是指導夢者的嚮導。只有在分析師沒有取而代之時，這種人物才會

譯註一　以諾書並未被列入正統聖經。

出現。煉金術士的靈魂嚮導赫密斯（Hermes）稱自己為「每一個隱士之友」（隱士就是脫離群眾的人）。根據榮格的說法，積極想像最重要的結果就是讓被分析者不依賴他的分析師。為了這個理由，我們就不應該妨礙它（方法的糾正則是例外的情形）。當被分析者向我報告積極想像時，我常默默想著：「我絕不會這樣做或說這種話！」這表示積極想像中，自我對潛意識產生的反應是多麼因人而異，而這也是內在事件會採取什麼方向的決定因素。

控制之下的瘋狂

卡洛斯．卡斯塔尼達（Carlos Castaneda）的書描述了一種積極想像的新方法（或說是古老方法），這是魔法師兼巫醫唐望的方法，他稱之為「做夢」，其背後是墨西哥印第安巫師的古老傳承。謠傳這些書大部分的內容是卡斯塔尼達自己發明的，只是用了巫醫的真實材料，但「做夢」的部分顯然是真實材料的部分，因為它非常有印第安味道，不可能是由白人發明的。「做夢」是在大自然外在現象的協助下達到的，老師唐望把卡斯塔尼達帶到大自然孤獨的荒野中，在傍晚天光漸暗時，卡斯塔尼達認為自己看見瀕死動物的模糊形狀。他害怕死亡，想要逃離，但更仔細觀看後，發現它只是沒有生命的樹枝。事後，唐望說：「你所做的毫無收穫可言：你浪費了美好的力量，這是把生命吹入枯枝的力量：那樹枝是真正的動物，它在力量碰觸到它的那一刻是活的。由於使它活著的是力量，訣竅就是在做夢中維持它的樣貌。」5

唐望在此處稱為力量的東西就是mana、mulungu等等〔譯註二〕，換句話說，就是集體潛意識的能量部分。卡斯塔尼達用理性看它而貶抑了他的幻想，把力量趕走，失去「停止世界」的機會。（這是唐望對於停止自我思考的說法。）唐望也把這種做夢稱為「控制之下的瘋狂」，讓人聯想到榮格把積極想像稱為「自願的精神病」。

這種以大自然的外在事物而做出的積極想像，使我們聯想到煉金術士的藝術，他們以金屬、植物和石頭來進行積極想像，但有一項差異：煉金術士總是擁有一個容器，這個容器是他們的真實想像而非幻想，或說是他們的原理，藉此使他們不會迷失自己，而是對事件有實際的「領會」，這是一種宗教哲學。唐望也有這種領會，但他無法傳遞給卡斯塔尼達，所以總是必須自己承擔領導地位。

如前所述，伴隨積極想像的儀式特別有效，但也是危險的，因為常常匯聚出大量同時性事件，很容易被解釋成魔法。有可能產生精神病的人也常常以非常危險的方式錯誤解讀這種事件。我記得一個例子，他在精神病剛發作時毆打妻子，她找了警察和精神科醫師來協助，四個人站在屋子的門廳時，唯一照亮現場的電燈泡突然爆裂成碎片，他們站在黑暗中，身上都是玻璃的碎片。發病的人立刻想到，既然太陽和月亮都在基督被釘十字架時隱藏光芒，這件事就是他這個救世主被人以不公義的方式逮捕的徵兆。但剛好相反，同時發生的事件其實帶來了健康的訊息，是警告他避免腦袋的昏暗（因為電燈泡代表

譯註二　這些名稱都是某些原住民族對神奇力量或造物神明的稱呼。

自我意識，相對於太陽代表神性）。我們在此處正走在危險之地，雖然這個事件的發生與積極想像無關，但積極想像確實常有類似的事件。這個例子向我們顯示，我們在「自願的精神病」中會怎麼樣迷失。所以煉金術士左希摩斯（Zosimos）正確地告誡我們要小心魔鬼可能使煉金術的工作陷入混亂。我們在此碰觸到積極想像和魔法（特別是黑魔法）的不同。我們都知道，榮格反對在積極想像中牽涉到活生生的人，因為它會像魔法般影響到他們，而所有魔法，包括「白」魔法，對施行的人都有反彈的作用，所以，它終究是會傷害自己的。然而，我想到一個例子，榮格那時建議我使用它。我有一位年長的女性被分析者，完全被她的阿尼姆斯支配；她不再容易接近，瀕臨精神病的發作，榮格建議我在積極想像中對她的阿尼姆斯說話，這會幫助她，但對我有害；但我還是把它當成最後一招來用。它確實對病人有益處，榮格在事後幫助我對抗反彈的作用。不過，我再也不敢重複這種試驗。

積極想像和魔法的界限非常微妙。在魔法的情形裡，不論是出於善意或惡意，總是有某種願望或欲望在運作。我也曾觀察到阿尼姆斯或阿尼瑪的強烈占據，使人無法進行積極想像，它使必要的內在開放變成不可能。我們練習積極想像應該只是為了得到關於自己的真理，而且只有這個目的。但在實做中，隱密的欲望會偷偷溜進來，使人落入幻想的想像。我曾在《易經》的卜卦看到類似的危險，如果無法放棄原本想要某個特定結果的欲望，常常會誤解卦象。相反的情形則是在積極想像中看見或聽到「正確的事」，但後來又懷疑它的真實性。常常要等到積極想像突然發生令人驚訝的轉變，而覺得「我不可能自己編出這種結果」，才能免於這種錯誤。

最後則是結束的階段：把積極想像學到的東西運用到日常生活。我記得有一位男子，在積極想像中向他的阿尼瑪承諾每天花十分鐘陪她，但他沒有做到，然後陷入神經質的病態心情，一直持續到他了解是因為自己沒有信守承諾。當然了，這適用於分析中的所有領悟。這是煉金術的「打開蒸餾瓶」，在人能了解前一個步驟時，自然會發生的情形。當有人做不到這一點時，就是個徵兆，表示他或她並沒有真正完成需要以道德面對的第四步驟。

原註：

1. Cf. R. F. C. Hull, " Bibliographical Notes on Active Imagination," in *Spring*(1971); E. Humbert, "L'Imagination active d'après C. G. Jung," in *Cahiers de psychologie Junghienne* (Paris, 1977); C. G. Jung, " The Transcendent Function," CW 8.
2. C. G. Jung, " The Transcendent Function," CW 8.
3. Terence and Dennis Mckenna, *The Invisible Landscape* (New York: Seabury Press, 1975).
4. See Edward F. Edinger, "The Myth of Meaning," "*Quadrant* 10(1977): 34ff.
5. Carlos Castaneda, *Journey to Ixtlan* (New York: Simon and Schuster, 1972), pp. 132-33.

第五章

心理分析的宗教面

榮格說，創造的想像是我們唯一可取用的原始現象，是心靈的真正根基，是唯一的當下真實。祂就是神聖原則的自身。潛意識創造的自發性的這個象徵，終究是位於任何宗教的創造的背後。

榮格寫道：「我的工作的主要興趣不在於治療精神官能症，而是走向神聖的事物。然而，事實卻是，走向神聖的事物才是真正的治療，當你得到神聖的經驗，就脫離了疾病的咒詛。甚至就是疾病會具有神聖的特徵。」[1]這段引文說明了榮格式心理分析的一切重要性。如果不可能與神聖事物建立關係，就不可能有治療；這時能期待的至多不過是改善社會適應罷了。若是這樣，還有什麼是留給分析師做的呢？榮格在一封信中，以下述的話親自說明這個主題：

既然精神官能症是一種傾向的問題，而傾向是依靠或根據某些「優勢因素」，也就是終極且最崇高的觀念和原則，所以傾向的問題就可說是宗教的問題。[2]下述事實可以支持這個論點：夢和幻想中出現宗教主題時的目的顯然就是調整傾向，恢復失序的平衡⋯例如，我曾觀察到，當「原型」內容在夢之類的情形中自發生起時，通常就會從中產生神聖和療癒的效果。這是原始的心靈經驗，往往會重新打開病人原本被堵塞的通往宗教真理的路。我自己也有這種經驗⋯

既然我可以透過先入為主的意見，壓抑或完全中止神聖的影響，同樣地，不論它可能來自何方，我也可能透過適當的行為更接近它，並在它發生時接受它。我不能強迫任何事的發生；我只能努力去做每一件有利於此的事，且不做任何對抗它的事⋯接下來可能發生的，但不是必然會發生的，是一種來自潛意識的自發行動。煉金術士、帕拉塞色斯、波姆和現代學習潛意識的學生都用閃電來象徵潛意識。[3]

從這個觀點來看，治療師的工作只能在於拆除成見和障礙，以免妨礙可能的神聖經驗。（這與神學的老問題有關：拯救到底是來自恩典或人的努力。顯然兩者都是必要的。）

有很多逃避神聖的方法，我願意在這裡提出幾個我遇過的情形。一個是某種程度的外傾型的膚淺，有一位老婦人心裡想的不外乎愛情、衣服、旅行之類的東西，她做了如下的夢：她站在梯子上，準備為一個大十字架清掃灰塵，她極度驚恐地看見被釘十字架的那一位突然睜開眼睛說：「你可以更常為我清掃灰塵！」夢者是天主教徒，到目前為止一直滿意於在表面上履行教會的外在戒律，這個夢使她開始改變原有的想法。

大多數情況下，現代人會遇見一大堆來自十九世紀的哲學和理性偽科學的偏見，這些偏見其實已經被當代頂尖的科學家證明為不可信的。他們從學校課堂和廉價的新聞報導得到這些觀念：夢是無意義的，或是性欲的表現；沒有鬼魂這回事；聽說過潛意識，但不要當真；任何結果都有理性可掌握的原因；人只要講理，一切就都沒事；如果社會被整頓好，一切就都整頓好了，諸如此類。在這類偏見裡，最糟糕也最普遍的就是明顯或隱微的統計學思考：「我做什麼都沒有影響；我只是千百萬沙粒中的一小粒；我的經驗是無意義的偶然。」這種心態對靈魂是直接而致命的毒藥。

心理分析師別以為可以用辯論來免除這種偏見，這種事要以病人的夢來處理，會比較有效，只是有時快、有時慢。但不可或缺的是分析師本身與神聖事物有連結，並根據自己的經驗而相信它；否則他會忽略夢中直接指向神聖經驗的元素，把自己認為病人「應該」是什麼或做什麼的觀念投射其上，而自動發展出如下的確信：這位被分析者應該脫離父母，那位被分析者應該不要那麼理智，另一位被分析者應該更遵守紀律。還有別的信念是根據他對常態所抱持的種種意見和成見。基於這個理由，分析師必須一再告訴自己：「我不知道上帝想從這個人身上得到什麼！」他所能做的，是幫助病人更聽見心靈對自己的耳語。

我第一次處理嚴重精神病的病人時，她正因為命運的外在打擊，逐漸陷入精神分裂的發作，而我則努力避免她的發作。這時，負責督導這個病例的榮格真摯地對我說：「你怎麼如此確知這位女子不需要經歷這種發作呢？許多病人在發作之後，狀況就改善了。你不應該試圖去認定她命運的祕密；這只是權力遊戲。你並不知道上帝想從她得到什麼！」驚嚇之餘，我只能放手，限制自己盡可能只默默地直接詮釋她的夢。被分析者出乎意料地改善了，我告訴榮格時，他大笑說：「這就是我期待的結果，但我不能先讓你知道，否則你可能再度嘗試去強迫什麼東西！」這句話從此治好了我過於急切治好病人的所有渴望。

平凡的夢，深層的原型意義

依我的經驗，除了理智的成見，還可能有另一個問題，就是擁有非常神聖之夢的被分析者，卻不知怎地，無法被夢適切地推動，甚至完全不為所動。這種情形通常是出於愛欲方面的某種自卑狀態。病人常常有下述的情形，我被病人的夢深深震撼，但他本人卻以不帶感情、事不關己的方式敘述。對於這種人，我學會不要隱藏自己的感受，不要隱瞞自己受到多麼深的感動，而是表達出來。我的經驗顯示這樣總是具有正面的作用。

榮格本人對夢總是有強烈的情緒反應，他對病人帶來的夢的反應有大笑、害怕的吶喊、不高興或興奮，他的反應往往引發病人了解夢到底在說什麼。被分析者缺乏反應的情形，除了情感的脆弱之外，背後還常常隱含暗中的偏見，認為夢其實是不真實的。

在我的經驗中，最困擾的處境是潛意識似乎只產生平凡的夢，連一點神聖感也沒有。可是，我們常常可以看見夢的個人層面背後的基本原型結構。榮格具有特殊的天賦，可以在表面上很平庸的夢裡，認出深層的原型意義。另一方面，我們有時必須對帶有神話的夢抱持更多的懷疑，因為它們可能只是根據病人所讀的東西產生的，或是出於某種不真誠的基礎。[4]結構特別美好、有如神話般的夢並不總是表示某種對夢者具有特別意義的東西，它可能只是反映潛意識想吸引夢者的意圖；也就是說，它們表示內在的發展在下個階段會透過自己與潛意識和夢的相遇而發生。[5]

相反地，平凡的夢表示個人的日常現實雖然常常被忽略，但其背後潛伏著仍在運作的深層意義。我們一再被防衛反應捆綁，而以為「這只是荒謬、愚蠢、瑣碎的夢」。榮格總是喜歡說，沒有愚蠢的夢，只有不了解夢的蠢人！事實是本質我似乎也關心個人生活的細節，上帝在異象中警告史維登堡不要吃太多，史維登堡是直覺型的人，因此以感官功能為基礎的事（性欲、飲食等）會顯得原始而沒有節制。所以本質我在這種地方展現，是相當有代表性的。

我有一位被分析者夢見從上面來的聲音，告訴她需要「早餐腰帶」。詳細詢問後，得知她整個上午都穿著睡衣，懶洋洋地消磨時間（她接受心理分析前是酗酒者），直到中午才會束起腰帶，開始一天的活動。我們常常一起笑這個夢，而我隔一陣子就會問她：「早餐腰帶用得怎麼樣？」

對分析師而言，想把神學家和神職人員引到神聖匯聚之處，也是很難的事。他們有時就是沒有「被呼召」，於是心理分析會引導他們離開，走進世界。可是，更常見的情形是他們最初選擇專業時，確實是透過一種命運的匯聚，但一路走來已失去真誠的信仰，取而代之的是死記硬背下來的措辭和常規。

一位修士在心理分析中出現可怕的上帝經驗，我問他如果是他的同事像他一樣經驗到上帝的實相，或是發現上帝並不存在，哪一種情形會比較害怕。他回答：「他們比較會被上帝的實相嚇到，因為他們幾乎都暗中相信上帝並不存在。」但即使是對這位被分析者，我後來有時還是必須提醒他：「你總是掛在口邊的這位該死的上帝，對你而言，祂真的存在嗎？如果存在，祂對你當前的問題，會不會有什麼話要說？」他會不斷陷入舊有的理智偽宗教，「上帝」在那裡被收藏在抽屜中，要到下次講道時才會拿出來，而他人生的疑問只由自我來決定。

令我驚訝的是，我認識一位日本佛教徒也有相同的問題。他從年輕時就有意義重大的光的經驗，並成為佛學老師。他罹患胃潰瘍，不管吃什麼食物都沒有幫助。於是我告訴他：「問你自己裡面的法身〔譯註〕，你應該吃什麼，還有你應該做什麼來療癒自己。」他目瞪口呆地看著我，他以前不曾做過這種事。後來他寫信給我，說他嘗試後，得到療癒，並補充說：「我發現榮格心理學為宗教添加了現實的基礎，這是我們已經喪失的部分。」

在宗教事物中，失去與經驗基礎的直接碰觸，往往是過度因循守舊的結果，所以榮格指出，當我們過度強調基督教的歷史發展，就忽略了它裡面有什麼新東西。

我們需要的是新的起點，若沒有提出新的意義，就找不到這個新的起點。訊息只在它能創造新意義時，才是鮮活的：福音隱含基督是（人類的）本質我的意含，卻不曾明確做出基督等於本質我的結論。這是提出新的意義，是基督道成肉身或實現自己的更深階段。6

前述佛教徒發生的情形也是一樣，他的方式是對法身提出新的意義。心理分析的宗教面不外乎就是用這種方式找到新的意義，有時讓既存的宗教觀念回歸到生活，有時則轉化這些觀念。7

這就帶來心理分析一再出現的下一個問題，潛意識是「宗教的」，也就是說，它是所有原初宗教經驗的母體，但它往往不是「正統的」。許多夢和異象有時會抵觸這個或那個教義或宗教的道德戒律。例如，我遇見許多神父的夢似乎不贊成維持獨身生活，但他們離開神職後，夢卻告訴他們仍是某種隱祕形式的神父。畢竟，獨身生活只是一種修身原則，不是教義，所以有時是可以改變的。創新與傳統的維持，兩者之間應該保持平衡。榮格曾寫信給道明會的神父維克特．懷特（Victor White）：

如果你嘗試按字義解讀（天主教的）教義，你就是撇開自己，直到無人留下，能代表它的只剩屍體。相反地，如果你真正吸收這些教義，就會有創意地以你個人的理解改變它，而為它賦予生命。大部

譯註 dharmakaya，佛教用語，指究竟真實。

分觀念的生命都在它們自相矛盾的本質裡，也就是說，即使你認識它們大部分的重要性，仍可以不贊同它們。如果你完全贊同它們，就可以用留聲機來取代你了。8

這個意思是如果潛意識使一個經常上教堂的人，喜歡上某種與其教派的教義衝突的東西，他應該讓它成為個人的衝突，成為一種背負十字架的形式。直到最後，一旦他的自我，及其所有贊成和反對的意見，都死在十字架上時，就不是由他來為衝突做決定，而是他裡面的神聖聲音。正如榮格所說：雖然教會之外，別無拯救，但是上帝的恩典，更進一層。9

對我而言，更困難的是如何在一個人已經被宗教的教導折磨過，寧可把精華與糟粕一起丟掉，完全不想再與宗教有任何關係，純粹用世俗觀點來看每一件事時，還去協助他導向宗教的面向。在他不自覺的情形下，神聖面會從後面抓住他，以性幻想或錢財的貪求、權力或藥物的渴望、政治的狂熱來支配他，也就是說，他會被神明的替代品占據。所以榮格在《心理學與宗教》（*Psychology and Religion*）一書寫道，終究來說，任何支配人心、無可逃避的東西，都可以稱為上帝。

除非，透過自由選擇的道德決定，讓人成功建立一種同樣強壯而無法征服的立場，以對抗這種自然現象：人能自由做決定，不論「上帝」是「靈體」或是渴求嗎啡癮頭的自然現象，也不論「上帝」是慈愛或毀滅的力量。10

神明的替代品會使人失去自由：被占據。所以我們終究必須決定自己要為哪一個主人服務，或是這種神明的替代品，或是我們內在展現自身的上帝（如果我們誠實地努力得到關於自己的知識）。「除了在心靈裡且透過心靈，上帝不曾對人說話。而心靈了解祂，經驗祂有如心靈的東西。任何把這種觀點稱為心理主義的人，都是在否認注視太陽的眼睛。」[11]

當今仍有許多來接受心理分析的人，是在另一種「教會」長大的，就是建立在「鐵幕」以東的馬克斯主義。他們的困難很類似那些宣稱自己代表唯一真理的宗教的追隨者，這些人最令我驚訝的，就是全然壓抑女性原則和個人感受，具有嚴重的超然理智感。被感動的能力，去經驗意義或價值的能力，都消失了。對這些人而言，所有宗教字眼，比如上帝、靈魂和良心，都已經被過度醜化，最好完全不對他們說這些字眼，而要嘗試向他們傳達出，透過他們夢中的意象，他們的心靈想要展現的任何「新意義」。從某個角度來看，這些人也有其優點：他們可以用自發的新鮮感，沒有過去的負擔，來經驗心靈的宗教面，而不會因為自負的傳統感而立刻把他們的發現連結到過去的東西。我希望在這些國家中，有機會長出特別豐富的成果，就像洪水過後產生的豐收。

就像許多治療的藥物也是毒物一樣，遇見神聖事物也有非常危險的一面。其實宗教不只是某種有建設性的東西，只要想一想被燒死的異教徒和女巫，就可得知。還有土耳其人直抵維也納的入侵對歐洲的蹂躪，還有可疑的傳教活動徹底毀滅許多人的在地宗教和文化形式，使他們變成沒有根的人。榮格寫道：

宗教不必然是愛或善的，它們是神靈的強力展現，而我們沒有檢視神靈的力量。當然了，像地震或火災之類的大災難，對現代心靈已不再有說服力，但我們不需要它們。還有許多事是更醜陋的，就是人類的瘋狂，巨大的心靈腐敗無疑是真正使我們受苦最甚的原因。12

在個別的例子中，我們可以看見神聖事物在現象界運作的危險面。當原型進入意識的門檻，會發展出一種傾向，強烈吸引意識自我，迫使它的象徵內容被具體地付諸行動。如果個體沒有成功守住自己的頭腦和心，就會被占據而自我膨脹。如果精神分裂的元素出現了，他可能做出最可怕的事。例如，一位在精神病院的花園工作的精神分裂病人，突然抓住院長的小女兒，把她的頭砍掉。他解釋是聖靈的聲音命令他做這件事，如果他用象徵來了解這個聲音，就會知道它的意義其實是要他砍掉自己過度的孩子氣。具強制力的原型內容被具體付諸行動，是神聖經驗附帶的最大危險。像這個例子，神聖事物的魔鬼面得到了勝利，喪失了找到新意義和產生療癒的機會。被占據總是意味著狂熱、盲信，擁有且代表唯一真理的人，會覺得自己有打倒其他一切的正當理由。只有了解心理的意含，才能保護我們免於這種危險。神學家代表宗教的「好戰」立場，認為這是對他們的信仰真理不恰當的相對化論點，但其實不是如此，當原始的宗教經驗發生時，對於擁有這種經驗的人，這是絕對的，但如果他同時了解到，這種經驗是個人對意義的發現，他就會承認上帝或神聖事物可能也會以其他千百種形式展現自身，因為祂終究是某種深不可測的東西，只是透過人類心靈的濾鏡來展現自己。祂在此用意象和神話形式對我們說話，可是，祂「本身」到底是什麼，是我們無法知道的，至少是這輩子無法了解的。所以，這樣的人永遠不會想鼓吹自己的經驗，視之為普遍有效的真理。

這其實就是耶穌寓言的意義，他說有一個人找到埋在田裡的寶藏，就再把它藏起來，然後變賣一切，以得到那塊田地（馬太福音十三章四十四節）。擁有真實宗教經驗的人，會把它藏在心裡，不會在講壇上大聲嚷嚷，他也許會和其他有類似經驗的人談到它，知道他的經驗是上帝向他展現的某種東西，也可能以完全不同的形式或不同的內容向別人展現。因此很自然地對別人的宗教（如果是真誠的宗教）升起一股深刻的敬畏，而不需要攻擊對方。只有懷疑自己的人才會覺得一定要盡可能贏得許多愛慕者，以便消除自己的疑惑。所以榮格指出，宗教經驗不證自明，即使自我在這個經驗的同時，不曾放棄懷疑自己是否正確地了解它。榮格說：「對我而言，我較喜歡珍貴的懷疑天賦，因為超過我們視野的事物的純潔性，並沒有被它褻瀆。」[13]即使是對更廣泛的內在經驗，這種態度也能永保新鮮和開放。

心理分析發生神聖、療癒的經驗時，分析師有責任協助避免可能的負面後果：被占據和自我膨脹。這些情形通常發生在被分析者的自我或道德能力（感受）較弱的時候。夢對這些作用的預防，提供了必要的基礎。有時則是病人無法了解經驗，但這比較容易補救。

由於深刻、感人、神聖（亦即宗教）的經驗可以採取許多可能的具體形式，所以很難概括地談論它。因為這個理由，榮格在他的著作中全力描繪某些共通的傾向，是他在自己身上或他的許多病人身上觀察到的。我們現在的處境一方面是形式上仍屬基督教的西方世界，另一方面則是非宗教的理性主義科學理論，這時我們能觀察的，主要是集體潛意識的這些「暗流」。我們文化的集體潛意識中補償的「暗流」，特別會以神話的內容表現，很像煉金術的象徵系統。煉金術的神話似乎與四個問題特別有關：

（一）在群眾的統一性中，提升個體的地位；（二）提高女性原則或愛欲的價值（對女性和男性都是如此）；（三）邪惡的問題；（四）在人類基本心靈結構中，使對立面和解。

個體地位的提升

個體地位的提升，顯示在直接被上帝呼召的經驗中；或是在夢裡具有決定世界方向的地位，諸如此類。我們以一位年輕美國人如下的夢為例。

我沿著被人稱為柵欄的地方行走，從那裡可以俯瞰紐約市。我和一位不認識的阿尼瑪人物一起走路；我們都被一位男子引導，他是我們的嚮導。紐約已化為一堆瓦礫，我們所知的整個世界已被摧毀。到處都是燃燒的火；成千上萬逃竄的人在四面八方盲目的奔跑。哈德遜河泛濫，淹沒大部分的城市。這是黃昏，天空的火球向地面呼嘯而來，這是世界末日。

這是來自外太空的巨人族造成的，我看見其中兩個巨人坐在瓦礫之中，冷漠地挖起一把又一把的人群，吃下他們，有如吃葡萄一樣。這是恐怖的景象。巨人有不同的大小和形狀。我們的嚮導向我們解釋，這些巨人來自不同的星球，他們在那裡和平共處。他們坐著飛碟（那些火球）著陸，我們所知的地球其實是這些巨人設計出來的，他們「培育」我們的文明，就像我們在溫室種蔬菜一樣，現在是他們收成的時候。為此有一個特別的理由，我後來才得知。

> 我獲救是因為我有一點高血壓，如果血壓正常或太高，我就早已被吃掉。於是我被揀選來經歷這個火的試煉，如果我成功走過，就會被允許去拯救別的靈魂。我接下來看見我前面有一個巨大的金色寶座，像太陽一樣綻放光芒，上面坐著巨人的國王和王后，他們是毀滅我們星球的元凶。
>
> 我的考驗除了必須經歷上述一切的痛苦，還必須攀爬寶座的階梯，向上到達我能和國王和王后面對面的地方，這以好幾個階段發生，我開始登高，路很長，但我知道我必須去做，世界和人類的命運都依靠它。我接著在滿身大汗中醒來，我醒來後，才了解地球的毀滅是國王和王后的婚禮盛宴。

入侵的巨人摧毀一切的主題，使我們聯想到聖經的以諾書，以諾書談到天使愛上人類女性，生下巨人族，威脅要摧毀一切。在這同時，天使教導人類許多新技藝。就如榮格對此的詮釋，這是集體潛意識的內容混亂地入侵人的意識。[14]巨人是自我膨脹結果的具體化身，透過科技知識過度迅速的發展，把人類的重要性提升到「巨人的」程度。但這種負面發展仍隱含正面的背景：它向個體挑戰，要做出困難的提升，得到更高的覺察力，也就是個體化。

這種夢很容易被誤解為自大妄想的表現，但這其實不是夢者的情形。剛好相反，夢的終極功能在於幫助夢者了解每一件事都只有賴於他，所有外界的努力（比如政治或所有其他的集體努力），都無法拯救世界脫離他所面臨的處境，我們也都面臨這種處境。還有就是這個夢清楚表現出女性原則，以及對立面的結合，都被賦予更高的價值。

女性原則價值的提高

對立面的結合，比如自然與心智、光明與黑暗，在當代往往在內在景像和夢境中，被修改得很奇怪的基督意象所代表。例如，頭上長角的基督，很像古代的羊神，或是由金屬做成莫丘里的樣子，這是煉金術中的救主人物。只有加了這些特徵，基督對現代人才能有本質我完整象徵的作用。這種夢的主題也指出潛意識的興趣似乎不在於破壞我們的基督教文化傳統，而是以創意進一步發展它。

煉金術文獻一團混亂，裡面可以找到許多沒有價值的東西，同時也有最不可或缺、非常因人而異的宗教象徵。榮格一生的任務就是透過辛苦而瑣碎的工作，從這團混亂之中挑出最重要、最有意義的基本主題，把它們像拼圖一樣拼湊起來。整個拼圖究竟是什麼的最佳摘要，就是他在《心理學與煉金術》（*Psychology and Alchemy*）[15]一書的序言，說明煉金術中象徵的產生，和基督教教義一面倒向父權的傾向，有互補的關係。

> 世界的意識在歷史上轉移到男性的情形，被潛意識的幽冥女性補償了。某些在基督教之前的宗教中，男性原則已經分化出父—子的細項，這個改變後來成為基督教最重要的部分。如果潛意識只是互補的作用，意識的這個改變就會伴隨母親和女兒的產生⋯可是就如煉金術所顯示的，潛意識選擇了塞貝利—艾提斯（Cybele-Attis）的類型，以原質（prima materia）和宇宙之子（filius macrocosmi）的形式呈現⋯這進而顯示，潛意識不只是與意識心靈有相反的行動，而比較是以對手或同伴的方式修正它⋯於是

較崇高、靈性、男性的部分向較低下、世俗、女性的部分傾斜；於是在父親世界之前的母親，調整自己適應男性原則，並⋯⋯生下兒子，不是基督的對立面，而是他幽冥的另一面，不是神聖的人，而是與原初母親的本質一致的傳奇存有⋯⋯

母親—世界的這個答案，顯示它和父親—世界之間的鴻溝不是無法跨越的，能看見潛意識握有兩者合一的種子。[16]意識心靈的本質是區辨；如果它要覺察事物，就必須分開對立面，它這樣做是違反自然的。在自然中，對立面會尋找彼此⋯⋯所以本質我存在潛意識裡，特別是在合一的原型裡。在此，就像在神裡面，對立面消失了。

煉金術不時為原型的投射提供基礎，而原型卻無法順利成為基督教演變過程的一部分。[17]

女性原則價值的提高，是煉金術象徵系統的主要特徵，這個特徵也常見於當代西方文化中個人的神聖經驗。我們都知道，榮格非常熱衷於教宗庇護十二世的「聖母瑪麗亞升天宣言」（Pope Pius XII's "Declaratio Assumptionis Mariae"），他稱之為當代靈性歷史中最重要的事件。儘管神父的獨身生活、女性主義運動和女人與女性本質的衝突，已成為當代的主題，但大部分人仍看不見這一點，他們無法看見女神的原型已經被活化，而把討論的議題轉移到法律、社會和政治之類的問題，卻沒有感知到正在運作的神聖事物。相反地，神聖事物在夢裡常常變得非常明晰可見，就像漣漪表面下的巨浪。

一位基督新教的婦女在報紙上讀到教宗的莊嚴宣言，但沒有多加注意，後來做了如下的夢：她跨越蘇黎士的一座橋，走向公眾廣場，看見一大群人。有人向她解釋瑪麗亞的升天即將在此處發生。她看見一座木造平台，上面站著一位非常美麗的裸體黑人婦女，她抬起一隻手，逐漸飄向天空。

夢中看起來不像正統宗教的是裸體的部分，潛意識藉此強調宣言唯一的暗示：身體的重要。這個意象並沒有抵觸新的教義，而是進一步發展其結果。

一位也沒有很注意宣言重要性的天主教婦女，夢見許多女神父得以進入教會。這個情形也是潛意識「仔細想到」宣言進一步發展的結果。根據宣言，瑪麗亞進入天堂屬於新娘的房間，這指出進一步的發展：天上的神聖婚禮。

絕對的邪惡也是神聖的奧祕

我們今天面臨一個幾乎或可能全然無解的難題，就是如何與邪惡建立關係。在大部分的非基督教宗教中（佛教是例外），神明（或至高的神）是兼具破壞性和善良性的。希臘羅馬世界和後來的猶太教（舊約智慧經典中的猶太教），片面地強調把上帝看成至善的傾向，把邪惡從祂的領域排除，到經院哲學達到最高峰，認為邪惡沒有自己的存有，只代表善的缺乏，是善良的不足或欠缺。這種心理上的片面性迫切需要補償性的反向一擊，基督本人在說明敵基督的來臨時，預先見到這種情形。就如榮格的描述，主要是在《永恆之神》（*Aion*）和《回答約伯》（*Answer to Job*），從大約紀元一千年時，大約相當於雙魚世代的第二隻魚的時期，這個相反行動就已逐漸進行，一步一步地侵蝕基督教的教導。他在回憶錄〈後期思想〉（Late Thoughts）這一章中最後一次談到這個主題：

> 諾斯底教徒提出的老問題：「邪惡從何而來？」一直沒有從基督教世界得到答案，奧瑞金謹慎地提出魔鬼有可能得到救贖，卻被認為是異端邪說。我們今天被迫面對這個疑問；但我們兩手空空、茫然困惑地站著，甚至想不到有什麼神話可以幫助我們，即使我們有如此迫切的需要。政治情勢和科學若不能說是惡魔般的勝利，也可說是可怕的勝利，它們所造成的結果，使我們因暗藏的恐懼感和不祥的預兆而顫慄；但我們不知有何出路，很少有人能真的做出結論，認為此時的議題在於被遺忘已久的人的靈魂。[18]

榮格看見當代達到頂點的邪惡是典型的歷史大災難，很容易出現於一代和一代間的巨大變遷時刻，在我們的情形就是雙魚世代的結束和寶瓶世代的開始。我們其實都受到地球上的生命完全被毀滅的威脅，或是因為環境的破壞而逐漸毀滅，或是在世界大戰中毀滅。犯罪的增加、大屠殺的發生等等，都是一開始的警訊。這些日子以來，每一個人都在談論這些問題，卻沒有人知道該做什麼。訴諸理性，卻似乎沒有回應。就如上述引文所顯示的，榮格也沒有提出簡單的答案，但他相信每一位試圖調解自身邪惡的個人，都比理想主義的外在規劃，更能對拯救世界有更有效的貢獻。我們在此討論的不只是洞察個人的陰影，我們談的也包括與上帝（或本質我）陰暗面的對抗，這是人類無法面對，但必須面對的，就像約伯所做的一樣。

神話最終堅持認真看待一神論，撇棄自己的二元論，但不論官方怎麼大力否定，二元論仍持續到現在，在全能的至善旁邊，登上永恆的黑暗敵對者的寶座：只有這樣，「唯一的上帝」才能擁有原本應該屬於祂的完整性與對立面的結合。事實就是這樣，象徵透過其特有的性質，能結合對立面的雙方，不再分歧或抵觸，而是互相補充彼此，並為生命賦予有意義的形式。一旦經驗到這種情形，自然與造物之神的形象中的矛盾，就不再是難題了；剛好相反，上帝必要的道成肉身神話，就可以被理解為很有創意地正視對立面，以及對立面在本質我（人格的完整性）之中的結合。在本質我的經驗中，和解的已不再是對立的「上帝」與「人」，而是上帝形象本身裡面的對立面。這是神聖儀式的意義，是人向上帝奉獻的儀式的意義，光明可以從黑暗浮現，造物主可以意識到祂的創造，而人則可以意識到自己。19

所以，絕對的邪惡也是神聖的奧祕，也是神聖經驗的一種形式，只是暫見讓我們無言以對的境界。榮格的學生曾問他是否能避免可怕的第三次世界大戰，他回答這要依據有多少個體能使自己裡面的對立面和解。

我們在心理分析中常常遇見世界發生大災難的夢（就像前述的夢）；所以我們不應該立刻反駁潛意識（就是大自然本身）致力於摧毀人類的可能性。榮格考慮到這個可能性，但他的樂觀使他希望我們或許可能在關鍵時刻勉強度過，避免地球的全然毀滅。

他甚至在一封信上這麼說：「偏離神靈似乎普遍被認為是最壞、最原初的罪。」20可是，他在同一封信的別處指出，沒有任何東西不曾在某個時代被稱為邪惡的，所以善與惡只是人類相對的價值判斷。關鍵點總是在於人是否意識到自己的衝突，並能有自覺地承受它；但人不應該沉迷於邪惡已經用這種方式被消滅的錯覺。榮格指出：

我們不知道善是否多於惡，或善是否比較強壯。我們只能希望善會占優勢。如果善就是有建設性，人生就有可能以多少比較能忍受的方式繼續下去；但如果破壞性占上風，世界當然在很久以前就已步入死亡……因此，心理治療樂觀地假設，有意識的自我實現會突顯善，甚於遮蔽惡。變得有意識，能使對立面和解，然後創造更崇高的第三者。[21]

既然邪惡大部分是出於偏離神靈，這也表示重複這種偏離是無法避免的，而轉離神靈和轉向它之間的衝突，是持久的衝突，甚至是終生的衝突。因此，十字架的意象是永恆的真理，而心理分析也無法向病人保證幸福快樂，只能使人脫離人生神經質的停滯，而不是脫離人生真正的苦難。

關於這個問題，我無法談得比榮格更深入，但我在工作中，至少曾見到個別的案例，有時（並非總是）能在上帝的協助下（也就是上帝對抗上帝），解決邪惡的問題。這種成功的例子，就是奇蹟，也是神聖事物中最令人深深感動的經驗。在神性的宗教意象（亦即本質我）中，對立面共同存在；但它們不是有自覺地成為一體。這種結合只能發生在有自覺的人身上，在他們的本質我裡面，善與惡的兩面都努力邁向道成肉身，在化身為人的形式中，兩面都被減弱和人性化，於是透過人類意識的中介，就能彼此連結。本質我的認識，或說是意識的發展，就是關鍵因素。

與本質我的神祕結合

不斷出現在現代人夢中的第四個主題就是結合。就我們到目前為止的討論，可以清楚看見，這個主題與前述三個主題是密切相關的。它出現在美國人的夢，必須產生王室的結合，也出現在教宗的宣言（瑪麗亞進入新娘的房間，等待羔羊的婚禮），也是邪惡問題的答案。這塊領域表面雖然只有陣陣漣漪，卻在潛意識的深處膨脹，採取的形式是無所不在的性欲和男女關係的討論。可是，潛意識的產物與更深的東西有關，就是與本質我的神祕結合，這會被經驗為宇宙對立面的結合，且會連結到男女之間的關係，只要是比較深刻的所有認真相愛的關係，最終都會提供相互的個體化，透過這個歷程使各個伴侶成為完整。婚姻的意義顯然被視為神聖的事物，但這個滙聚出來的東西不只在婚姻裡，也在任何被視為承諾的愛的關係。經驗本身無法用乾枯的字句傳遞，榮格在回憶錄描述他在接近死亡時曾看見的這種景像。[22]但我們也在艾克哈特大師和許多神祕主義者的著作中發現關於它的暗示，往往是用聖經雅歌裡的語言表達的。這個經驗能釋放人進入宇宙的廣袤。在煉金術的象徵體系中，它是太陽與月亮結合的核心主題，[23]也是所有其他對立面的核心主題。榮格把他晚年的巨著都奉獻給這個象徵，[24]並親口說明它仍有太多意義是他無法清楚表達的。在當今的時代，只有少數人經驗到這種程度的個體化，但它也是所有較短期而表淺的意識[25]發展背後的驅策動機，也是所有深度心理分析背後的動力。心理分析中，它最初是以移情和反移情的問題表現出來的。

由於許多當代人仍不了解這種經驗，所以榮格被人以貶抑的口吻描述為神祕主義者、先知、宗教的創立者，言外之意都混雜了「不科學」的意含。如果沒有這種言外之意，我甚至會部分同意前兩種描述，因為基督教傳統的偉大神祕主義者（也包括許多東方的道家和禪師，還有伊斯蘭教的聖人）也會像他一樣談到個人原始的神聖經驗。而先知（不帶有負面的意含）則是在他的時代以原始的經驗，接收原型背景處境的洞識，使他們能預見未來的靈性發展，並對當代的誤解提出警告。第三項是宗教的創立者，則是榮格從來就不是，也從來就不想成為的人。當他的學生受到外在世界的壓力（主要來自立法專業人士），要籌組專業學會時，榮格非常不情願地同意了。對他而言，心靈必須自由跟隨其靈感，這是絕對必要的，而這是無法用瓶瓶罐罐固定住的。如果我們尋找歷史上類似的情形，榮格心理學最接近的是中國最初的道家，這是含融整體人生的智慧。道家門徒後來也形成有組織的社群，但這麼做時就相當程度的喪失了老子和莊子指出的「道」的意義。在道家和煉金術的密切關係中，我們又找到了兩個世界間的另一個相似點。

由於道家對自然科學的興趣，所以沒有被毛澤東主義排斥，這又是一種相似之處。此處的重點在於我們常常聽到所謂的榮格心理學「不科學」，其實並不完全正確，它有許多部分，比如原型及其影響、夢的理論、情結的認識，顯然能面對自然科學「嚴格」方法的檢驗，只有意義的療癒經驗、與神聖事物的相遇，因為其演變和創造的獨特性無法用統計方法來掌握，只能讓自己直接與之接觸才能證明。此外，就如榮格指出的，有些事雖然可能發生，卻不是必然發生的，若非如此，神聖原則的行動就不是自由的，就會受到自然律的限制。可是，就祂不可或缺的創造本質而言，似乎不是這種情形。榮格甚至說創造的想像是「我們唯一可取用的原始現象，是心靈的真正根基，是唯一的當下真實」。[26] 祂就是神聖原則的自身。潛意識創造的自發性的這個象徵，終究是位於任何宗教的創造的背後。

> 偉大宗教的形成，首先是有集體的迷失方向，在各地都匯聚成潛意識裡勢不可擋的指示原則（對拯救的集體渴望）。先知出於時代的緊急需要，透過內在的異象辨認出集體潛意識中有益的模式，並以象徵表達它…當情境改變，就需要新的「真理」；所以真理總是與特別的情境有關…只要象徵是真實的，就能釋出與情境相應的答案，它是真實且有效的，甚至是「絕對的」。如果情境改變，但象徵仍不動如山，它就變成偶像，只剩貧瘠無效的作用，因為它只會使我們失去意識，無法提供任何澄清或啟蒙…象徵是教誨，偶像是妄想。
>
> 象徵需要人來發展它，但它會成長而超越人，所以它被稱為「上帝」，因為它表現出一種比自我更強大的心靈事態或要素。

於是本質我會負責領導，使自我可以脫離自己的無能感。從此處粗略概述的這些要素，可以清楚看見，神聖的事物、象徵的經驗，對榮格而言就是一切，是心理分析歷程中唯一有重大意義的面向。

原註：

1. C. G. Jung, letter to P. W. Martin, 20 August 1945, *Letters*, vol. I, p. 377; cf. also vol. 1, p. 118.
2. See Jung, *Psychology and Religion*, CW 11, pare. 523, p. 341: " Healing may be called a religious problem."
3. Jung, letter to Vera von Lier-Schmidt Ernsthausen, 25 April 1952, *Letters*, vol. 2, pp. 56-57.
4. Jung, *Letters*, vol. 2, pp. 225.
5. Jung, letter to Hermann Keyserling, 21 May 1927, *Letters*, vol. 1, p46.
6. Jung, letter to Dorothee Hoch, 23 September 1952, *Letters*, vol. 2, p84.
7. Cf. Jung, CW 11, para. 148：「為了認識宗教事務，今日留給我們的可能都是心理學取向。這就是我為什麼會嘗試再次熔化那些在歷史上已固定不變的思考方式，將之注入當下經驗的模子。」
8. Jung, Letter to Father Victor White, 10 April 1954, *Letters*, vol. 2, p. 169.
9. See also Jung, CW 12, para. 96.
10. Jung, CW 11, para. 142ff.
11. Cited in Jung, letter to Pastor Damour, 15 August 1932, *Letters*, vol. 1, p. 98.
12. Jung, letter to Leslie Hollingsworth, 21 April 1934, *Letters*, vol. 1, p. 159.
13. Jung, CW 12, para. 8.
14. Jung, "Answer to Job," CW 11, para. 669f.

15. Jung, CW 12, para. 26-30.
16. Emphasis mine.
17. Jung, CW 12, para. 26-30.
18. Jung, *Memories, Dreams, Reflections* (New York: Vintage Books, 1965), pp. 333-34.
19. Ibid., p. 338.
20. Jung, letter to Rev. H. L.Philp, 11 June 1957, *Letters*, vol. 2, p. 370.
21. Jung, letter to Hélène Kiener, 14 May 1955, *Letters*, vol. 2, p. 253-54.
22. Jung, *Memories, Dreams, Reflections*, p. 294f.
23. An excellent example is in the *Aurora Consurgens*, III, in *Mysterium Coniunctionis*, CW 14.
24. Jung, CW 14.
25. Cf. Jung, "Psychology of the Transference," in CW 16.
26. Jung, letter to Kurt Plachte, 10 January 1929, *Letters*, vol. 1, p. 60.

第六章

面對潛意識的宗教態度或魔法態度

這種仔細考量的前提是以一種謙卑、誠實和單純的意識態度來面對神聖事物，可是這種態度對許多人而言是需要極大的努力的。如果少了這種努力，往往會發現自我對神聖事物有一種出於強迫而不自覺的態度，由此升起一種面對潛意識的態度，可以被描述成「魔法」的態度。

即使只是簡短描述心理分析的過程，也不可能在這個有限的架構中，呈現出夢、轉化過程和各元素相互關係的所有微妙之處。所以我只能從一個夢者的心理分析中，挑出一個占有不可或缺角色的問題，以及圍繞這個問題的最重要的幾個夢。這個問題可以描述為：看待潛意識時，「宗教」態度和「魔法」態度的對立。榮格寫道：

> 我認為宗教是一種特殊的心理態度，我們可以根據宗教的拉丁文字源religio最初的用法來說明，religio的意思是仔細考量和觀察某些被視為「力量」的動態因素，這些因素包括：精靈、魔鬼、神明、法則、觀念、理想，或是任何名稱，只要被人認為在他的世界中是強大、危險或有益到足以被仔細考量，或是偉大、美麗、有意義到足以被虔誠地崇拜和愛戴。[1]

這種仔細考量的前提是以一種謙卑、誠實和單純的意識態度來面對神聖事物，可是這種態度對許多人而言是需要極大的努力的。如果少了這種努力，往往會發現自我對神聖事物有一種出於強迫而不自覺的態度，由此升起一種面對潛意識的態度，可以被描述成「魔法」的態度。我嘗試藉由本文提出的幾個夢，想要對其中的因素傳達一種更精確的印象。

在各種社會階級中，我們會一再遇到一些人，他們的潛意識像命中注定似地強烈匯聚到異常的程度，以充滿大量情感的原型意象湧現。在這些情形中，總是會隱約浮現被潛意識淹沒的危險，但通常可以用創意為奔流而出的內容建立結構，而避開這種危險。這些人的夢往往清晰地宣示出建立這種結構的可能性，而且常常讓人想起許多古老的傳統，談到神明、魔鬼或精靈會要求人為祂們服務，履行某些相當具體的工作。這種要求常常伴隨著處罰的威脅，如果當事人不聽從，就會有身體或精神的疾病，甚至死亡。

但當事人為什麼常常無法完成這種任務呢？為什麼每一次的心理發展，意識向前躍進的每一步，總是有一個必須在剃刀邊緣做出道德判斷的條件呢？譴責別人很容易，但此處恐怕還涉及無法解釋的因素，可能是我們都還不知道的因素。在個別的情形中，夢往往會給我們間接的指示，說明是怎麼一回事。

以下的夢都是一位四十三歲未婚中學老師的夢，她來自奧地利的施蒂利亞省。她在家鄉開始接受心理分析，但因為當地心理分析師缺乏神話學知識而失敗，因為這些夢的內容幾乎都是原型的素材。她有持續不斷的偏頭痛，並不是身體因素造成的。有一項特殊症狀促使她來我這裡接受第一次心理分析，她的特殊症狀是每當學生惹惱她到某個程度時，她就會發出像動物般的可怕尖叫聲，叫聲確實立刻使學生安靜下來，但不由自主地發出如此黑暗、野蠻的聲音，卻深深嚇壞了她。她趁休假來找我時，已經處於一種極度疲累的狀態，她同時也被許多景像和夢境干擾，使她幾乎無法承受。其實我當時應該優先考慮她身體復原的需求，但難以駕馭的潛意識再也無法被抑制，我只希望夢本身會為這個幾乎從一開始就不可能解決的處境找到出路。最初的夢如下：

天使的誕生 2

我被囚禁在一個大城堡裡，城堡有一部分是活的石頭形成的。我們全都在城堡的後面；前面的部分似乎是像教堂的地方，因為我們被囚禁的原因與宗教有關。和我在一起的有我的祖父和我姊姊阿嘉莎。我們所在的石室在城堡的上半部，這是夜間，我面前的岩石形成一個開口，它後面是一道強而有力的泉水，大量的水流過，形成一道寬闊的瀑布。我很高興看見這個景象，對我有解脫的效果。

我尋找睡覺的地方，但岩石太硬又不平坦。有一道石階向下延伸到遠方，我向下走了幾步，好讓自己躺下，那裡全然黑暗，石頭又冷又濕，我覺得好冷。

我起身向前再走一點，有第二個階梯，是木造的，可以進入裡面的房間，祖父和姊姊都在那裡。我們必須往下走，我和阿嘉莎，以回應大自然的召喚。我要求祖父與我們作伴，好讓他保護我們。我穿著一件暗紅棕色的睡袍，背後的布料已開始結球。由於我很冷，所以問祖父是否需要另一件睡袍；如果他不需要，我就要加到自己身上。我以親切和最溫暖的關懷問他，他回答我當然應該自己穿上，他不需要它。

我們穿過一間很大的空房間，然後進入我母親的臥室，帷幕後面是一個夜壺。祖父帶著阿嘉莎走向它，避免她發生任何事，然後他們走回來，我走過去查看。

夜壺裡掛著一條祖父用過的衛生棉，他沒有拿走它，好讓別人知道他也需要衛生棉。接下來好像衛生棉是屬於我的，我覺得最尷尬的部分是我必須把它清理乾淨，但我願意用我先前向他提供睡袍時相同的愛的精神，來做這件事。

自從我到帷幕後面，就出現一位高大、美麗的女子。我走出來。在夜壺所在的地方，那位女子現在躺在床上，那是我小時候常常睡的地方（和母親同一個房間）。關於這位女子，我現在只看到奇妙的天使面容，覆蓋著芳香、非常輕柔的面紗，好像幽靈一樣。她說她不了解它是如何完成的（這項成就或轉化）。她旁邊出現一個相當小的聖人形體，在它後面是帶領她、引導她的天使。兩個人物都有鮮明的色彩，由許多部分組成，好像教堂窗戶上的人物。我看著幽靈，然後了解了！我說，我認識它。（背景想法：透過天使的引導！）

這時，我的祖父噁心想吐得很厲害，他好像已從我母親的床上起身，坐在床前，傾身靠著床頭櫃。他哭著說他必須死，並補充說：「我從來沒想到這會是我們最後一次一起散步。」我以最親切的態度靠近他，並請阿嘉莎打電話找醫生。我最想做的是跪下來，用雙臂圍繞他。我輕撫他的臉頰，親吻他塗了口紅的嘴。

夢者來自農村的背景，六歲就成為孤兒。她的父親不幸死於戰爭，沒多久，母親也過世了。小女孩被親戚撫養，但沒有人與她親近。她唯一的情感放在一隻母狗身上，她常常依偎著牠入睡以得到溫暖。她的姊妹們也被別人收養，這個夢中出現的姊姊阿嘉莎在很久以前死於癌症。出現在夢中的祖父也在很久以前過世，所以夢者在這裡其實是被兩位亡靈帶領，向下降到潛意識深處的召魂儀式。不難在這些「精靈」中辨認出榮格心理學所說的陰影和阿尼姆斯；也就是說，姊姊代表自我陰暗、未知的一面，而祖父則代表不自覺地對待潛意識的靈性態度。

城堡或岩石中具有宗教意含的洞穴，都是著名的原型象徵，表示要成為自己時，不可避免會有全然轉向內在的痛苦，現在這顯然已變為必要的。這個主題使我們想起艾斯克列普斯（Asclepius）和其他療癒之神或古代志願被拘留以服侍神的人的孵夢室，「囚禁」也被視為「占據」，也就是成為幽冥神靈的奴隸。個體進入這種囚禁是為了透過夢，被接納進入他所崇拜之神的奧祕。[3]

泉水是這個意象的一部分。就如梅爾（C. A. Meier）在他的書《醫藥之夢》（*Der Traum als Medizin*）[4]中顯示的，泉水或人造的水流常見於所有療癒之地或其附近。他說：

> 在艾斯克列普斯的方法中，水的影響力很大。這些泉水和水池從來就不是什麼礦物水或溫泉水，它們只是單純地屬於幽冥之神艾斯克列普斯，完全就像他的蛇一樣，泉水單單透過它與神明的關連而成為療癒之泉。所有幽冥之神的聖地附近都有泉水；……即使是古代療癒之神的基督教繼承人，施行療癒神蹟的聖人，在他們的教堂裡也幾乎都有泉水。[5]

在這些泉水中沐浴就等於得到潔淨，甚至有內在重生與結合的洗禮性質，亦即內在得到合一與完整。[6]

心理學上，泉水的意象表示在潛意識深處可以重新找到生命的水流。不論一個人是真的充滿活力或是像死人一樣了無生氣，這畢竟都是主觀的心理感受的問題，其依據是一個人是否在潛意識心靈能量之流裡面移動，或是切斷了它。

夢者覺得很冷（冷到凍僵），她穿著磨損的睡衣，衣服不夠暖。這表示她對潛意識的態度是疏忽的，不夠「溫暖」，所以是不夠的。於是她向祖父借用睡衣，也就是試圖採取祖父對潛意識的態度。這位祖父是她母親過世已久的父親，她只知道他過去使常用「黑魔法」，而群眾常常在夜間到他家門前聚集，唸咒召喚魔鬼：「這些人常常聽到魔鬼喋喋不休地說話。」夢者本人對這種事很有興趣，她曾閱讀艾利費斯．列維〔譯註一〕的著作，顯然深受影響。可是，這是危險的事，她不願談太多。祖父顯然是這種對於深處力量的「不純潔」態度的化身，是必須被淨化的。他以陰陽人的形式出現，這是完整性的象徵，但帶著一些怪異的部分，[7]因為在他身上，兩種元素在適當地兩極化分開之前就結合成整體，這種情形是對立面仍依附在一起，而不是新的對立面的結合。

祖父這個人物在本質上包含夢者最主要的問題：在她裡面，意識和潛意識、自我和「他人」以錯誤的方式聯繫，這種方式可以被描述為魔法，而不是宗教。魔法是有一部分被潛意識占據，夢把這種情形描繪成魔法師—祖父吸收了實際上屬於自我的女性面。阿尼姆斯就像潛意識的魔法師精靈，透過讓自己得到這個女性特質，而占了上風，結果不只是支配夢者的自我，甚至在這種情形下，女人再也不知道正在感受或相信某件事的，究竟是自己還是她的阿尼姆斯，因為阿尼姆斯的意見具有與她自己完全相同的

譯註一　Eliphas Levi，1810-1875，法國神祕學作者。

內在感受。此外，女性的感受和男性的暗中計算與計畫，也不恰當地混雜在一起。

藉著讓她一部分的自我被潛意識吸收，而產生一種對潛意識含糊不清的認同，使夢者表現出相當程度的靈視能力和顯著的通靈能力。可是，接下來會發展出一種隱含著傲慢和詭異混合起來的假性優越感，以及關於潛意識的錯誤「知識」。這種知識的基礎建立在潛意識占據了意識，也就是以潛意識中非個人的「知識」為基礎，以潛意識模糊不清的光亮為基礎。就如榮格所說的，潛意識確實具有某種擴散的意識性質，[8] 被潛意識情結占據時，自然會有一部分潛意識可被自我運用。這確實能帶來某種靈視的能力，代價卻是失去意識領域的明確界限，或是缺乏清晰的感受。這裡的情形屬於後者，夢者對自己的感受有很奇怪的不確定感，也很容易改變，她的心不時落入冷酷、多疑的掌控，也就是魔法師—祖父的掌控。相應於她的外在生活，她會不斷落入冷酷、計算的男人手中，他們濫用她的愛人能力，不肯給她不幸福童年以來最需要的東西：真誠的溫暖和情感。

母親臥房裡便盆的污染代表這種無益的性經驗。可是，本質我也在那裡誕生，在排泄物中找到的！夢者在母親的臥房來到世界，最初也住在那裡，那裡象徵內在的出身地，以及女性本能的範圍。當夢者決心在那裡創造乾淨的狀態，「高大、美麗的女人」出現了，這是本質我的意象，就如榮格所說，是更崇高、更含融的人格的化身，是內在完整性的化身。這位「美麗女子」來到夢者本人進入世界的地方，這個地方瀰漫著成為個體之人的奧祕。

但這個偉大的內在人物完全不知道自己的存在；它非常需要自我，藉著把自己經驗為自我，而意識到自己。自我就像本質我的眼睛，只有它可能看見和經驗本質我如何進入存有。接下來可以看見這一點，夢的下一個意象是兩個相連的人物：天使引領著聖人。

聖人這個人物重現「美麗、高大女子」的主題，再次代表個體化的宗教人格，是夢者可以成為的人，只要她接受天使的引導。天使是神的使者，後來的夢就更清楚了，將有一個崇高的人物正式宣布：「潛意識為自己穿上天使外形的衣服。」所以天使是潛意識本身的奧祕，是靈魂或心靈原初基礎的神聖奧祕，夢者應該讓自己接受他的帶領。

這些人物有窗戶玻璃片組合起來的外觀，代表「聚集的靈魂」的主題。本質我是多面向的合一體，是許多外在和內在元素合起來的整體。9在這一刻，夢顯然要求夢者有一種謙卑的宗教態度，所以就是在這一刻，她裡面的魔法師精靈會非常想吐，因為兩種態度是不相容的。魔法師會支配和利用潛意識，表現得好像是他透過自己的知識完全控制它，然而事實上，他至多像我們其他這些人一樣，只能瞥見一點點憑直覺才能領會的象徵性關聯。

這時，夢者的整個處境仍然非常不安，她的極度疲累讓她很難燃起希望，即使只是寫下如洪水湧來的夢中意象，往往也是她無法承受的。可是，經過幾個較屬個人的夢之後，又出現一個夢，似乎給了我如何進行下去的訊號。

心理學圈子裡常聽到這種說法，如果有潛意識大量湧現的危險時，心理分析師應該採取壓抑的方法，或是不會刺激潛意識的方法。依我的經驗，並不必然如此，因為潛意識本身常常向我們顯示它受到控制的方式，也就是說，如果能正確了解夢的微妙意義，在大多數情況下，潛意識本身建議的方式比較具有說服力，遠遠超過分析師自己想出來的辦法。在我們的例子中，出現下述的夢。

泉水

我站在沙漠裡，他們正在挖掘找水，一位男子用鏟子挖，他似乎非常精明而高人一等，是一種「教授」。另一位似乎正從下往上工作，兩人突然相撞，結果一個人的臉貼在另一人的臉上倒下，這看起來很好笑。下面這個人有一副鐵製的臉或面罩，上下似乎交換了位置。突然間，情境完全不同了，過度豐沛的水必須趕快被舀出來，以免洪水氾濫，同時把水引到羅馬城。許多黑人在教授的指示下工作，我的女友艾貝塔帶著一個漂亮的綠色容器抵達，我們幫忙把水舀出來。教授鼓勵我們，用木棍在我屁股上開玩笑地打了一下。但接下來，教授送我離開，我應該在床上躺一會兒休息。在這同時，別人會繼續為我工作。

這個夢立刻給了我一個有益而實用的訊號，我建議夢者就像夢中的指示一樣，只要一直躺在床上，偶爾起來接受心理分析就好了。至於其餘的部分，我只是繼續根據一般的原則詮釋她的夢，這個解決方式後來證明是適當的；如洪水湧出的夢結束了，夢者並沒有崩潰或脫離現實。她長時間躺在床上，得到良好的休息，讓她擁有一種平和、沉思的心境。我後來才知道，她被忠於職守、像暴君一樣的阿尼姆斯驅策，很容易持續不斷地強迫自己過度努力；所以這次臥床休息出乎意料地非常有助於減輕阿尼姆斯造成的這種負擔。

此外，關於潛意識的一部分進入意識時所發生的神祕過程，我認為夢可說是這個過程令人印象深刻、近乎典型的代表。

重點在於我們用象徵和概念的輔助來「解釋」潛意識，而這些象徵和概念本身來自相同的原始基礎，就如煉金術士所說的，以及榮格不斷指出的，是以更未知的東西來解釋未知的東西。出自潛意識的象徵意象，根據其性質來看，指涉的就是原本屬於潛意識的素材，[10] 所以「每一種詮釋仍只是一種近似值」[11]，每一種詮釋只是一個「潛意識核心意義約略的特性描述」[12]，所以本身是「神話的新衣」。但這個過程必須被經歷，使文化的意識能接觸到潛意識的本能基礎。[13]「教授」顯然代表企圖吸收潛意識內容的理智途徑（戴著鐵面罩的男子則是內在深處產生神話的精靈的化身）。暫時的角色轉換，一方面顯示出雙方的自然親和力，但另一方面，也可以用魔法的危險來詮釋。如果潛意識的精靈吸收了詮釋的精靈，結果就會是一種既傲慢又神祕的偽詮釋，以及憑直覺所以為的「新」神話的「宣佈」。最近以來，這種事受到許多神話學學生高度的推崇；也被各種半神祕「運動」所推崇，這些半神祕運動忽略人類有自覺的取向，也忽略以自覺的方式觀看事物。教授和精靈的差別就在於其中一個是人類，另一個有一部分不是人類。

即使是今日學術界的神話學研究，也再次發展出一種傾向，讓象徵自己說話也說明自身，增加更多象徵，卻不參考深度心理學的基本參數。我現在想到的這一類研究，有默希亞·伊里亞德、許瓦布（J. Schwabe）等人在《象徵》（*Symbolon*）和期刊《安提俄斯》（*Antaios*）中的文章，這些研究讓自己冒險迷失於不受控制的放大，使每一件事最後都可以成為任何其他的事，結果就什麼都不是。他們欠缺的是具體的架構，以及在象徵系統本身之外的阿基米德支點。這個架構必須是人類的個體，因為象徵是從他或她的心靈產生的。所以，我認為漠視潛意識心理學的象徵研究，是毫無意義的工作，它必然導致研究者被象徵支配，而結束在冰冷無形之中，因為它遺漏了素材中身為「基本結構元素」的人類個體。

此外，今日的新薔薇十字會、人神同性論和「魔法」運動，都想在不考慮深度心理學的情形下，使我們與象徵的關係成為可能，他們拒絕深度心理學，因為這樣可以讓他們用直覺和理智玩弄這些內容，而不需要引起任何與個人有關的後果。

夢者支持這種對待象徵的取向，因為以這種方式，她可以逃脫悲慘的真實人生，進入神祕的魔法世界，在此沒有道德的抉擇，也不需要做出任何其他種類的決定。她只是不冷不熱地與我建立關係，聽我試圖把所有夢的詮釋都連結到她自身生活目前的狀態，而鐵面男子暫時得到的優勢，表示她有時會讓自己沉浸在她的情緒和意象之中。但感謝老天，在她的夢裡，混雜的情形只是暫時的，「教授」可以再度得到上風。

可是，接下來是潛意識洪流泛濫的威脅，就如夢的敘述告訴我們的，內容都指向「羅馬城」，也就是指向宗教的內在核心。[14] 享受從深處湧現這種寶藏的狂喜的，並不是自我；因它而生氣蓬勃的是內在的中心，本質我。

夢者對黑人的聯想是「像社會階層低下的人一樣勞動」，這確實是黑人在夢中做的事，他們服從教授，再次體現出對內在世界單純謙卑的奉獻，這總是由勤奮認真的自我工作引發的，這種自我工作不只是為了得到一點憑直覺而有的潛意識內容，更是要吸收這些內容不可或缺的本質。

這一套關係中最重要的象徵是美麗的綠色容器，被夢者的女友艾貝塔拿來舀水。夢者是內傾直覺型的人，她的感官功能，也就是她的現實功能，就像這類型的人常常有的情形，是原始而強烈的，但只是局部的，像孤立的海島，而且是自行作用、無法控制的。所以她與金錢和服裝方面的事物有很好的關係，她處理得太好了，卻忽略她的身體飲食和睡眠的需要，從來就不會把自己住的地方安排得舒服一點。劣勢功能處理外界的關係通常都很吃力而含糊，它特別有價值的部分是與潛意識的關係，因為它仍擁有原始的自發性，而有助於掌握潛意識的內容。攜帶容器的艾貝塔也指出這個方向，因為根據夢者的說法，她是單純、「務實」的女人。此外，容器也讓人想起聖杯的象徵作用，[15]它的功能是至高的女性象徵，代表本質我，這是有能力領會神聖原則的心靈要素。所以對夢者而言，它清楚指明要把她的自我帶到平靜的沉思狀態，然後讓她裡面某種單純而自然的東西自發地把潛意識內容傳遞給她。

戴著鐵面罩或是鐵面的男子絕對值得我們仔細檢視一番，他是原型的主題，可見於煉金術，也見於格林童話的「鐵漢斯」。鐵人在煉金術是戰神的化身，且被帕拉塞色斯的追隨者亞當．馮．勃登斯坦（Adam von Bodenstein）認為是事物的原初本質，而盧藍德斯（Rulandus）則把他比作帕拉塞色斯說的阿爾求斯（譯註二），這是潛意識的化身，如榮格所證明的。[16]根據盧藍德斯的說法，戰神是個體的塑造者，也就是榮格所說的狹義的個體化原則。帕拉塞色斯在《生命永恆》（*De vita longa*）一書，以下述的話描寫他：

譯註二　Archeus，煉金術用語，指掌管所有生命成長與延續的星界裡最低下、最濃密的面向。

> 他從前額散發出來，他來自天體（corpora supracoelestia）；因為這正是天體的性質和本質，可以從空無產生物質的幻想影像（imagnationem corpoream），且被人認為是堅實的身體。戰神就是這種本質：當人想到一匹狼，狼就出現了。世界就像是四種元素產生的受造之物。從這些元素產生的東西完全不像其來源，但戰神裡面包含萬物。

榮格詮釋這段文章時談到，戰神的出現就像前意識的創造塑形力量。布里克森（Johannes Braceschius von Brixen）與帕拉塞色斯大約是同時代的人，他把戰神比作古神話中的魔王（Demogorgon），是所有異教神明的始祖。「他是大地之神，可怕的神，也是鐵。」占星學中，火星代表人類的自然驅力和情緒作用。[17]這些驅力和情緒在哲人石裡的馴服和轉化就是煉金術的目的。

這位夢者的情形也是如此，強烈的情緒和感情匯聚在羞怯、溫和的表面之下。這有一部分是特別與創造有關的問題，我們在接下來的夢可以看見其關聯。她的「戰神」的強大想像力與魔法有關，正如引自帕拉塞色斯的文章所清楚表達的。

「鐵漢斯」的童話可以找到相似的人物，他在那裡是「野人」，或是隱藏在池塘裡的惡魔，但其實是被咒語束縛、等待被拯救的老國王。他在森林裡擁有一道泉水，可以使所有浸入水中的東西變成黃金。身為「老國王」，他代表靈性的法則，原本掌權，卻由於某種原因被罷黜，貶抑到邪惡精靈的層次。這不但與煉金術有關，也與基督教之前的德國宗教傳統有關，特別是與瓦坦有關。鐵漢斯身為黃金水泉的守護人，可是從煉金術的自然哲學認為物質具有隱藏神性的角度來看，他也是具有魔法本質的精靈。[18] 可是，在他身為鐵惡魔的未被救贖的狀態裡，他也代表未被馴服的野蠻攻擊性和情感作用；因此，就難怪夢者在第二次世界大戰期間發展出國家社會主義的傾向，不過，感謝老天，她沒有從外在實現這種傾向，只是有輕微的同情。

這個惡魔顯然與夢者尖叫的症狀有關，尖叫的症狀其實是自動爆發的野性。我和她討論這些關聯，把它們提升進入意識之後，她做了一個夢，夢中有隻野豬在學校後面的校園釋出有如雷聲的怒吼，出現一位獵人射殺野豬，然後夢者看見死去野獸的腹部散發出奇怪的金色閃光。這使人聯想到瓦坦名為金鬃的野豬。夢者返家後，尖叫的症狀再也沒有復發，這個事實必然使我們假設這個夢代表鐵面具裡面的靈性——宗教面向和其他相關的內容被帶入夢者的意識後，就戰勝了自動爆發的情感。可是，夢的這種主題也顯示魔法、異教信仰和當代錯誤的政治信條仍以隱藏的方式直接與未整合的宗教內容有關，舊的瓦坦，還有獵人、鐵人、野豬等等，仍然縈繞在德裔人民的心理背景之中。

綠色容器的顏色與感官功能有關，表示它是夢者透過實際可行的方法整合有如洪水湧現的潛意識素材所必須的，這些方法違反她的意願，因為她比較喜歡把它用來得到狂喜、直覺式的心靈飛翔。她顯然輕視人生中所有小規模、簡單的問題，總是想要像德國北部著名童話中與野兔賽跑的刺蝟一樣。刺蝟把妻子放在終點線上，當野兔氣喘吁吁抵達時，她就嘲弄地大喊：「我已經到了！」這是直覺型的人喜歡做的事，把自己分裂為二，他的一部分，就是直覺的部分，已經抵達終點，卻忘了另一半仍蜷伏在起點的塵土裡，或只走了幾公尺的路！

接下來的夢描述了這個問題，由於這個夢的複雜和冗長，所以下文的第一段和第三段都經過濃縮。

一、夢者最初看見許多動物受到折磨，被綁在沉重的戰爭機器上，被迫拖動它。接著她和她其中一位姊姊嘗試從一隻貓那裡救回火腿三明治，這個姊姊代表她注重實際的陰影。她把三明治和貓一起帶到廚房，裡面有位不知名的女性，加上她姊姊、她自己和貓，在餐桌前各就各位。後來她懷疑自己的夢可能不應該被發表。

夢的這個部分先是顯示夢者有多麼壓抑她的自然本能，然後對問題提出解答：形成四個一組的團體，做為她人格整體的象徵。同一夜接著出現夢的另外三個部分。

二、我在一艘船上，船員非常友善。我們繞著一座峭壁的弧面航行，遲到的人坐著一艘橡皮艇跟著我們，我們停在陸地上，讓他們上船。我們必須等一會兒才做這件事。我們接著在乾地上以完全正常的方式航行，船為此已裝備齊全⋯接下來我們再次進入水中。

我們在水上滑動，時值夜晚，接下來我們在右邊的峭壁上看見某種奇怪又神祕的東西：峭壁中間的高度有個架子，上面站著許多鳥，分成兩組，每組有三到四隻。牠們的大小有如人類，像人一樣直立，且戴著人的面具和假髮。一組是白色的假髮和臉孔，另一組是黑色的。牠們的身體有鳥的特徵：翅膀等等。一邊是白色的翅膀，另一邊則是黑色翅膀⋯我們吃驚地看著牠們。這個景像彌漫著一種神祕的氣氛，群鳥扮鬼臉、說閒話，好像用人的聲音向彼此唱歌，並做出相應的熱切姿勢和表情。看起來很怪異，好像一齣神祕劇。我對旁邊的人（一位女性）說：「人發明戲劇已不再讓我驚訝，他們是從動物（從自然）學來的！」

我旁邊的人（比我陰暗）突然發出噓聲，群鳥騷動，注意到我們，接著立刻轉回自然的鳥類，並怪異地用力拍動翅膀，飛離我們。牠們不想在這場遊戲中被看見。這個噓聲冒犯了牠們。

三、在一次心理分析中，夢者嘗試讓一個說溜嘴的錯誤顯得不重要，之後她在夢中必須登上一艘船，但就像典型折磨人的夢境一樣，她趕來趕去，卻一再延誤時間。她先是被一位熨衣服的女子拖延，但這位女子用魔法奇妙地更新了她待洗的衣服；接下來是她必須繞過一大堆衣服；再來是陪著她的女心理分析師親切地向一位單純的女子打招呼，使對方非常開心，但夢者本身卻因為浪費時間而不高興。然後夢者向一位女僕打招呼，分析師對女僕很不高興，最後，根據女僕的建議，夢者在火車軌道的迷宮中迷路了。

整個過程中，她都知道這個晚上必須參加一場宴會，這是她趕時間的原因。在火車站裡，她來到一個「傾斜面」，由這裡滑入雪和冰，進而在鐵軌和階梯之間迷路。夢者的敘事繼續如下：

一路往後走，我來到一道在岩石裡的門，我打開它，看著石穴裡面，後面流動著特殊而有重大意義的水，來自我視野之外的強大泉源。它是一種大自然的奇觀。洞穴被一位女性看守，她認為我應該來看看洞穴，但我說我沒時間，我必須趕快上船。她陪著我，向我指路。我們仍有一大段路要攀爬；接著我們站在碼頭上。一位渡船業者站在那裡提供訊息：河結凍了，但冰被打碎了。我詢問開到甲地的船是否已開走，[19]他說是，並解釋冰被打碎，好讓船能啟程。我詢問另一艘船是否正要啟航，他說下一艘要到八點才會離開，[20]那是一艘警察船，[21]但他認為他們會讓我上船。可是我最遠只能坐到乙地，然後必須走到甲地；那麼我就會太晚到達，而它在夜晚會關閉。當時已接近半夜，[22]許多人說十二點之後，就嚴禁上街。所以我沒有別的選擇，只能打電話到甲地，告訴他們我不會過去，然後找到地方逗留。當時是聖誕夜，我卻必須整晚留在「達姆施塔特」！

四、我的兄弟已完成一點手工藝計劃，這個計劃代表某種有意義的東西，是象徵的計劃。一位女性手中握著它，正在解釋它。有一些樓層或層面，每一層都有一項特別的展覽。她解釋時，說了一句義大利話，然後以莊嚴的語氣說：「潛意識接下來採取天使的外形⋯⋯」，下面一層是一把很大的刀，中間綁著包裹起來的把柄。女子繼續說：「潛意識，避難之處，不會被人撕裂或切開。」

夢的第一部分的結尾談到發表夢的念頭，我認為似乎代表潛意識企圖提出一個想法，要夢者利用她內在意象的豐富來源來當作家。這個主題在第二部分演戲的鳥得到進一步的發展。這個意象的意義不言而喻，並特別顯示出我們的藝術靈感終究是出於我們的潛意識本質，而不是我們常常以為的出於自我。船是名符其實的酒神式「戲劇之車」，在生活的這個藝術層面，船代表直覺的運用，可以航行通過現實的所有障礙，這艘船在正確的位置。另一方面，橡皮艇上必須等待的人是夢者人格中「遲緩」的元素，刺蝟仍坐在起點。這種劣勢的現實部分用粗俗的「噓聲」干擾群鳥。它是「寫作沒有收入」、「太累人了」、「沒有人會讀」、「這是浪費時間」等等考慮的化身。這是夢者不斷扼殺自己的創作衝動。同樣地，她曾經非常成功地為學生寫出不同的聖誕節短劇，但創作活動卻一直必須一絲不苟地完成，而不考慮個人的成就或金錢的回報，就如「諸天群鳥」所做的，而有一個氣量狹小的陰影元素會一再阻撓她有所成就。

這就是為什麼這個「現實」的陰影元素會成為夢的第三部分的主題，且有一部分會以正面的形式出現，比如熨衣服的女人和一位單純的女子，但也會以破壞的形式出現，比如女僕，把夢者送入混亂的軌道和「傾斜面」，並暗中破壞她對心理分析師的信任。但這也是她找到深處泉水之路的方式，泉水被一位本質我的化身守護著。但她不想留在那裡，而是找尋「宴會」的地點，[23]她在迂迴繞路之後，又回到自己的深處，因為夢者對「達姆斯塔特」這個字的聯想是「內臟」和「城市」，所以是「內臟之城」，所以上帝誕生的神聖節日聖誕節發生在身體裡的黑暗洞穴，是情緒所在之處，在她自己的內部。接著是有創造力的手工藝者收成了，然後另一位尊貴的女性人物，她是本質我的意象，警告夢者不要用理智切斷潛意識，而是要給它天真而謙卑的宗教外形（就如手工藝者所做的一樣）。

她總是用時間不夠或疲累來逃避創造力的問題，這個問題甚至公然表現於後來的夢，夢者在夢中發現作家卡爾在廁所睡著。廁所是產生「創意」的地方，排泄物的整個象徵作用在夢中往往指向創作的問題。它對精神分裂患者扮演了特別重要的角色，就如榮格常常指出的，精神分裂的病人若要被治癒，就只能把病人帶入一個結構裡，且這個結構能以創意來組織壓迫病人的內容。我們無法透過物質成功的野心和渴望來促成這種創造力，我們只能用「看在上帝的份上」這種方式來得到創意。

林內・加迪〔譯註三〕在他寫的好書《賽皮克》（*Sepik*）中描述那一區的原住民如何完成房屋的建造。首先是「世俗」的建築工人工作，而未來的屋主就不准進入。然後輪到藝術家，這些藝術家形成一種祭司階級，他們在房子中心用精靈和神明的形像製作圖騰柱，接著最後是由施行儀式的其他祭司使房子神聖化。屋主要到第四階段才進入房子。這裡很明顯可以看見，藝術是完成宗教任務的原始心靈現象，代表「仔細考慮到超越力量」的面向，相當於祭司的唱誦、禱告和儀式。為神靈賦予形體是一項「神聖」的任務，必須是為了神靈自己而形成的形體，而不是根據藝術家的品味或心情。[24]

這也是在許多情形下，潛意識向意識要求的創造力的藝術；潛意識要求工作的完成是為了潛意識本身，即使世界永遠看不到完成的產品。但這假定了一種慷慨的態度，並不是某個不明確的女僕的社會野心，而是手工藝者無私的愛。如果沒有接納我所謂的「有創造力的失望」，這也會行不通。即使是最有天賦的人，也必須不斷與經驗協調，因為與他內在之眼所看到的相比，完成的產品雖然是用一切的愛與奉獻形成的，卻仍只是令人傷心的不完美的再現。可是，許多人不接納這種失望，他們不願意犧牲自己內在所見事物的壯麗，他們不願意放棄這個部分，於是他們無法謙卑下來，以至於幼稚到繼續欺騙下去。依我的經驗，這與隱藏的自我膨脹有關，自我膨脹阻礙創造力的方式很像「魔法」的心境對宗教的阻礙，其實這根本是同一個問題。自我已然過度膨脹，本質我已被吹散，所以自我無法像正面的對立極來幫助潛意識。基本上，我們在面對潛意識現象時，並不想接受自己其實是既愚蠢、幼稚又無助的，我們也不願意從一切開始的地方開始，就是從宗教開始，從為了神聖事物本身而仔細考慮它來開始。

下述的夢以露骨的方式表達這一點。

女巫的廚房

一、蘇黎士湖非常美麗而多采多姿，大城市圍繞著北岸，同樣的地方，升起一座奇異的童話城堡，這個影像立刻消失了。

二、兩位已訂婚且想要結婚的年輕人在漫遊：年輕男子要我寫信給他愛人的父親，請求允許他娶她。我接受這個要求而寫信，但由於我不確定，因為他認為我很笨拙，也因為這個任務很令我尷尬，所以我向兩位年輕女孩讀出信的內容，徵求她們的意見。她們有點輕蔑，彼此微笑嘲弄我，她們認為這根本不關我的事。信還算令人滿意，但我也告訴年輕男子，他可以自己寫信。我補充說我們常常習慣嘲笑情書，許多人想要拿到情書，只是為了好玩。

三、在艾隆的一個房間裡：準備舉行黑魔法的儀式。除了我之外，還有艾隆太太、梅爾太太（一位稍微神經質的女士，是艾隆家族的老朋友），還有（第二部分裡的）年輕女孩中的一位。艾隆太太準備舉行儀式。我和年輕女孩坐在沙發上；我們以旁觀者的身分參加。

那裡有一種爐子，裡面很亮，可能是一種無形的火。艾隆太太把所有東西準備好，放在爐子旁，開始處理它們。梅爾太太協助她。她說：「你們（我是其中之一）將要體驗到聖母瑪麗亞也只是一種女巫

譯註三　René Gardi，1909-2000，瑞士作家。

的幻像！」換句話說，行動的目的是召喚聖母瑪麗亞降臨調製好的魔法基質。梅爾太太說完這些話就離開了。

我的膝蓋上有三本不同大小的梅舍利爾〔譯註四〕的書，是燉煮基質時，我應該要讀透的。艾隆太太告訴我，我應該打開最大本的書，上面有題字：梅舍利爾……？（聲音尖銳的字眼，是扭曲呢？還是大師？）我打開書，裡面有許多很特別的彩色圖片，它們把自己投射到牆上變大了（或是有個放大鏡？）。它們描繪像鬼魂一樣的黑色和灰色的人物在戰火之中交戰；那是敵人為他們準備的地獄。顏色有火、藍綠色和黑色。我心裡想著，梅舍利爾在這裡呈現出敵人、別人、只有另一方的殘忍，但與他同一國的人也對那些人做出同樣的事。還有其他混亂的圖像被呈現出來。

在這同時，艾隆太太走向廚房另一角落的壁爐，以完成施咒召喚神靈。火焰燃起，照亮整個角落。魔法基質在一個圓形容器裡，容器浸在水中，也就是在另一個大型圓形容器裡。它主要是蛋組成的（和別的東西混合），看起來好像速成布丁的材料。浸泡的水懸吊在火上，上面有一個敞開的玻璃燈罩。每一樣東西都被火光照得很亮。艾隆太太站在它前面，攪動基質，大聲唱出召喚神靈的咒語。

我移到她後面，我覺得奇怪又害怕。我試圖使自己鎮定下來，而說唸咒的畢竟是艾隆太太，我只是觀察。我仍然質疑我是否一定不會受到傷害。被召喚的只是聖母瑪麗亞，並不是上帝本身。我接著了解聖母瑪麗亞是上帝的母親，所以包括了上帝或身為神子的上帝。我想到黑彌撒，聖母瑪麗亞當然不是最神聖的人物，但她是神性的一部分。我覺得害怕，想要逃走。

羅勃特先生出現了（他是我第一份工作的學校校長；他不相信黑魔法）。基質已經開始變成膠狀；

很快就做好了。整件事要能成功，似乎一定要有魔戒在裡面（一只金色的戒指）。我為了安撫自己而認為它不在那裡，但羅勃特先生回答：「戒指在裡面。」

這是高潮的時候，我和羅勃特先生走出去。我們一起討論黑魔法，他懷疑所有這一切的事。我告訴他，黑魔法非常危險。他回答：「還好你身上並沒有發生任何事！」我回答：「已經發生了！」我想到我做夢時兩度強烈地瞥見無形世界。羅勃特解釋，我的本質非常脆弱。我確認了這一點。對，我很容易被攻擊，有些人感覺不到這些事，可是，有些人只要犯了最微小的錯，他們的覺察力只要滑落一點點，就立刻造成電擊（好像被電流造成的強烈情緒）。接著我告訴他，潛意識的每一次誤用就已經是黑魔法了。

我們接近一扇關閉的大鐵門，我們要穿過它，去一個有許多人的聚集或集會。

四、坐車的路上，我和我的朋友林納爾太太在一起（她已婚，對生活的實際面有很好的判斷力，具有深入的宗教本質，對所有哲學和宗教問題都有興趣，是虔誠而常上教堂做禮拜的人。）有一個彎道很陡的岔路（三個方向）。車子會從兩個方向過來，他們要想辦法讓彼此都過得去。我們就在岔路口，一輛大車開過來，林納爾太太倒車離開原來的路線，進入彎道旁的小區域，用車子畫出一個圓圈。

夢者對蘇黎士湖的聯想是她現在的心理分析師，分析師確實曾帶她到湖邊，第一部分城堡的出現就

譯註四　Masereel，1889-1972，比利時的荷蘭語系畫家。

像本質我在幻覺中的吉利預兆。除此之外，大家都知道城堡是聖母瑪麗亞的象徵，所以也連結到夢的第三部分。

夢的第二部分描述一對戀人嘗試在一起，這是內在的結合或對立面的結合，夢也顯示夢者如何被認為應該為這種結合採取積極的態度，卻受到咯咯笑的青少女型的陰影人物的阻撓。她顯然無法以宗教的態度服務神明愛洛斯〔譯註五〕：輕佻的自我中心元素在此也進入了，某種幼稚的東西非常嚴肅地阻止她接受愛的經驗，同時也阻止她接受身為女性的自己。

這個失誤導致夢的第三部分的怪異意象，女巫的廚房。艾隆太太是夢者的舊識，是共產主義的狂熱信徒。梅爾太太就如先前說的，是神經質的婦女，也是艾隆夫婦的朋友。此處的夢告訴我們，從靈性觀點來看，共產主義屬於女巫的廚房。聖母瑪麗亞以「女巫幻像」的形式產生，顯示宗教在陰影領域的全然扭曲：有一個人類擅自控制神聖人物，把他們當成客體，但其實早在她的自我存在之前很久，他們就以原型出現，而且是向自我提供各種關於他們本質的觀念的最初來源。

召喚神靈時，夢者被認為應該看著梅舍利爾的作品。夢中的場景很容易讓我們想到他知名的「死神之舞」（Dance of Death）。根據夢，這是某些人的敵人準備好的地獄，此處穿插了一點省思，這些人可能也對敵人做了同樣的事。這個地獄顯示意識形態的衝突如果沒有收回外在的投射，會發生什麼情形：導向負面情緒的地獄，導向不公不義和永無休止的冤冤相報，在個人身上，也在許多人身上。

尖銳而突然或扭曲的聲音讓我們想到前一個夢造成干擾的噓聲，以及後來女子的談話，說到不會被人「撕裂或切開」的潛意識。這些顯然與突然而自動的情緒爆發的危險有關。病人有時描述精神分裂症發作的時刻就像腦袋裡一聲槍響，或是像某種東西撕開來。某個人的頭腦「劈啪折斷」的觀念也與這種情緒事件有關。這是情緒過度泛濫而造成情勢發生絕望而無可挽回的嚴重轉向，以攻擊或其他瘋狂的行動或致命的決定的形式表現。在集體的生命中，這種情形相當於宣戰或軍事攻擊。

在女巫的廚房裡，負面的投射沒有被處理，而是被餵養，而心靈的宗教象徵出現時，只不過是人類控制的幻像。

夢中描述的魔法步驟很有意思，因為容器非常明顯是一種雙層蒸鍋，猶太女先知、偉大的女煉金術士瑪莉亞．普羅費提沙的燉鍋。[25]兩種最重要的成分蛋和金戒指，也是知名的煉金術象徵，代表做為原質的本質我，「在它裡面包含了它需要的一切東西」，以及做為完美珍貴曼陀羅的本質我。[26]但正在烹調這些物質的共產主義者艾隆太太，只是想以這種方式顯示聖母瑪麗亞是女巫的幻像，亦即由人類製造出的錯覺，而共產主義者確實認為宗教象徵只是錯覺，而夢者也一度傾向於這個信念。如果這是真的，自我就不需要讓自己為內在歷程而服務，而會做出虛幻的權力姿勢，藉此假裝自己控制所有處境，可以對它們任意妄為。由於在這種魔法中，有某種不誠實、不乾淨的東西，所以會引發理性的懷疑主義做為對立的一極，這個部分具體化身為羅勃特先生。舉例來說，共產主義的「啟蒙」也是這種姿勢，只要心靈的實相一直不被接納，人就只能或是堅持心靈現象是粗糙的物質實相，就像魔法所做的（在魔法裡，

譯註五　Eros，即希臘神話中的愛欲之神。

隱藏的理智主義占有相當的分量），或是堅持他們純然主觀的心智實相，就像啟蒙思想的學派所做的（哲學的唯物主義偷偷進入其中）。

所以在夢者的心靈裡，女巫的魔法和隱約的懷疑主義互相爭吵，但接著在夢中做為一種解放因素的夢者朋友林納爾太太出現了，她顯然體現了夢者正需要的態度。必須避免相撞的兩輛汽車，可能和兩種朝著互相衝突軌道而走的心理態度（魔法和理性懷疑）有關。信念和知識是科技進步（＝汽車）的兩種模式，在我們時代的集體生活中，這兩種模式也會不斷迎面駛向彼此。不過，從榮格的觀點來看，這是假性的衝突。夢者的朋友林納爾太太避開可能的撞擊，她倒車了；也就是說，她讓自己遠離問題，取而代之的是用她的汽車畫圓圈。

防護圈的繪製其實是最古老的宗教示意，人從遠古時代就以此保護自己，對抗消解心靈的威脅力，比如情緒、錯誤的理想，以及其他「邪靈」。這不是「黑魔法」的圓圈，因為在夢中畫它的人不是女巫，而是宗教信仰虔誠的女子。相反地，女巫的工作顯然是誇張自滿的，就如羅勃特的懷疑主義，他怎麼能如此有把握地確信非理性是不存在的？所以林納爾太太停下來，這是謙卑的行動：事實是我們並沒有「進步」到可以對這種事的終極實相做出判斷。我們必須回到我們能真正直接經驗的唯一一件事，心靈，並以宗教的態度試探它的內容。只有以這種方式，才能避免迷信和理性主義之間無意義的衝突。她常去教堂做禮拜的新教朋友林納爾太太（夢者屬於從德國移入的施蒂利亞鄉下人的新教團體），可能暗示她需要回到新教的教會。不過，接下來的夢在這方面提供了稍微不同的見解。

溫室的沐浴

一、我在一間天主教堂裡，旁邊有兩三個人，我行走在神聖儀式正在進行之處。我以某種方式接受聖餐，但這是一個特別的祭司儀式，我也被涵蓋在裡面。我有強烈的內在經驗，好像某種滿足的經驗，是一種更新的經驗，而且非常快樂，這就是我在尋找的。我必須清楚地認識這一點。某種教會的僕人或第二級的神父為我寫下經文或文字，表現出這種經驗的祕密。他面前有一本打開的小書，這些文字寫在裡面，我閱讀這些話（但我醒來後想不起這些話的內容）。

二、我去廁所。卡爾（施蒂利亞的「作者」，我以前的老師和現在的朋友）坐在板子上睡著了。我抬起馬桶蓋，排泄物堆積到邊緣，臭氣沖天。我告訴卡爾，他不應該睡在那麼臭的地方，他睡眼惺忪，用奇怪的眼神偷偷看著我，接著繼續坐著睡覺。我很驚訝他能在那麼臭的地方入睡。

三、學校。學校活動再度開始。我向女校長解釋我因為健康因素仍在請假中，我對這次病假感到很高興，因為它使我重拾健康，而且不止於此，還有一種發展，使我可以自由取得更高層次的成就。休茲（唯物主義的校長）站在那裡，傾身靠著牆，臉上有一種非常不高興的表情。我向他打招呼，他回答：「不好！」因為我的病假而覺得不好與不方便。我接受的治療應該對我有幫助。我被認為應該被艾伯哈德．慕勒（一位單純的勞工，常常在我們家附近做一些奇怪的工作）洗澡，沐浴室在溫室裡，我走進裡面，浴缸是嵌入的，以一種美麗而現代的方式，水正湧入裡面。水幾乎滿了⋯艾伯哈德．慕勒也會裸身加入沐浴。這是很自然的，並為我提供了解他的機會。

走到後面，沐浴的區域有寬敞的空間，在植物和岩石之間還有其他浴缸，看起來很像公園的結構。到處都有水流過，我和朋友李絲貝斯（已婚的老師，也是很好的家庭主婦，有藝術氣質，平衡而穩重）繞著沐浴區域（或是公園）散步…我們進而站在提供沐浴水流的泉水流出的那一側，我們看著泉水中的三道出口，在植物和岩石間湧出充滿泡沫的水。我告訴李絲貝斯，那是這個設施中最美的部分。

我們進而上到浴池，李絲貝斯體內有許多投射物，它們是許多大大小小的銀針，以危險的方式在她體內移動（明亮的金屬細針像銀子一樣閃現光芒）。它們有一部分移向她的乳房，進入乳房，非常危險。因為這個理由，她還不能沐浴。

其他人也來了，其中有佛瑞達（一位宗教信仰非常虔誠的同事，也具有大量現實感）。他們都想在這裡沐浴。浴缸快滿了，我爬下去，遇到一個女人，她有可以上廁所盥洗的設備，但後面更遠的地方有一個沐浴室，我問她是否可以在那裡沐浴。那裡仍有熱水，那位女子立刻讓水流入深深嵌入的浴盆。

四、我在一間宿舍或旅館裡，醒來是在非常寬敞的房間。手錶和時間都很可疑。我旁邊有另一張鋪好的床，雙重門是開著的，一位年輕女子進來，抱著一個小孩。她盛裝想要去教堂，她把小孩放在我的床緣，做好準備，因為接下來應該要去教堂。她解釋為什麼穿過我的房間，她通常不會這麼做，但她必須穿越。

在夢的第一部分，天主教堂是主要經驗發生的位置，後來李絲貝斯和佛瑞達以正面人物出現，但他們都不是天主教徒。所以我認為對潛意識而言，重點不在特定的教派，而在於真誠的宗教態度，不論它在什麼架構中被經驗。

第一部分關係到以服務的感覺寫下內在經驗，使它有如宗教任務。寫下來的人是第二級的神父或僕人，表示一種謙卑的服務態度。自我在本質我面前必須採取次級的立場。接下來的場景是我們先前詮釋過的作者卡爾，他代表寫下經驗的神父—僕人的對立面。他是雄心勃勃的記者，所以與為宗教經驗賦予創造形式的活動是完全無關的。

接下來是煉金術的療癒沐浴和浸禮。準備施行浸禮的人的名字包括艾伯這個字（Eber，德文，意為「野豬」），且是單純的勞工。先前夢中的野豬體現的是非常野蠻的情緒性，現在成為一位勞工，也就是成為工作的能量，為內在的勞工服務！另一方面，夢者裡面的唯物主義的休茲在她轉向內在工作時覺得不好。

此外，她的朋友李絲貝斯代表的非常正面的人物卻充滿銀針，所以不能進入沐浴。這是一種古老的魔法主題，舉例來說，西伯利亞的巫師會用邪靈的針或「冰柱」折磨他們的對手。心理學上，這些針象徵負面的投射，必須開始被自覺到。不論什麼時候，只要我們仍不自覺地把自身的陰影元素投射出去，我們同時就也對親愛的男女伙伴的「刺」特別敏感，甚至可以進一步發展成被害意念。女性的女巫陰影往往非常擅長送出和接收這些「刺」！最後，至少夢者本人可以進入更新的沐浴，於是從潛意識之水再度出生。可是，重生的小孩就像夢的下一部分顯示的，並不是她的自我，而是本質我（由不認識的女子放在她床上的不知名小孩所代表），且小孩準備去教堂，也就是去宗教的禮拜儀式。帶小孩去教堂的女子是不認識的人，表示夢者仍不認識自己的適當宗教態度，但這種態度至少已經在潛意識中被喚起，且出現了。

情勢的進一步發展並沒有像上一個主題可能引導我們期待的結果那麼適當。夢者的一位舊識加入她，一半是分享她的新經驗，一半是出於嫉妒破壞它。她在心理分析中成功地種下不信任感，於是被分析者在接下來的假期並沒有回來繼續接受分析，她的藉口有一部分是說分析對她來說太貴了。夢者確實在較佳的狀態，她的偏頭痛和尖叫的症狀已經治癒。可是，夢預示的宗教—創意的發展並沒有進行下去。負面的現實陰影以投射的方式介入，結果被分析者涉入一種靈性運動，提倡象徵—直覺的教導。以這種方式，魔法師—祖父部分地重新占據她，夢者在初始夢的結尾原本就不想與他分開。初始夢的結尾往往真的「預言」治療的過程，但仍有待我們看看「魔法師」後來是否有可能死去。

人的一生遠遠長過短短兩個暑假的心理分析，我們無法知道適當的宗教性是否能在什麼時候在夢者的心靈中勝過魔法師、懷疑主義者、睡著的作者、女巫和輕佻的女孩。同樣地，這些夢對我而言似乎非常清晰地闡明了個體化歷程是原始的宗教現象。這些夢也顯示心靈中的什麼態度最會阻撓這個歷程，這許多阻礙的影響力，一部分是由陰影人物所代表，一部分是由阿尼姆斯的化身所代表，都可以從這些夢看得非常清楚，相對於本質我崇高卻模糊、未知的形式。這顯示夢者對邁向個體化的傾向只有非常微小的實現，只有李絲貝斯和佛瑞達這樣的正面人物是比較鮮明勾勒出的。所以，夢者若要進步，應該從她們開始，也就是應該嘗試採用自己裡面的她們對人生的態度。雖然這些女人是不同教派的成員，但根據夢者所述，她們都同樣虔誠，也都扎根於現實生活。她們可能讓她生活中過度分裂的兩面能結合在一起，所以被潛意識當成正確態度的模式。

此外，依我的觀點，這幾個少少的夢（它們只代表類似原型夢的洪流中微小的選集）向我們顯示某種可能被稱為心靈的基本宗教態度的東西，這是必然與個體化歷程緊緊相連的態度，也包含了人格的所有創造潛力。

……………………

原註：

1. C. G. Jung, *Psychology and Religion*, CW 11, p. 8.
2. 病人把夢寫下來交給我時，自發地附上標題。
3. On this, see also my discussion in *The Passion of Perpetta* (Dallas: Spring Publications. 1980), pp. 16ff.
4. C. A. Merier, *Der Traum als Medizin* (Zurich: Daimon, 1985). Published in English as *Healing Dream and Ritual: Ancient Incubation and Modern Psychotherapy* (Evanston, Ill.: Northwestern University Press, 1967).
5. Meier, *Der Traum als Medizin*, p. 78.
6. Ibid., p. 84.
7. Cf. Jung, “Psychology of the Transference,” CW 16, pp. 307ff。陰陽人在煉金術象徵系統中扮演的主要角色關係到「不純淨」的混合了物質和潛意識心靈（煉金術士還不了解的某種東西）。
8. Jung, CW 8, pp. 189ff.
9. CF. Jung, "The Spirit Mercurius," CW 13.

10. Cf. C. G. Jung and C. Kerényi, *Einführung in das Wesen der Mythologie* (Zurich: Rhein-Verlag, 1951), p. 113. published in English as *Essays on a Science od Mythology* (Princeton: Princeton University Press, Bollinggen Series, 1973).
11. Ibid.
12. Ibid., p. 114.
13. Ibid., p. 115.
14. 這是根據夢者的聯想，她本人不曾去過羅馬。
15. Cf.·Emma Jung and Marie-Louise von Franz, *The Grail Legend* (Boston: Sigo Press, 1986).
16. Cf. Jung, " Paracelsus as a Spiritual Phenomenon," CW 13, para. 176, p. 140.
17. Jung, CW 13, para.176.
18. See H. von Beit, *Symbolik des Märchens* (Symbolism of Fairy Tales)(Bern, 1952-1957), vol. 2, pp. 380ff.
19. 甲地是夢者接受心理分析時住的地方。
20. 八是指完整的數字。
21. 意指道德的監督。
22. 半夜是發生怪事的時刻，此處是指危險。
23. 夢者對宴會的聯想是聖誕節。
24. 拉不拉多半島的納斯卡比印第安人有類似的觀念。
25. Cf. Jung, CW 12, p. 225.
26. Jung, CW 12, p. 173f.

第七章

移情

當關係即將達到真正的深度時，這種奧祕結合就會從超越時間的永恆領域發出光芒，照亮所有出現在表面的欲望、抗拒、投射和觀念。這種情形大多只發生在某些時刻，下一刻就會消逝。我們無法永遠抓住它，但它至少是這種奧祕存在的跡象，使人不會在男神和女神想要出現時，根據理性的成見而關閉大門。

我受邀談論一些較深入層面的移情（transference）問題，我答應了，但可能有點魯莽；因為我必須公開承認，我不覺得自己有資格做這件事。榮格完成《奧祕結合》（*Mysterium Coniunctionis*）這本書時，親自說：「我相信我尚未道盡這個主題；關於它，仍有更多可以談的，但我已盡我所能描述它了。」如此看來，像我這樣的人，還能添加什麼呢？所以我只會就自己曾有些許認識的少數幾個層面，來談論這個問題。

我覺得在一開始先把問題劃分成四個主要層面，是有用的：（一）古老的認同，（二）彼此的投射，（三）私人關係，（四）「永恆」中命定的親密無間。

實務中，一開始最清楚呈現的，並不是第一個層面，而是第二個層面。我們在此層面處理的是許多源於家庭關係的投射進入移情的事實，包括父母形像和兄弟姊妹形像的移情，這會製造出不切實際且被嬰兒式需求與偏見強化的愛欲吸引力，這已被佛洛伊德看見。就如漢斯·迪克曼（Hans Dieckmann）在實驗中證明的，這些投射也會在分析師心裡組成完全類似的形像，如果沒有經過有自覺的處理，結果幾乎是立刻就出現雙方問題糾纏在一起的情形。例如，被分析者的負面母親情結會引發分析師記憶中類似的負面形像。從正面的角度來看，這形成了分析師同理與了解的基礎；但也有負面的部分，舉其中一例來說，共通的潛意識可能使分析師需要接受同仁的輔導。

活出古老的認同

第一個層面：我們在事件的這個階段談到「投射」時，必須記得榮格對這個概念[1]做出他的定義時所提出的說明：我們只能在產生困擾，或是潛意識出現懷疑，使得關於對方的主要看法似乎不再適用時，才談論投射；在此之前，只有古老的認同（所以我才會說這是第一階段）。我相信我們常常在實務中犯這種錯誤：我們對被分析者談論「投射」，只因為我們自己這麼認為（也就是我們懷疑），卻還沒有任何跡象（例如夢境）顯示被分析者清楚出現這種懷疑。這種錯誤會在被分析者身上引發必然而毫無必要的抗拒。我相信與這個第一階段連結的正確方式，是根據自己真正感受到的方式，單純地與被分析者互動，但沒有任何言語上的對質。舉例來說，分析師對於像母親一樣照顧的要求，可以單純地強調自己的時間不夠或願意這麼做的渴望，而不指責對方把母親投射到自己身上。經過一段時間，光是這樣就會在對方身上引發前述的困擾或懷疑，最常見的就是反映在夢境。依我的看法，只有到這個時候，才是公開談論投射的正確時刻。這是因為上述階段具有一項極為重要的功能，不應受到不成熟的中斷，因為它往往在治療初期形成有效的工具。也是基於這個理由而使團體治療的價值受到很大的懷疑，因為就如大家都知道的，移情的現象在團體會受到壓抑。

同樣的事也適用於分析師：他也必須讓自己裡面的古老認同活出來。我在自己的病人身上發現，我有時會對被分析者產生較強烈的反移情的著迷，從意識觀點來看，他們並不是特別迷人的人，但後來顯示這些病人都有嚴重的問題或死亡的威脅，這是我原先無法看到的。一旦被分析者的狀況改善，整個著迷的情形就會像變魔術般消失。未被辨識出的死亡迫近的情形特別具有這種效果，我認為這似乎是大自然（也就是潛意識）在我意識取用的方法不足時，以這種方式嘗試使我產生必要的情感的投入和理解的努力。如果我對這些病人過早嘗試去除這種著迷，視之為「投射」，就無法為病人的利益產生正面的作用了。所以我認為它雖然可能令人不舒服，但我們必須讓第一階段的古老認同自然發展；如果我對榮格的理解是正確的，他本人也是這麼做的。事實上，檢視煉金術的玫瑰花園哲學（Rosarium Philosophorum）系列[2]（就是國王與皇后相遇）的前幾幅圖畫，就會發現正在發生一種美好、正向的愛的關係，兩人的左手互相接觸。唯有如此，才有接下來的浸泡、黑暗期（nigredo）和死亡，也就是需要我們花工夫在意識中辨認出投射的種種困擾。

有自覺地辨認投射

第二個層面：有自覺地辨認投射。對我而言，這主要是一種道德問題。我常常看到分析師有一種傾向，就是草率地用理智把被分析者的浪漫迷戀視為投射而不予考慮，他們不想涉入其中，卻完全沒有從被分析者的內在狀態衡量當時是否可以不予考慮。相反地，許多人不會把自己愛的幻想當成投射而停止，而是當成人生或本質我「注定」的必要關係，正因為這確實是他們暗中的渴望，使他們很容易被潛意識的欲望或排斥傾向所掌管，這對涉入的雙方都有負面的影響。

如前所述，我現在舉例說明我認為較適當的方式，比如出現母親的移情，就根據自己感覺到的程度，真的表現出母親的反應，直到投射已成熟到可以討論。強烈的移情現象幾乎是不由自主的出現，往往出現在被分析者不得不與內在歷程建立關係的情形，因為若不如此，他或她早就因為抗拒或膚淺而逃避開來，我對這個事實的印象非常深刻。在這種情境中，若是像倫敦分析心理學會的榮格分析師所做的一樣持續「討論移情」，我認為是全然有害的。雙方必然只是在忍受麻煩、棘手、無法解決的情境。其實榮格在一封信中寫道，當人因為愛欲經驗會使他偏離個體化的目標，也就是不再努力邁向更大的意識，而覺得需要迴避愛欲經驗時，反而會陷入沒有回報的愛。[3]

我有時也會觀察到男性分析師不願回應女性被分析者「合理」的情緒需求，而造成毫無必要的浪費時間和精力，也導致病人不必要的淚水。在這些情形裡，過一段時間後，移情就會跳到另一個有潛力建立較好關係的對象。

私人關係

第三個層面是從一開始分析就必須有的部分，但根據其本質往往只能漸漸發展，也就是私人關係或甚至友誼。這自然不會發生在所有被分析者，特別是這種關係會因為許多無法計算、難以估量的因素而有不同的親疏遠近。所以榮格在給一位分析師的信裡寫道：

個體化歷程最重要也最困難的任務就是縮短人與人之間的距離。光是單方面的因素就能破壞彼此的距離，且必然會引發冒犯的感覺，然後是怨恨，這種危險是一直存在的。每一份關係都有最理想的距離，這當然必須透過嘗試錯誤的過程才能得知。與女性之間的問題特別微妙，性欲很容易在其中翹起它醜陋的頭。必須非常仔細地注意抗拒，由於人太容易自欺，這是再怎麼認真對待也不為過的。[4]

雖然許多癡心的被分析者可能極力拉近他與分析師之間的距離，但仍有人並不想要私人的關係，他們希望我們維持一種非關個人的心靈修理廠的專業形象，有如修理汽車的技工。在這兩種極端之間，可以有千百種具有細微差異的情形。即使是分析師也存在這兩種極端，有些人的傾向是進入關愛、親近的關係，把被分析者當成伴侶、兒女之類的人來接納，於是過度縮短彼此的距離；或是採取嘲諷冷漠的態度，就如榮格曾描述的「把內在歷程沖入下水道」，也就是否認人類接觸的所有需要。兩者之間同樣有著千百種具有細微差異的情形，如此微妙而難以明確描述，也很難在其間找到理想的中間立場。

特別是在第一和第二層面的範圍，也就是古老的認同和有自覺的辨認投射，破壞者的角色當然是由權力陰影來扮演，阿道夫．古根勃—克雷格（Adolf Guggenbühl-Craig）曾在他寫的書《助人專業中的權力》（*Power in the Helping Professions*）對此提出警告。榮格說：「沒有愛的地方，就會被權力占據。」在權力陰影中，雙方不但會出現競爭和掌控的急迫感，還會出現分析師想要治癒病人的急迫感，這並不是不重要的事，而是占有相當的份量。

我想起自己初次分析一位有嚴重困擾的被分析者，她是邊緣型精神病人，我按自己的意思盡一切力量嘗試阻止她陷入精神病發作。當時榮格要我去見他，聽完整個過程後，他非常嚴肅地說：「你為什麼那麼確信被分析者不需要經歷精神病發作的過程？許多人在這種發作之後得到改善。你為什麼認為自己如此準確地知道她的命運？你也許妨礙了根據上帝意志應該要發生的事。」我聽得目瞪口呆，首次看見自己想要改善病情的急迫感其實是一種權力遊戲。當我放下自己造成誤導的催逼時，被分析者的狀況就愈來愈好，而不是真的發作精神病。我後來在中世紀為神父寫的驅魔指南中看到下述令我印象非常深刻的話：神父必須先透過靜默禱告向內探索，了解上帝是否想解救受苦的人脫離折磨人的魔鬼，或是祕奧祕的智慧其實是要他繼續受苦，在苦難中努力，神父只有在前者的情形才應該安排療癒的儀式。榮格曾寫道，過度的基督教助人精神只是「侵犯別人的意志」。我們應該做的是當一個提供機會的人，但別人可以接受或是拒絕，否則就會造成問題，因為人並非全然善良的，而是近乎半個魔鬼。5

可是，榮格也排斥冷漠超然地把一切都留給上帝或命運決定的態度，就像他排斥急切地做太多的態度一樣。我認為保持在兩種極端之間，其實是很困難的任務，因為這會因人、因時而異。我不相信可以僅僅根據思考或感受就達到這個目標，唯一有助益的就是留在「道」裡面，好讓人可以憑直覺從自身的本質我知道此時此地應該做或不應該做什麼。但我們當然都不可能一直留在「道」裡面，無法一直與本質我有直接的內在接觸，至少我沒辦法如此。

其實打從一開始的處境就是如此，但在第三層面會逐漸加強，使人再也無法根據規則和概念上的理解或個人的感受來運作；從第三層面開始，治療工作中一切重要的事都取決於自己，以及自己已發展的程度；因為所有一般的參考點都在此消失，關係到的是一個獨特的人面臨自身獨特的時機。各種處境會重複出現於分析的對話之中，在此必須以電光火石的速度立刻反應。至此，具有決定性的不只是一個人的所思、所言或所感，而是聲音中下沉的語調、一個不自覺的動作、一陣猶豫，每一件事都變得非常關鍵。所以，此時重要的只是一個人是什麼樣的人，以及自身的發展到了什麼程度，絕不是任何有意識地學習來的「行為」，不論多麼良好的行為，在此時都算不了什麼。

永恆裡命定的親密無間

這把我們帶到第四層面，我稱之為「永恆裡命定的親密無間」，真正的神祕結合。這個階段與本質我的經驗有關，本質我是內在的完整性，無法用理智了解，只能透過愛來了解。榮格寫道：「這種愛不是移情，也不是一般的友誼或同情，比我們能描述的任何事都更原始、更遠古、更屬靈。」[6]在這個領域裡，已不再是兩個個體在個人層面建立關係，而是「許多人，包括你自己和所有被你碰觸到心的人」[7]。在那裡，「沒有距離，只有直接的當下，這是永恆的祕密⋯⋯」[8]。就某個角度而言，第四層面的表現形式返回到第一層面，卻是在更高、更有意識的層次。因此，這個最高階段的跡象已經存在於第一層面，並引發深度的熱情，讓許多人藉此嘗試緊緊抓住神祕參與的階段，並抵抗意識對人類有限現實的妥協與認同。榮格在前述的信中說，愛的這個層面比言語平常意義中的移情、友誼和同情都更為原始、更為屬靈。這就是為什麼煉金術的結合象徵符號會透過怪異的矛盾，試圖表現出這種關係。我嘗試用一位年輕女子的夢來描繪它，這個夢發生在上次世界大戰時，當時做夢者正在努力接納自己的移情。夢的內容如下：

> 我在慕尼黑一棟行政大樓前，我知道希特勒在裡面。令我驚訝的是竟然沒有守衛。我好奇地走進去，發現自己面對面遇到希特勒，我手中握著手槍，腦中突然想到這是絕佳的機會，於是我射殺了希特勒，然後逃走。（接下來有一段冗長的追捕過程）我最後發現自己站在回家的路上，是朝向瑞士邊境草

原上的泥巴路，我看見前面有一隻白色公雞帶著一群母雞走在相同的方向。公雞問我是否願意帶他和他的母雞進入瑞士。我答應了，但條件是他們在路上不可以性交。公雞同意，有一個聲音說：「他們走在一起，好像王子修道院長帶著他的修女們。」我們繼續走，我看見一對俊美的夫婦也走向邊境，他們頭上戴著金色的王冠，是國王和皇后。由於他們似乎對世界非常陌生，我於是邀請他們同行，他們欣然接受。我們在晚上準備穿越邊境，邊境的瑞士守衛要我們隔離檢疫，我們預定被留置四週，他們要求母雞在這段時間生下的蛋必須歸屬於瑞士。

射殺希特勒的意思是指擺脫了妨礙個體化歷程的阿尼姆斯力量。然後逃向瑞士，回家，就是到自己歸屬的內在之處，到自由的土地。榮格稱為「結合」的原始、原初層面，是由公雞和他的母雞群所代表，這個意象也見於煉金術的象徵系統。所以阿拉伯煉金術士希尼爾（Senior）描述月亮實體如何對太陽說：「喔，太陽，我需要你，就如公雞需要母雞。」[9]其他版本則有狼與狗，鹿與獨角獸，或代表這個面向的其他動物。蛋在夢的結尾出現，這是著名的意象，代表個體化歷程最初的原料。在夢裡，這位雞群的主人規定一種靈性規範，使他們的動物本性不會成為邁向內在自由之路的障礙。根據前面引自希尼爾的話，公雞和母雞其實代表太陽和月亮，就如煉金術象徵系統中的國王和皇后代表的意義。所以夢裡後來出現的皇室夫婦其實代表同一件事的不同面向。

這使我們想起榮格的一段話，聖婚這種形式的結合，比我們所能描述的任何事都更為原始，也更為屬靈。國王和皇后，還有各種動物，都代表某種全然超越個人的東西，就像某種存在神聖領域之中、超越時空的東西。這就是為什麼夢告訴我們，皇室夫婦「對世界非常陌生」。人的自我必須幫助他們在這個有形的領域向前行。夢境優美地描繪出自我的中介位置，一方面對動物要求某種靈性規範，另一方面又必須為皇室伴侶提供世俗現實的要素。

這個中間點的感受匯聚了無盡煎熬的憂慮，但就如榮格指出的，它不但對個體非常重要，對人類道德與靈性的進展更是如此。所以，如果心理治療師致力於此，他不只是為那些個別的病人工作，也是為自身的靈魂工作，他的成就也許很小，卻完成於目前神性所在的地方，也就是人類問題轉移到的位置。

10 這也是為什麼在這個夢中會出現一段可能發生的世界歷史，殺死希特勒，以之為夢者決定認真看待移情時的反應。這就是為什麼潛意識往往運用這種非常宇宙性而崇高的意象，來表現移情的問題，也就是表達某種意義重大的東西正在發生。

所以一位被分析者看了電影《廣島之戀》後，夢見戀人或是可以好好在一起，或是發生原子彈爆炸，表示潛意識正以這種方式說出某種終極而關鍵的事正在發生。

潛意識認為愛的問題有多麼重要，也可以從下述的夢得到說明。這是一位中年婦女的夢，她深愛一位有婦之夫，他也同樣愛她；但出於傳統和理性的原因，有一部分的她仍持續抗拒這份愛。夢境如下：

> 我聽見一聲青銅製的鐘強大、深沉的聲音，非常特別的鐘聲，是我不曾聽過，也沒想像過的，從上面傳來、絕美、無法抵抗的聲音！我著迷地起身，因為我必須找出聲音的來源，這一定是神聖的來源。由於我覺得聲音是神聖的，我認為它可能來自教堂，我立刻現身於一間最道地的哥德式、白石建造的教

堂裡，我正準備爬上鐘樓，以找到鐘，找到這個莊嚴、規律鐘聲的來源，我現在仍聽得見聲音。但一切都改變了，教堂變成一個寬闊的拱頂，好像大教堂的中殿，由橘紅色透明而有生命的材質做成，沐浴在紅光中，由許多柱子撐起，使我想起以前在西班牙一個洞穴見到的鐘乳石。一時之間，我看見自己渺小孤單地站在這間巨大的廳堂裡，目眩神迷地覺得自己在那裡有一整個世界可以探索。那是我的心，我正站在自己的心的內部，我在此刻了解到，此時仍聽得見的美麗鐘聲就是我自己的心跳，或是這個外界的聲音和我的心跳聲是同樣的聲音，它們是相同韻律的跳動。大宇宙和小宇宙是同步進行的；世界之心的韻律和我自己的心是完全相同的。

我認為這個夢不需要詮釋，無需進一步的說明就很清楚了，並顯示「愛洛斯」（愛欲之神）和個人是交織相連在一起的。

在此，我想再次引用一位已婚男子的夢，這是我在另一次演講中已簡短討論過的夢。[11] 他愛上一位已婚女子艾貝塔，與她發生性關係。做這個夢的時候，兩人都在考慮離婚。

我和我的老師在一起，他是眼不能見的存在，我們在一個領域的邊緣，他描述這個領域是「終極實相」，是某種超越時空、難以形容的東西。只有親眼見過的人才能了解這種經驗，「既是一切又是無物」、「既是每一個地方又是什麼地方也不是」、「既是每一個人又是什麼人也不是」，是「尚未被說出的話」。老師幫我從這個終極實相挑選出兩個生命或某種東西，我看不見他們，但我知道他們。為了使他們能被看見，老師幫我從我們飄浮的空間萃取出一種銀灰色霧狀的物質，塗在這兩個生命身上，以及分開這兩個東西的第三樣東西。我看著被塗上一層的他們，非常驚訝，我大叫：「他們是天使！」他回答：「是的，那就是你。」我看著分隔兩位天使的灰色帷幕，老師解釋：「那是錯覺的帷幕。」它有許多破洞，我深受感動，大喊：「喔，它脫落了，它正在脫落。」我有一種感覺，就是數千年來在半意識中認為它可以被突破的盼望，現在被實現了。我走向那位是「我」的天使，看見一條銀線從他身上向下通往一個非常渺小的生物，那是在幻境中的「我」，另一條線向下通往一位女子，那是艾貝塔。兩位天使看起來一模一樣，且沒有性別之分，他們能以一種同一的性質「一起思考」（這種情形有時會發生在「下面」現實中的我和艾貝塔之間）。我想著，「我們意識中這麼小的部分活在這些渺小的生物裡，而他們擔心這麼微小的事。可憐的小生物啊！」我們看見，如果兩個小生物為了追隨自私的欲望，而沒有完成自己對身邊的人的義務，就無法恰當地形成他們的結合。同時我們也清楚地了解，如果我們沒有繼續進行彼此為意識而努力的歷程，就是違背「終極實相」的罪（意思就是違背聖靈的罪？）。

煉金術的皇室伴侶在此處被兩位天使（上帝的信使）取代，可是他們代表同樣的意識：愛的關係中超越而更深的層面，但在這個發展階段過度落入有形的性愛層面。就如榮格指出的，它會造成誤導，把靈性的提升當成逃避實際義務的方法，而讓關係退化到過時而原始的層次。向前進的路上必須經過這種兩難的處境。在這個階段，會形成第二種危險，所以夢會如此強烈地強調靈性面。同一位夢者先前有另一個夢，他在夢中已接納一個危險、重要、有許多呈波浪狀的蛇盤繞其上的圓形銅製物品。在他人生的那個階段，他曾私心想要逃離與肉體有關的愛的問題，這個圓形物品使他想到基督荊棘冠冕的夢，他知道它的意思是「血與淚」。事實上，移情確實總是導向十字架的苦難，也就是我們到目前為止所是的自然人的死亡，這裡的自然就是潛意識。12 我們是衝突力量的交會點，首先是我們自身以妒忌、佔有欲、性激情等形式表現出來的陰影；其次是這個事實：伴侶並非我們所想要的樣子；第三是集體潛意識的內容會透過移情而浮現表面，對我們的命運開始產生形塑的影響。這些力量都導致自我的死亡，如果一切進行順利，就會導向本質我的誕生。就我們所知，這個階段的首要任務就是與阿尼姆斯與阿尼瑪和解。

阿尼瑪與阿尼姆斯的和解

我在此想再次描述阿尼瑪，取材自榮格關於兒童之夢未曾出版的研討會內容（譯註一）。阿尼瑪是一種男性內在與女性有關的欲望或期望系統，是一種愛欲關係的幻想。如果外在的期望與之混合，好比一般的性欲或與金錢、權力等有關的組合，就會搞砸一切。因此有自覺地辨認阿尼瑪就意味著為對方本身和為愛的緣故而愛對方。「當我跟隨我的愛，我的愛就得到實現。」只有在一個男人為了阿尼瑪本身的緣故而追尋阿尼瑪時，她才會變成碧翠絲（譯註二）。因為對這種人而言，她成為通往超越領域的橋樑，

譯註一　一九八七年已出版德文版，二〇〇八年英文版。

譯註二　Beatrice，《神曲》中引導拉丁詩人維吉爾走入樂園的女子。

就如但丁所言：「冥想中，我追隨愛的道路。」但阿尼瑪在一開始也見於男人的雄心壯志，所以他如果無法有自覺地認識他對權力的渴望，她就會使他捲入內疚與錯誤。如果一個男人無法做到這一點，最終就會結束於被阿尼瑪占據的徹底孤立的狀態。

我們也可以把這一段描述應用到阿尼姆斯，這其實是一套理解的系統。

對阿尼姆斯而言，重要的是為真理本身而有的洞察力或真理，絕不攙雜任何感官或權力的渴望。只有為了真理本身而愛真理的女人，才能整合阿尼姆斯，然後使他像阿尼瑪一樣成為通往本質我的橋樑。當關係中的兩個人一起進入促成彼此走上個體化歷程的道路，就激發出超越個人的伴侶結合的主題。在一開始的引文中，榮格指出，聖婚中面對面的並不是兩個自我，而是「被我們碰觸到心的每一個人」。這個奇怪的多重性是很難理解的。好像在「上面」只存在一對神聖的伴侶濕婆與夏克提（Shiva and Shakti），他們在永恆的擁抱中，塵世的人類只是像「盛宴的賓客」一樣參加他們的結合，就如安德烈亞（Andreae）在他的書《化學婚禮》（*The Chemical Wedding*）中所描繪的。這個多重的合一體可以用下述夢境來描寫，這是一位年輕女子的夢，她在一場悲慘的意外中失去摯愛的未婚夫，大約兩年後，另一位年輕男子（現在是她的丈夫）接近她，她很喜歡他，但內在有某種東西不願接受他，因為她認為是對第一任未婚夫的不忠。然而，她還是和第二位男子訂婚，他送她一只美麗的戒指，但她接下來出現更深的懷疑，此時她做了一個夢，死去的未婚夫在夢中告訴她：「可是，送你這只戒指的是我」（並指著第二任未婚夫送的戒指）。這使她能夠接納新的關係。

我不想自稱真的了解這個夢，但對我而言，它表明在上面只有一對伴侶的奧祕，在他們的結合中，包含了許多「我們碰觸到心的人」。在煉金術的象徵系統中，這是由所謂複製的意象代表的，哲人石被製作出來時，它會把附近的石頭和金屬都變成黃金，藉此自動複製自己一千倍。當這個事件在人與人相遇的背景中被強調，當男神和女神出現時，就會升起一種永恆感，好像塵世相遇的片刻不但是現在，也是永遠的，就如榮格所說的「直接的當下」。因此榮格在回憶錄中寫道：「感情的束縛⋯仍然包含許多投射，必須收回那些投射，才能達到自己，達到客觀⋯客觀的認識就躲藏在感情關係吸引力的後面；它似乎是核心的祕密。唯有透過客觀的認識，才可能有真正的結合。」[13]並在另一處寫道：「在我們與其他人的關係中，首要的問題也在於關係中是否表現出無窮性的要素。」[14]對我而言，這種無窮似乎就是男神和女神在背景展現出的主題。

對我而言，中國道家對死後生命的觀點似乎也暗示多重合一體的問題。根據這個概念，死者的靈魂會分裂為陽性（向上逸出的靈性部分）和陰性（向下潛入大地的世俗部分），然後兩者都會遷移，前者向東，後者向西，由此達到奧祕的宇宙中心與源頭，就是「黃泉」。兩者在此歡慶他們的結合，「黑暗的合一」，就如東方之主和西方之女，就像每一位死者都會化身成為的一對神聖伴侶。

當關係即將達到真正的深度時，這種奧祕結合就會從超越時間的永恆領域發出光芒，照亮所有出現在表面的欲望、抗拒、投射和觀念。這種情形大多只發生在某些時刻，下一刻就會消逝。我們無法永遠抓住它，但我認為它很重要，它至少是這種奧祕存在的跡象，使人不會在男神和女神想要出現時，根據理性的成見而關閉他們的大門。

聖婚的主題是互相促成個體化的奧祕，就如榮格曾經說的：「沒有愛，就成就不了任何事，因為愛把我們放入一種心理狀態，我們在其中準備好去做任何冒險，不壓抑任何重要的東西。」[15]只有在這種方式中，才可能遇見本質我。這就是榮格把他在波林根畫的本質我人物腓利門（Philemon）稱為「愛者」的原因。

想要變得完整的急迫感，是人類最強烈的驅力，移情中深層激情的背後所隱藏的其實就是它。榮格在晚年承認：

當我試圖找到一種語言，足以表達愛中數不清的矛盾時，我在這個任務前猶豫了。愛洛斯是「宇宙的起源」，是所有⋯意識的創造者與父母⋯這句話包含了最大的與最小的，最遠的和最近的，最高的和最低的，我們無法只討論單一方面而忽略另一方⋯如果他（人）擁有一丁點兒智慧，會就此放手，以更不可知之名來稱呼未知之物，也就是以上帝之名稱呼。[16]

他也在一次談話中說：「愛的問題是如此困難，如果一個人在生命結束時，能說沒有一個人曾因為他的緣故而被毀壞，他就應該感到快樂了。」

原註：

1. C. G. Jung, *Psychological Types*, CW 6, the "Definitions" section under "projection."
2. Jung, "Psychology of the Transference," CW 16.
3. Jung, letter to Elined Kotschnig, 23 July 1934, *Letters*, vol. I, p. 170.
4. Jung, letter to Oskar A. H. Schmitz, 20 September 1928, *Letters*, vol. I, pp. 53-54.
5. Jung, letter to Katherine C. Briggs, 4 July 1931, *Letters*, vol. I, p. 84.
6. Jung, letter to Mary Mellon, 18 April 1941, *Letters*, vol. I, p. 298.
7. Ibid.
8. Ibid.
9. Senior, *De Chemia*(1566), p. 8.
10. Jung, "Psychology of the Transference," CW 16, para. 449, p. 235.
11. In W. Bitter(ed.), *Lebenskrisen*(Crisis of Life)(Stuttgart: Klett Verlag, 1970), p. 82.
12. Cf. Jung, "Psychology of the Transference," CW 16, para. 470, p. 262. This is the reason for the crossed branches in the alchemical depiction of the royal couple.
13. Jung, *Memories, Dreams, Reflection*, pp. 296-97.
14. Ibid., p. 325.

15. M. de Serrano, *C. G. Jung and Hermann Hesse* (London: Routledge and Kegan Paul, 1966), p. 60.

16. Jung, *Memories, Dreams, Reflection*, pp. 353-54.

第八章

投射——
投射與疾病和心靈成熟度的關係

投射可以是個體和外在世界與別人之間的橋樑。投射會引起潛意識的同情與厭惡、參與或拒絕的劇碼，由此塑造我們整個人生。只有在我們的心靈能量因為某種理由退出這些投射時，這時才是成熟的時機，讓我們承認原本屬於潛意識的投射。

投射的定義

佛洛伊德和榮格的深度心理學都使用「投射」（projection）的說法，但兩者的意義並不相同。在佛洛伊德的觀點裡，投射是有精神官能症的人把情緒衝突轉移到其他對象身上，使自己擺脫情緒衝突。例如，女兒把自己想要和父親共寢的亂倫欲望轉移到具有父親形像的人，比如醫師或牧師。可是，在榮格的觀點裡，這只是眾多可能性中的一種。根據榮格的說法，所有我們尚未意識到的心靈內容都會以投射的方式，成為外在客體被假定具有的特質，從這個觀點來看，投射是在非故意且不自覺的情形下，也就是沒有受到注意時，把主觀的心靈內容轉換到外在客體身上。[1]在這個過程中，投射者的潛意識並不是隨意選擇任何對象，而是選擇具有一些（或甚至大量）被投射性質的特徵的客體。榮格說這是客體身上的「鈎」，讓投射者可以將他的投射像外套一樣掛上去。

投射所描述的特徵往往是未被處理過而又不符合事實的，其來源是早期童年，這是佛洛伊德和榮格一致同意的。經歷過父親有如獨裁者（不論他是否真的如此）的兒女，會傾向於把「獨裁者」的負面性質投射到所有像父親般的權威人士，比如老師、牧師、醫師、老闆、國家，甚至上帝的形像，並以相關的防衛方式對他們做出反應。可是，更仔細檢視時，就會發現投射出來的不只是記憶中的父親形象，而是呈現兒女自己身上的獨裁者傾向。他們自己會不自覺地表現出暴君的行為而未加以注意，卻自以為是地相信他們一直遇見外在世界的暴君；與他們有關的人裡，有些只需要表現出一點點武斷或跋扈的性質，就可以成為鈎。這種基於童年早期對父母經驗的投射特別不好處理，例如，男醫師總是必須對付病人的負面或正面父親情結，另一方面，女醫師就必須處理母親形象的投射。社工師、老師和心理治療師每天都會經歷這種投射遊戲。並不是只有負面特質才會被投射出去（雖然這是較常發生的，因為人比較不會承認自己的負面特質，遠甚於好的特質）；我們裡面未被意識到的正面特質也會被投射出去，這會引發不切實際、令人陶醉的迷戀式愛情，完全忽略對方的實際情形。

適應不良的投射

對於我們就外在的人事物所感受、感覺、思考、感知到的每一件事，基本上不可能去判定什麼是「客觀地」在那裡，而什麼不是。從東方的觀點來看，整個外在世界終究只是幻境，是我們潛意識生命能量投射出的世界。西方科學也開始愈來愈了解真實「本身」是完全無法掌握的，只能發展關於它的心智模式。從這個角度來看，整個世界其實只是投射。但在日常生活的實際層面，最好只在一個人心智呈現的形象或關於外在世界客體的判斷，清楚而明顯地干擾他的適應力時，才談論投射。這是一種訊號，表明當事人必須把外界使他產生如此難以理解的吸引力的對象（不論是正面或負面的吸引力），當成內在的東西來反思與領會。在日常生活中，這種困擾通常會表現為過度強烈的情感或誇張的情緒（愛、恨、狂喜、狂熱等），或是錯覺或錯誤的主張，常常被別人認為很難像一般的錯誤那樣被輕易改正。但什麼是「過度強烈」的情感呢？舉例來說，義大利人會刻意培養戲劇化的情緒，英國人和佛教徒卻甚至會壓抑別人認為正常的情緒反應。誰來決定什麼是誇張、什麼是不誇張呢？在心理分析實務中，我們通常根據所謂良好的常識來決定，可是，這終究是如何評估的問題，就此而言，到現在仍沒有客觀的科學標準。因此，運用投射的概念時，必須非常小心。

古老的認同

事實上，我們現在才開始注意這個問題。從歷史的觀點來看，原始的狀態是內在和外在世界之間並沒有明確的區分，也就是主體和客體之間有相當大程度的彼此認同，榮格稱之為古老的認同。原始的意識就像小孩的意識，最初是活在事件的水流中，環境的事件和內在的世界是沒有區別的，或只有含糊不清的區別。[2]這也是我們的正常狀態，只在我們的意識自我省思時，才不時被打斷。我們的情形亦然，自我意識的連續性是相對的。例如，如果不是被關係中的困擾所迫，誰會去省思配偶在自己心中的形像是否正確呢？基本上，我們仍被一整套投射系統限制在我們的環境裡；事實上，投射甚至被當成個體和外在世界與別人之間真正的橋樑。投射會引起潛意識的同情與厭惡、參與或拒絕的劇碼，由此塑造我們的整個人生。只有在我們的心靈能量因為某種理由而退出這些投射時，例如我們的愛變成拒絕，或我們的恨變得連自己都覺得荒唐可笑時，只有在這個時候才是成熟的時機，才是省思的機會，讓我們承認原本屬於潛意識的投射。

此處非常重要的是，不要只是想到我們一直欺騙自己，還要進一步尋找，直到我們在自己裡面非常具體地發現原本在外界吸引我們的元素，且是具有實際作用的發現。例如，我們因某人說謊而恨他，光是想到「我自己有時也會說謊」是不夠的；而是要注意「在某某場合下，我會以令人討厭的某先生完全一樣的方式說謊！」當我們像這樣承認某件事，不只是「理論上」，而是以實際的方式，通常都會造成衝擊，使我們的人格發生正向的改變，邁向成熟。像上述例子一樣承認負面的投射，會帶來道德的分化，因為當事人現在必須與他的說謊問題和解。承認正面的投射，通常表示要承擔更深的責任：不再無止盡地稱讚某先生的才智，我現在必須更努力地運用我的頭腦！或是不再一直徒然期待來自別人的溫暖，我必須學習對自己表達更多溫暖的情感。所以我們可以理解為什麼大部分人不願承認自己的投射。

投射最露骨的表現就是自以為是的政治信念（各種主義），以及熱切擁護的理論，比如科學的成見。只要少了寬容和幽默，我們就可以推斷投射已進入那個場面。當我們發現某人在討論時的反應帶有不相稱的情緒作用，並開始想要破壞對手的名聲，就有立場懷疑他把某種東西投射到對手或他的理論。如果我們有注意自己夢境的好習慣，就會看到自己常常夢到這種對手，這是給我們訊號：「與此對手有關的某個東西，其實在我自己裡面。」即使只有別人在投射，我們內在也很難不被吸引，因為情感和情緒具有很強的感染力，在團體的情境中，需要極大的勇氣才不會失去自己的冷靜，這是每一個團體的主持人或討論團體的帶領者都知道的。

投射與疾病的關係

發送者

投射的每一個過程都有一個發送者，就是把某個東西投射到別人身上的人，還有一個接收者，就是被投射某個東西的人。有趣的是，這兩者在醫藥的歷史中是非常重要的兩個因素。發送的概念廣泛見於原住民的疾病發射器，魔箭或其他東西，通常是尖銳的發射物，使被射中的人生病。3神明、惡魔或邪惡的人會向人發射這種神奇的「銳器」，拔出這種發射器能使受害者得到療癒。舊約中，上帝本身會發射這種箭（約伯記六章四節）：「因全能者的箭射入我身，其毒，我的靈喝盡了。上帝的驚嚇擺陣攻擊我。」或是有眼不能見的惡魔力量（詩篇九十一篇）：「你必不怕黑夜的驚駭，或是白日飛的箭。也不怕黑夜行的瘟疫，或是午間滅人的毒病。」在一般人裡，惡毒的誹謗被當成這種箭。（比較：耶利米書九章三節、八節；詩篇六十四篇四節）我們也可能注意到德文Krankheit（意為「疾病」）和kränken（意為「情緒性傷害」）兩者的關係。我們到今天仍會說「帶刺的話」和「尖銳的評論」。印度話中的salya意為「箭頭」、「刺」或「碎片」，對於從病人身體取出這種箭的醫生，會說他的作用「像審判時取出不義之刺的法官」。刺顯然就像不公正的有害情緒。精神科醫師和心理學家都知道病人圖畫裡尖銳或鋒利的圖形代表破壞的衝動。

正面的投射也是一種箭，舉例來說，這就是埃莫神〔譯註〕和印度的愛神卡瑪（Kama）都帶著弓與箭的原因。佛教描寫愛的欲望是「殘忍刺入肉體的箭」。

疾病之箭的發送，很少來自惡人，比較常是出於神明或魔鬼，這個觀點符合現代心理學家的觀察，他們認為投射不是我們有意做出的，而是在潛意識中發生的，也就是說，它們是從潛意識的情結或原型發出的。（魔鬼＝情結；神明＝原型意象。）希臘哲學家德謨克利特斯（Democritus）相信整個大氣層充滿了影像（eidola）或想像的觀念（dianoetikai phantasiai），在夢中盤旋於我們四周，也在日間影響我們。「只有敏銳的心才能辨識它們；一般人會把它們當成外在世界的物體。」[4]

自己未經意識理解的心靈內容的投射，會造成發送者內在「靈魂的失喪」，這是原住民最害怕的疾病。這會使人漠然、沮喪，或是容易被外在他人的強迫性奴役。

接收者

被別人投射某些東西的人也會受到影響，在原始的觀點中，他是被箭射中。如果接收者的自我意識薄弱（例如，小孩子），就很容易被影響而表現出投射到他身上的東西。在原始的觀點中，就表示他被附身了。我們覺得被迫與某人對我們的迷戀有所關聯，或不由自主對敵人做出惡事，正如他基於投射而對我們產生的預期。小孩常常表現出父母潛意識的陰影面，也就是隱藏在他們裡面，但沒有被意識理解

譯註　Amor，即愛神邱比特。

的面向。這解釋了一個現象，就是行為特別良好的父母的小孩，常常做出特別邪惡的事。就如俗語所說的「傳道人的小孩和磨坊主人的乳牛，就是很難有出色的表現」。

投射的收回

榮格把投射的收回分成五個階段：

一、一開始的情況是遠古的認同。內在的心靈內容完全被經驗為外在客體的行為；例如：人可能相信自己已被一顆石頭施了魔法。

二、石頭本身和魔法的成分區分開來，後者被描述為石頭裡的邪惡「精靈」。

三、判斷精靈是善良的或邪惡的。

四、精靈被宣布為錯覺。

五、提出疑問「什麼東西能產生這種錯覺？」並認識它並不是外在某種真正的東西，而是內在心靈的真實，然後嘗試整合它。

如果透過這些階段的次序來看事情，許多在比較宗教史和形成學術假說時的問題都可以得到澄清。這些階段是：遠古的認同，泛靈論，文化本身神明的道德評價（如古希臘時代），啟蒙，認識心靈的真實。[5]

人對這五階段的任何進展，似乎都會經驗到強烈的抗拒，但特別會對抗最後第五階段的進展。這是基於一個事實：投射的任何收回，都會讓省思的人承受負擔，開始為自己心靈的一部分負起責任，他原本認為這一塊不是自己的一部分而以毫無負擔的方式看待它。因此心理治療師必須煞費苦心地衡量自己可以要病人或同伴承認多少部分。自我意識就像在一艘或大或小的船上的漁夫，船上只能容納那麼多魚（潛意識內容），否則就會使船下沉。我們有時不得不讓被分析者繼續相信有邪靈或別人在迫害他，因為承認自己裡面有這個魔鬼，可能真的會害死他。

但即使是有最大承認容量的人，仍有他們的極限。所謂的原型情結（以上帝或神明來表現），是無法全然整合的，否則他們會以自我膨脹的方式（自大，自誇妄想）過度擴張人格。較聰明的做法是把這種原型的內容理解為心靈真實的集體力量，人不能認同自己就是這種力量，而必須謹慎地與他們建立關係（尊重的行為、奉獻、相當於禱告的談話），藉此獲益。從這個觀點來看，世界上過去和現在的各種宗教都是心理治療的體系，使人能與那些原型的心靈力量在投射的形式中建立關係，且多少避免受到懲罰。這是宗教與醫學有關聯的終極基礎。

後果

雖然有前面談到的抗拒，但人會向更寬廣意識發展的傾向似乎已經浮現了，這同時意味著他的心靈領域透過投射的收回而擴展。這個情形的意含和正面結果是很容易了解的，人愈認識自己，就愈少把自己的東西投射到別人身上，也愈客觀、沒有幻覺、真誠地與自己和真實的他人建立關係。這是同情或迷戀與真實的愛之間，或仇恨與客觀的拒絕和超然之間，終極的分野。關係中所有在互相了解和改善上的進展，都有賴於投射的收回。可是，這種進展必須付出代價：不可能再躲在舒適的「溫暖小窩」裡什麼也不操心；也不可能再說長道短，享受發脾氣的樂趣，得意洋洋地說「我早就告訴你了」。基於這個理由，我認為如果所有人都突然變「聰明」，承認自己的投射，將是一件可悲的事。神聖「愚行」的遊戲終究必然會持續下去，但只要投射會導向死亡和謀殺，或嚴重的苦難，最好還是能省思一下。可是，這是如此不受歡迎的行為，一般只在最緊急的狀況才會這麼做。不過，當前人口過度膨脹的問題，及其衍生的擁擠情形，其實已經造成緊急的危險狀態，我認為有自覺地更認識我們的真實本質，不再繼續用投射這種幼稚的方法來加重別人的負擔，已是絕對必要的了。

....

原註：

1. Cf. C G. Jung, "Concerning the Archetypes, with Special Reference to the Anima Concept," in CW 9/I, pp. 54-74.
2. Cf. Jung, letter to Marie Ramondt, 10 March 1950, *Letters*, vol. I, p. 549.
3. Cf. E. H. Ackerknecht, "Primitive Medicine and Culture Patter," *Bulletin of the History of Medicine* 12 (April 1942), and "Natural Diseases and Rational Treatment in Primitive Medicine," *Bulletin of the History of Medicine* 19(May 1946).
4. H. Diels, *Die Fragmente der Vorsokratiker* (Fragments of the Presocratics), 6th ed. (Berlin, 1952), vol. 2, p. 102.
5. For more detailed discussion, see Marie-Louise von Franz, *Projection and Re-collection in Jungian Psychology: Reflections of the Soul* (LaSalle, Ill. & London: Open Court Publishing Co., 1985).

第九章

專業與志業

這裡談到與極地住民的巫師系統有關的一切，都可以應用到現代治療師的志業問題。未曾進入深度潛意識，也未看見那裡是「所有疾病神靈的道路」的人，對承受嚴重心靈痛苦的人類同胞，很難擁有足夠且真實的同理心，他只會根據教科書來治療他們，完全不能同理他們，但這往往是病人需要的關鍵因素。

關於準分析師的訓練，最難回答的問題就是他們是否適合這項專業（profession）。即使是最完整的訓練課程，若只提供不可或缺的知識（這個部分肯定是必要的），也無法傳遞給人「某種」可以在人裡面製造出療癒素質的「東西」。道德的完善和助人的意願確實是不可或缺的，但光靠這兩者是無法回答上述問題的。根據我的經驗，每一位曾花很長一段時間努力接受分析，而且有自覺地認識自身問題的人，都會對周遭的人散發吸引力，別人會感覺到他具有某種吸引人靠近的素質，而開始在專業環境之外向他詢問自己的夢和問題。然而，我認為這仍不足以證明他是否適合成為分析師。這種人也許另有自己要完成的責任，有其他更大的志業（vocation），不只是把他已達到的較高意識狀態傳遞出去。我記得有一位女子就是在這種處境，她雖然已完成必要的先決條件，但夢並不支持她從事分析工作，直到她的兩個小孩長大離家，她才夢到：「一個聲音告訴我，我現在可以在自家的前院蓋一座公共游泳池，在那裡當服務員。」這顯然是指她現在可以讓別人進入潛意識的水池，並確保他們能學會游泳，不會溺水。她後來成為才華洋溢的分析師。在這之前，她的家庭顯然太需要她，不能把她的能量消耗在家庭以外的人。

療癒者的原型意象

接受訓練的準分析師，如果被療癒者原型占據，會出現一項不好處理的問題。療癒者的原型意象與永恆少年（puer aeternus）的原型有關，永恆少年是大母神（Great Mother）具有創造力的神子。許多有母親情結的年輕人都有認同這個原型的傾向，他們本身對所有無助或受苦的人展現出「慈母般」的特質，往往也具有教學的天分。[1] 從這個觀點來看，他們並非不適合分析師的專業；可是，由於他們對此原型的認同，這些年輕人容易自我膨脹。在這種情形中，強迫他們接受嚴格的學習，甚至研習醫學，是有益的。因為自我膨脹的人不喜歡工作；他對每一件事都已經比別人知道得更多、更深入。所以，努力學習加上透過分析得到必要的澄清，往往可能克服自我膨脹。引發並指向療癒歷程的，終究是潛意識，分析師只是這個歷程的助手和支持者，並不是作者，這種了解對這種人是很重要的。我要用一位年輕同仁與志業有關的夢來說明這一點，他在接受第一次分析的前一夜做了這個夢，他在做夢前的夜晚深思究竟什麼才是榮格學派認為的「恰當」的夢的詮釋和分析，然後夢見：

> 我坐在一座舊城市裡開闊、長方形的廣場，一位只穿著長褲的年輕男子與我作伴，他雙腿交叉，坐在我前面，他的身軀強而有力、充滿活力，陽光照耀著他金色的頭髮，他對我敘述許多夢，希望我為他解夢。當他對我述說時，這些夢像是他在我面前展開的一種織品，他每述說一個夢，就有一顆石頭從天上掉落，敲打一下夢，當夢的碎片飄落，我拿到手中一看，才看清它們是麵包做的。夢的碎片飄落後，就裸露出內在的結構，很像一種抽象的現代雕像。每述說一個夢，就又掉下一顆石頭，於是這個骨架愈來愈明顯，是由螺帽和螺栓組成的。我告訴年輕人，這表示要探討夢的意義，就要進入具體細節。接下來又顯示夢的詮釋是知道要丟棄哪些部分、保留哪些部分的藝術，人生也是如此。
>
> 接下來，夢的場景改變了。我和年輕人現在面對面坐在一條非常美麗寬闊的河邊，他仍在向我述說夢境，但夢建立的結構呈現出不同的形狀，已經不是螺帽和螺栓形成的金字塔，而是成千上萬小形的方

塊和三角塊組成的金字塔，好像布拉克的立體派畫作，卻是真正立體的，而且是活的。小方塊和三角塊的顏色與明暗一直在改變。我解釋這是一個人維持整體結構的平衡所必需的，要不斷地立刻回應顏色的改變，在另一側做出相應而互補的改變。平衡顏色的工作極為複雜，因為整個物體是立體的，且一直在移動。接著，我看著夢金字塔的頂端，那裡什麼也沒有，那兒其實是整個結構維繫在一起的點，但那個點是空無一物的空間。當我看著它，這個空間開始散發白色的光芒。

夢的景像再度改變，金字塔仍在那兒，但它現在是固態的糞便形成的，頂端仍散發光芒，我突然了解，眼不能見的頂點是因為糞便才被看見的，反過來說，糞便也是因為頂點才能被看見。我深深看入糞便，發現我正看著上帝之手，在領悟的一瞬間，我了解頂點為什麼是看不見的，因為它是上帝的面容。

夢境再度改變，我和馮．法蘭茲小姐在河邊散步，她大笑說：「我是六十一歲，不是一十六歲，但兩個數字加起來都是七。」

我突然醒來，覺得剛才有人重重敲門。我驚訝地發現，公寓全然寂靜，空無一人。

在初民的語言中，這是個「大夢」；以榮格的語言來說，這是原型之夢，具有超越個人、適用於普世人類的意含。我在第一章〈自我實現〉中，已詮釋了這個夢，請讀者參考那裡的討論。在目前的脈絡中，重要的只是潛意識在夢中成為治療的重點，上帝之手以「人性，太過人性」的方式被看見，以及一個人自身發展的工作會繼續下去。這似乎是此處最重要的部分。

這個大夢使夢者遠離恐懼，並以人生哲學回答他的問題，這些問題的核心是關於自我實現的問題。

整個情境的呈現方式就像是發生一件啟發夢者的事，可是，這不應該誤導我們以為心理分析不需要自我的部分也出一份力。我們從經驗得知，心理分析是辛苦的工作，需要許多知識。這個夢把工作當成只是發生一件事，是基於一種補償，因為夢者在前一天的沉思中，過度認真地看待自我和治療師的角色。現實中被分派給他的病人（兩位年輕女子）完全沒有在夢中出現，夢中的病人、「受苦者」是夢者本身的內在人物，是他本質我的一部分。

分析師的知性訓練

每一項心理學真理都可以（甚至是必須要）從反面來看：沒有一個分析師應該不具備堅實豐富的知識，要盡可能的廣泛。常常有人正確地指出，缺少醫學訓練的心理學家很容易忽略身心問題，我雖然支持心理學家不需要接受醫學訓練，但我還是要強調這一點。非醫生出身的分析師認真仔細地學習身心疾病的症狀學，無疑是非常重要的，好能把需要治療身體的病人轉介給醫生。但我認為還有其他領域的詳細知識是必不可少的。我在此想起一位曾經接受分析訓練的墨西哥學生，我當時覺得並沒有真的了解他，他似乎也無法從我的話得到什麼收穫，這種情形對我來說是全然不可思議的，因為我非常喜歡他，後來他帶著下述夢境來找我：

他在樹枝的分岔看見一顆很大的黑曜石，他走向它，石頭從樹上跳下，開始跟著他，他覺得它非常危險。他逃走時，遇見幾位工人，已在地上挖了一個四角形的洞，他們用手勢表示他必須爬進這個洞，靜靜站在洞的中間。他照做時，跟著他的黑曜石變得愈來愈小，最後像顆溫順的小鵝卵石躺在他的腳邊。

我聽見這個夢時，驚呼：「你和泰茲卡特利波卡神〔譯註〕有什麼關係？」於是他說出緣由，他有四分之三的阿茲特克人血統，從他有記憶以來就不曾提過這件事，因為在墨西哥仍普遍存在種族歧視。我突然了解他，他內心在不知不覺中活在阿茲特克的靈性傳統裡，卻否認自己裡面有這個部分，他的個體化從這個夢開始，他在知性上的創造力也由此開始。至上的阿茲特克神泰茲卡特利波卡成為他在積極想像中的內在導師。

可是，如果我不知道黑曜石是泰茲卡特利波卡神的象徵，這次分析會發什麼情形呢？有經驗的分析師自然不可能熟悉成千上萬的所有神話主題，所以，重要的是去教育準分析師，使他不會隨便詮釋夢，而會在遇到困擾時，持續查閱關於象徵的專業文獻。畢竟，就連醫生也有手冊，可以查詢藥劑和症狀的細節。在榮格式分析中，神話學知識的重要性遠遠超過其他學派的分析。其他學派的取向通常是根據他們關於夢的既有理論，從一開始就做出某些詮釋。根據榮格學派的取向，原則卻是每一個夢都表達某種仍未知的東西，某種對病人仍是新奇的東西。如果是從個人潛意識來處理夢的意象，仔細記錄夢者的聯想，往往就已足夠，但透過聯想的方法，很少能說出什麼關於原型意象的事。以這個例子而言，就需要尋找客觀的比較神話學的素材。

雖然這個問題主要是涉及準分析師的知性訓練與知識，但也絕不能忘記感受的部分，也就是心。沒有心的分析師或許會很聰明，但我還不曾見過任何一位這種類型的人能療癒任何人！而且，「心」是無法慢慢教出來的，依我的看法，沒有心的人是最不適合這項專業的。可是，也有人真的具有感受和慈悲的能力，卻不敢表達出來，這種人就可以透過訓練成為好分析師。

事實上，理想的說法是分析師必須訓練所有四種意識功能。他需要感官的功能，因為他必須注重實際，並能看見內在和外在的事實而運作，不應該發生下述情形（雖然我親眼見過）：分析師完全不了解病人的經濟狀況，或是忽略病人三餐不繼的事實。直覺當然也是必不可少的，因為少了它，就不可能抓住夢的預期和預兆的功能，也猜不到被分析者未說出的任何東西，而這通常是特別重要的東西。

當然了，在實際的情形裡，幾乎不可能要所有分析師都如此圓滿周全地整合所有四種意識功能。如果能讓準分析師覺察自己尚未發展的功能是什麼，而知道自己的弱點，並對此有所警覺，能在不確定的時候，有理由懷疑分析中有些事不太對勁，而會邀請同僚來會診，就該對這樣的訓練成果感到滿意了。

志業，來自神靈的呼召

知識的問題，以及意識功能發展的問題，都與準治療師的常態狀況有關，與他對外在世界和社會的

譯註　Tetzcatlipoca，阿茲特克宗教信仰的神。

適應有關。但「志業」這個詞則與某種更深、更本質的東西有關：這是與上帝或神明的連結，也就是與心靈內在展現的力量的連結。如果從歷史來看這一點，就會發現中世紀時，被認為具有成為心靈或靈魂助人者志業的人，通常不是「正常」人，而是神父；人甚至會到殉道者或聖人的墳墓尋求幫助，認為這些人格的超自然影響力可以療癒心理困擾。如果回顧更早以前的歷史，就會看見宗教和醫學間特別的基督教的分裂。再回到更早的時代，會看到兼具醫生和神職人員的人物，比如在醫藥之神的聖地（希臘的寇斯島、艾庇道魯斯城等等）[2]工作的人。舉例來說，根據阿普列烏斯（Apuleius）的記錄，那時的志業是指自願[3]留下來服務伊希絲（Isis）女神的人。

古代後期的神職人員—療癒者是一種原型的變型，代表世界各地都有的巫醫或巫師類型的人。對他而言，志業仍保留這個詞的原意：來自神明或神靈的呼召，要成為療癒者。巫師（以及各種其他民族的許多男女巫醫）要通過一段特殊的訓練期和發展期，他們是被部落的神靈或其他神明召喚，往往違反他們本身的意願。「巫師成形之前，注定有這項功能的人的靈魂會被神靈取走，進入地底世界或上層世界。」[4]然後，準巫師的靈魂會被放入一顆大樹的枝幹裡不同層次的巢穴中，通常是由烏鴉或其他鳥類或有翅的驤或鹿等外形的動物母親來孵化和養育。這個動物母親是他的另一個自我（alter ego）、他的替身、他的保護靈、他的生命本源。有時她會吞食巫師，然後重新生出他，或是當他在蛋裡時，她會坐在他上面孵育。此外，巫師的啟蒙儀式通常也包括準巫師被肢解成一副骸骨，骸骨代表無法毀壞的基質，由此可以改造出更新的巫師。新巫師並不會一直控制著他的新形式；有時他只在關鍵時刻遇見它，比如在啟蒙儀式中，或臨死的時候，但這是透過內在的另一個自我來完成他的療癒。[5]

巫師經驗與傳承

從現代深度心理學的立場來看，這種巫師經驗就是經歷集體潛意識的入侵，並成功地處理這個經驗。依我的經驗，當準分析師的分析訓練一直懸在個人問題的討論時，這個人日後永遠無法成為有效的分析師。就如榮格所說的，一個人只有在自己的生活中經驗過永恆，他的人生才找到了意義，否則人生會迷失於各種淺薄的事物中。[6]我們或可接著這麼說，這樣的人只能為別人提供淺薄的東西：美好的建議、知性的詮釋、善意的勸告，以幫助人過常態的生活。分析師向內住在重要的本質裡，是非常重要的；如此他才能引領被分析者進入自身的內在核心。巫師會對他想要做成鼓的木材貼切地說：「讓你的心靈脫離爭吵和喧鬧，松木啊，你即將成為一張鼓。」[7]

動物母親精靈、鼓、樹等等的象徵（我無法在此一一細述），以榮格的用語來說，都是本質我的象徵。在巫師的傳承裡，準療癒者不但要經歷集體潛意識的入侵，也必須穿透並進入經驗的核心，抵達榮格所說的本質我。奇怪的是，本質我往往會先以敵對的方式面對當事人，有如某種爆炸性的東西，甚至可能造成瘋狂。[8]西伯利亞的通古斯（Tungus）族知之甚詳，他們甚至說，在一個人能成為巫師之前，必須承受神靈數年的折磨，它們是死去巫師的靈魂，會使他產生妄想。他們往往就是在啟蒙儀式中肢解他的神靈。[9]

舉例來說，有位布里亞特（Buryat）人病了十五年，他在冬天裸身遊盪，「行為有如愚人」，[10]後來遇到他的守護靈，對方告訴他：「你為什麼一直像這樣閒晃呢？你不認識我們嗎？來當巫師，依靠我們這些祖靈。你願意嗎？」他表示同意，經過啟蒙儀式後開始當巫師，別人稱讚他：「他在任何地方都做善事，為人治療。」啟蒙者在完全度過啟蒙時期、治好啟蒙疾病之前，完全不被允許做巫師的事。[11]

我們這裡所談到與極地住民的巫師系統有關的一切，竟然都可以應用到現代治療師的志業問題。未曾進入深度潛意識，也未看見那裡是「所有疾病神靈的道路」的人，對承受嚴重心靈痛苦的人類同胞，很難擁有足夠且真實的同理心，他只會根據教科書來治療他們，完全不能同理他們，但這往往是病人需要的關鍵因素。也有人過早開始當巫師，卻還沒有克服自己的啟蒙疾病，這也是我們太熟悉的景像，許多熱誠的年輕人從一開始接受分析訓練就想治療別人，卻尚未調解自身的問題與潛意識的內容，這麼做時，在與病人的「神祕參與」裡，往往會結束於病人的盲點，這種結果是「兩人親密地共有精神疾病」，並不是治療；或是病人聰明到足以發現自己的準「醫師」根本不具備什麼底子。曾有一位羽翼未豐的「療癒者」自己實驗治療，結果被分析者告訴我：「那個傢伙比我更憂鬱。」

有人聲稱巫師與巫醫和精神病患差不多，至少都有心理不穩定的問題，但伊里亞德曾指出，愛斯基摩人能清楚區分「巫師」病和一般精神疾病的不同。[12]在巫師啟蒙疾病的過程中，啟蒙者會順利找到自己的治療，這正是一般精神疾病患者無法做到的。此外，巫師是其社群中具有創造力的人，是詩人和藝術家。這還涉及一個對現代治療師也很有意義的問題：本身就發瘋的精神科醫師是通俗笑話中很常見的人物。[13]在這種連結中，我會用愛斯基摩人的觀點來聯想：能療癒自己的人，並不是病人，而是能幫助別人的人，因為這種人最核心的部分是未受損傷的，且擁有自我的力量，這二者是治療師專業不可或缺的必要條件，他發生啟蒙疾病不是出於軟弱，而是為了熟悉「疾病的所有情形」，從自身的經驗了解被占據、憂鬱、精神分裂等等情形的意義。

他在啟蒙過程的解體也不是精神分裂。根據神話的描述，這是還原到骨骸，根據神話創作者的觀點，這代表人類裡面無法摧毀、永遠存在的部分，透過代代相傳而不朽。轉換成現代語言就是指啟蒙者進行一種「分析」，消解所有不真實的特質，比如因循習俗或幼稚的部分，以贏得直達自身真實存有的道路。以榮格的語言來說，這代表他成為個體化的人，成為堅實的人格，不再隨著內在的情緒與投射或外在的社會趨勢與風氣而起舞。

黑魔法與白魔法

可是，在民族學的脈絡中，療癒者也具有特定的陰影；也就是說，這項志業也有黑暗的另一面，就是惡魔巫師或巫醫的人物。這種情形最表淺的形式就是治療師被權力情結占據。這種情形當然很容易了解，因為這項專業使人成為自己的主人和專家，而別人常常以幼稚天真的方式依附他，所以權力的濫用是這項專業的巨大誘惑。例如，人可能被誘惑扮演知道對錯的父母或智者角色。依我的看法，這雖然令人厭惡，但還沒有那麼危險，因為這種治療師通常會適時招惹到同樣被權力占據的病人，或是容易聚集一群乏味的幼稚園病人，帶著許多要求而糾纏不清，使治療師受到懲罰。

「惡魔」療癒者是某種在更大格局的東西，某種更危險的東西。舉例來說，雅庫特（Yakut）族相信巫師在啟蒙儀式中，可以選擇被「毀滅與死亡來源」的神靈啟蒙，或被「療癒與拯救」14 的神靈啟蒙。此處有一件令人困惑的事，就是被邪惡神靈啟蒙的人仍可能被認為是偉大的巫師，[15]但這種人要成為巫師，有許多人必須死（通常是他部落裡的人），而光明那一邊的巫師的部落則會興盛。[17]所以第一種巫師被稱為「嗜殺殘忍的」。從心理學的角度來看，黑暗的巫師已找到通往潛意識的路徑，並顯示自己強壯到不會被潛意識擊倒，但刻意屈服於潛意識的黑暗衝動。

所謂「惡魔的」也被稱為「黑魔法」，榮格以下述說法描述之。[18]「白魔法」努力驅趕潛意識中疾病的力量，「黑魔法則推崇破壞的衝動，視之為唯一有效的真理，以對抗目前的主流秩序，並讓這些衝動為個人效力，反對為整個社會效力。用在這方面的方法是原始而迷人或駭人的觀念、影像、話語，是平常的理解力無法了解的奇怪字眼」等等。「惡魔的……是基於這個事實，負面和破壞的潛意識力量是存在的，邪惡是真實的。」練習這種黑魔法力量的人，本身通常已被潛意識內容占據。榮格在此以希特勒做為負面救世主或毀滅者的例子。在巫師傳統的世界，人人都非常害怕的這種危險巫師是存在的。默希亞．伊里亞德舉出許多傲慢巫師的實例，他們往往被視為邪惡的真實來源，且被認為可以解釋當前巫師體系沒落的狀況。[19]依我的意見，這種傲慢也存在於現代治療師，我認為有這種特徵的治療師比那些專業訓練不足的人更危險。我猜並沒有什麼體制或理性的方法可以不讓這種人進入分析專業，只能期望一般大眾有足夠的本能避開他們。

最好的分析師也必然是創造者

到目前為止，深思一下這裡提出的幾個重點，我們看見分析師專業需要極高的要求，幾乎是沒有人能完全滿足的要求。感謝老天，原始民族也知道，能幫助人的，不只是少見的偉大巫師，也包括較小、較不重要的巫師。巫師的偉大或重要是依據他多常、多深地穿入潛意識，以及在這麼做時，親身承擔了多少苦難。所以絕對必要的並不是成為偉大的療癒者，而是知道自身的限制，因為確實會有病人的成長超越治療師的情形，也就是病人內在歷程的進展超過獨自前行的治療師（而且不是那麼罕見）。

所以，分析師的本能傾向是以簡化的方式，嘗試把病人帶回治療師本身的意識層次。只有在他意識到自身的限制時，才能避免這種危險，而不會透過「不過如此」的詮釋風格貶低別人身上有意義、促進成長的要素。當分析師保持對自身限制的覺察，有時甚至能藉由誠實和甘願只貢獻自己能力所及的東西，並信任其餘的部分可以交給病人，而幫助比治療師本身更超越的病人。只要是他的弱點，他就必須向病人承認，並反過來要求對方的了解。至此，這個歷程已不是「治療」，而成為一種互相給予和接受的關係。這時當然應該考慮收費的安排是否合宜。

心理分析專業有一個特別的問題，就是創造力。最好的分析師無疑是在本身的專業以外也從事某種創造活動的人。初民社會中，巫醫也是詩人、畫家之類的人，這並不是沒有意義的。創造和療癒的元素非常接近。榮格解釋說：「湧現的混亂要尋找新的象徵觀念，不但能涵蓋和表達原有的秩序，也包括失序的基本內容。這種觀念具有神奇的作用，能容納失序的破壞力，就如基督教和所有其他宗教曾有的情形。」[20]

榮格在此就普遍集體層面的關係所表達的意思，也可以應用於較小的團體和個體。在所有脈絡中，重要的都是在自己的深度中找到本質我的指揮影響力，並以象徵、藝術、行動來表現它。如果分析師在自己的諮詢之外，沒有同時致力於這個任務，就會如榮格所說的，變成例行公事的獵物，隨著時間流逝成為了無生氣的分析師。我在這件艱難的工作中，發現很容易在不知不覺中對自己的同儕出現妒忌和某種程度的輕蔑。只有持續致力於自己內在創造力的任務，才能預防這種墮落。只有一次體驗到志業的感覺是不夠的；必須在自己裡面一次又一次地贏得從事這項專業的權利。

原註：

1. See Jung, "Psychological Aspects of the Mother Archetype," in CW 9/i
2. See C. A. Meier, *Der Traum als Medizin* (The Dream as Medicine)(Einsiedeln, Switzerland: Daimon Verlag, 1985).
3. Cf. G. Preusschen, *Mönchtum und Serapiskult* (Monasticism and the Serapis Cult)(Giessen, 1993), passim.
4. Cited in A. Friedrich and L. G. Budruss, *Schamanengeschichten aus Siberien* (Siberian Shaman Stories)(Munich, 1955), p. 45.
5. Ibid., p. 48.

6. Jung, *Memories, Dreams, Reflections*, p. 325.
7. Friedrich and Budruss, *Schamanengeschichten*, p. 80.
8. See Jung," The Philosophical Tree," in CW 13.
9. Cf. Friedrich and Budruss, *Schamanengeschichten*, pp. 212-13.
10. Ibid., p. 209.
11. Ibid., p. 159.
12. See Mircea Eliade, *Shamanism: Archaic Techniques of Ecstasy* (Princeton: Princeton University Press, Bollinggen Series, 1964),pp. 23ff.
13. 比如有一則笑話：精神病人和精神科醫師有什麼不同？答：精神科醫師擁有辦公室的鑰匙。
14. Friedrich and Budruss, *Schamanengeschichten*, p. 171.
15. Cf. Ibid., p. 158.
16. Ibid., p. 154.
17. Ibid., pp. 150, 147.
18. Jung, letter to Horst Scharschuch, 1 September 1952, *Letters*, vol. 2, pp. 81-82.
19. Eliade, *Shamanism*, p. 72.
20. Jung, *Letters*, vol. 2, p. 81.

第十章

團體心理學

團體治療能聚集許多個體，教育社交行為，這方面的探討在個人分析中有時是不夠的。但因為人總是傾向於依附別人或「主義」，而不是在自己裡面尋找獨立自主的力量，所以有把團體當成父親或母親的危險，讓自己仍像以前一樣幼稚而沒有安全感。

在現代社會學文獻中，一般說來要區分下列用語：（一）團體（group）是指一群人在理智和情感層面彼此相關，其中的每一個人都履行某種角色；（二）人群（crowd）是指一群隨機聚集的人；以及（三）群眾（mass）：大型的人群，在情緒和本能上聯合起來，一般會追隨一位領導者。

根據大部分現代社會學理論，混亂的群眾和秩序良好的團體原本比現在的情形更為接近，但我認為這不太準確，因為它們在過去並不是比較接近，甚至比現在具有更明顯的差別，但他們較容易從一方顛覆成另一方；初民團體很容易失控，就像年輕人或心智不穩定的人組成的團體一樣，但他們裡面的現象在原始層面卻是更為僵化的（禁忌！），而混亂的群眾現象也有比較狂野、歇斯底里的傾向。即使是較高層次的早期文明，比如日本的武士文化，或歐洲中世紀的封建社會，也能看見努力走向刻板僵化的強烈傾向，因為表層之下的情緒和情感仍如此強烈，所以他們必須強力使之馴服。可是，愈能達到真正文明的人，行為的社交規則就愈有彈性，對於行為的諸多細微差異，不再用黑白分明的對比來劃分，而能找到容納許多顏色的光譜。

古斯塔夫．勒．邦（Gustave le Bon）和佛洛伊德認為，群眾是人類關係的原初形式（原始部落），但這已被證明是錯的，因為即使是今日所知的最原始社會，也能找到組織良好的社會團體，多半是由大家庭和親族形成社會秩序的基礎，而社會學家也因此草率地推斷「我們」的利益基本上是優先的，先於「我」的利益。[1] 這些理論遺漏了潛意識的問題，包括個人和集體層面的潛意識問題，因而造成可怕的過度簡化。它們忽視原型的角色，以及心智和情緒的行為模式，因而忽略了某些必須更仔細考慮的事實。

兩端之間才有自由

榮格採用皮耶．簡奈特（Pierre Janet）的觀點，把包括原型在內的所有心理功能分成優勢部分和劣勢部分。一個原型的劣勢部分是指動物學用語所說的本能行為模式，具有較多情緒驅力的面向，也較具強迫性（全有或全無的反應）。優勢部分則包括較多有自覺的內在認識的可能性，也較有彈性。榮格把心理比喻成光譜，紅外線那一端是身心行為的衝動，紫外線那一端是意義的象徵性理解或固定觀念、集體規範、宗教感召等等的經驗。具有社會秩序的團體會放在較接近紫外線的那一端，帶著強迫的情緒反應的群眾則比較接近光譜的紅外線那一端。在社會學文獻中，團體通常受到正面的評價，群眾則是負面的。我認為這是武斷的看法，舉例來說，歷史上，國家為自由作戰的情形（表現出群眾現象的所有情緒特徵），通常被評價為正面的（比如瑞士脫離奧地利獨立），相反地，支持政治意識形態而理性組成的團體，可能過於僵化地掌控國家，而壓制所有情感生活，包括生活的魅力與溫暖。所以光譜的兩端都可能是正面或負面的，要視觀點的不同而定。我認為兩端之間的中間立場代表最理想的情況，偏向紅外線端（群眾現象）會造成過大的情緒和情感內容的爆炸。偏向紫外線端，則會產生意識形態的狂熱，被宗教或政治占據的狀態。兩端都沒有自由可言，只有在兩端之間的中間立場才可能有某種程度的意識，以及伴隨意識而有的個體自由。

社會學文獻裡的另一種過度簡化的觀點，是認為「我們」在歷史上比「我」更早出現。如果是指集體意識（團體意識及其行為規則）在歷史上似乎比「自我意識」更早出現，這種說法可能正確；但不適用於「團體與個體」相對的情形，因為個體性不等於「自我意識」。例如，小小孩或動物在發展出任何穩定的自我意識之前，就已展現許多個體性。團體與個體相對的兩極性原本就存在於動物世界。動物學家阿道夫·波特曼曾指出，在動物團體之間，有創意的行為模式的改變，只可能被個體所啟動。例如，一群候鳥中的一隻個別的鳥決定冬天停留在相同的地方，如果牠死了，就不會再有什麼結果；可是，如果牠活下來了，就會有更多鳥在下一個冬天停留該處，於是整個團體逐漸改變其習慣。

所以我們必須考量兩種對立性：（一）集體意識（主格或受格的「我們」）相對於自我意識，以及（二）團體（意識加上潛意識）相對於個體（意識加上潛意識）。現代社會學家通常以較正面的方式評估集體意識，甚於自我意識，前者被認為較「正常」，後者較容易展現不合群的「外人」特徵。但我們必須考慮這其實並非普遍適用的。[2]就像個別個體的情形一樣，整個團體的意識態度也會脫離本能的根源，變得神經質，然後與個體的健康「自我」衝突。我常常觀察到整個神經質的家庭團體與其唯一健康的成員搏鬥。在納粹德國，任何嘗試保持自身平衡的人都會受到迫害。因此，我們必須詢問：什麼是「正常」？集體的「我們」什麼時候比外人─自我更正常？什麼時候更不正常？我們在此會更深入探討。團體當然也會展現出類型的片面性，在某些美國人團體中，內傾型的人會被自動貼上不正常的標籤，在遠東地區，我有時會見到冒險進取的外傾型行為受到極大的不信任。我們如果裸體站在第五大道崇拜上帝，會被抓到精神病院，若在加爾各答做相同的事，則會被當成聖人來尊敬。正常或不正常的終極標準在哪裡呢？社會適應是唯一重要的事嗎？假如社會變得神經質，怎麼辦呢？社會適應仍是可取的嗎？或是個人應該找到獨力對抗它的勇氣呢？他要從哪裡得到這種勇氣？這些問題在現代社會學理論還找不到答案。就原型而言，這也會導向許多更深層、無法回答的問題。雷蒙・貝特貴（Raymund Battegay）在病人身上觀察到他的治療團體總是渴望擁有「自己的房間」，類似動物對自身領域的依附，也類似部落和國家的領土依附。[3] 這種領土依附衍生自母親原型，我們可以觀察到人容易把「母親」投射到自己的團體，這個事實常常導致各種各樣的嬰兒式退化。但這不是唯一的可能性，在流亡的猶太人中，律法取代領土，被證明同樣有效地保持團體的凝聚。在兄弟會、戰士的團隊之類的團體，較常由共通的「精神」或「理念」（亦即父親原型）使人結合起來。這種觀點在歷史過程中也會改變，例如，漢斯・馬提（Hans Marti）曾表示瑞士民主憲章最初比較多是基於社會契約的父權形象，是父親國家（Father State），但現在已愈來愈變成母親赫爾維希亞的形象（譯註一），她滋養小孩，並擁有樹林、湖泊和大地，都是母親的象徵。可是，這兩種家長的形象仍不是唯一可能被人圍繞聚集的中心。還有許多其他可能。

社會學已發現所有團體都會圍繞某種中心聚集，這個中心的特點就是把注意力集中在團體的主題、團體的意圖，或是團體的目標。所有團體的存在都有賴於這個中心。[4] 中心可能具有一個純粹基於理性的目標，比如運動、商業和政治團體，也可能歸屬於更高的階層，比如原始部落的圖騰或宗教社群的象

譯註一 Mother Helvetia，這是代表瑞士聯邦的女性圖像。

徵，[5]中心必須滿足「超越經驗的需求」。在敏感度團體和治療團體中，中心的目標包括支持療癒的傾向、對自身社會行為變得更有自覺的傾向，以及彼此在關係中產生的交互作用。

團體中心的原型

在這些描述中，又有一個因素被忽略：原型的作用。有些團體只有意識層面的理性目標，比如商業或運動團體，或甚至某些政治團體，但只要某種隱藏或公開的意識形態因素開始起作用，他們就會很「情緒化」，顯露出他們其實受到某種原型影響的事實。原型的情緒影響力愈大，團體的凝聚力就愈強。國家社會主義和共產主義都非常清楚地顯示這一點，前者是瓦坦主義（譯註二）的復活，後者則包含被扭曲的救世主神話。[6]

凝聚力愈強時，總是會有更強的攻擊性對抗外人和「不信者」。這種政治團體幾乎是具有最大凝聚力的團體模式：圍繞一個超越核心而聚集的宗教社群。就如我們從所謂世界宗教所看到的，像基督教、佛教、伊斯蘭教，「超越的核心」能抓緊的團體遠大於只有理性或半理性目標的團體。原因就在於「本質我的原型是比所有其他原型更強大的原型」這個事實，它以一神教的上帝形象展現自身，或是根本的一體存有（道）的概念，或是更常見的宇宙人或神人的形象，或是以曼陀羅做為結合對立兩極的象徵（比如中國的太極圖）。

在希臘人接觸印度之前，還不曾以人形代表佛陀，而是以十二輪輻的石輪來代表。原始社會的圖騰象徵在某種程度上代表那些偉大神人象徵的前身，神人象徵成為國際性的結合力量，往往覆蓋或吸收地方上原有的多神原型形象，把它們匯集在「一體─多重」的單一象徵裡，以矛盾的方式在一種外形中結合了集體潛意識中的許多原型和一體性。但這些神人象徵和曼陀羅形象不只是從這個角度結合形式的多重性；它們也結合了種種的本質我，每位個體裡面的本質我既是本身獨特的本質我，也是所有其他人類共有的本質我。印度哲學表現出這個矛盾，個體的真實自我（atman-purusha）和宇宙的真實自我（Atman-Purusha）是相同的。禪宗和佛教其他宗派的「佛」或更準確的說法是「佛性」，也是如此。在我們這個半球，本質我象徵的集體面的代表觀念則是「我們裡面的基督」，和透過聖靈澆灌而來的親緣，以及眾多信徒形成可見的基督身體，也就是教會的觀念。所以直到現在，基督都是我們的「團體動力中心」，這個事實可見於早期基督徒在正式演講時稱呼彼此為「基督裡的兄弟姊妹」。

在早期教會中，這種原型的團體中心的心靈生活不只是建立在意識傳統的基礎，也因為個人的內在經驗而保持鮮活，比如聖保羅或聖奧古斯丁的皈依經驗，殉道者和聖徒的異象，以及純樸人群之間的奇蹟經驗。但在教會後來的發展，「審查」這種經驗的傾向愈來愈盛行，集體意識的規範被強行加入內在的生活，就導致分裂成各種運動，開始圍繞新的團體中心而聚集。

譯註二　Wotanism，強調白種人的優越性和國家社會主義。

我們今天可以把自己的處境描述如下：最普遍的團體是基督教及其神──人象徵，基督；佛教及普遍佛性的象徵；印度教、伊斯蘭教和馬克斯主義運動。正式的基督形象沒有含融女性原則、邪惡和物質，而佛性的象徵沒有容納真實的世俗人生。兩個體系都排斥潛意識在人身上形成象徵的活動，就是表現出潛意識的夢。基督教認為夢是危險而神祕、歇斯底里的，在佛教則視夢為幻境。馬克斯主義也有完美人或理想人的象徵，但它不是投射到某個人，而是整個階級。（投射到單一個人的傾向出現於被禁止的異教。）根據馬克斯的說法，勞工階級代表唯一與自然和諧共處的真人，利他而有創造力，且沒有神經質的退化。7馬克斯主義這種關於人的象徵，在心理學上的錯誤在於它只是世俗的素材，只是集體的內容，甚至是集體性本身，卻沒有開放給任何超越的個體內在經驗。毛澤東主義對我們仍是一團謎，就如榮格指出的，馬克斯主義將如何被已有高度文化發展的中國心靈吸收，仍是無法預測的。

偉大的國際性宗教核心體系的衰退，加上馬克斯主義補償的人的象徵具有讓人無法滿意的片面性，導致現代人進入一種內在深層的孤立與寂寞，在人裡面引發大量的社交接觸的需求。這無疑喚起了嶄新形式的團體經驗與形形色色的實驗。早在一九二三年，榮格就在康瓦爾的研討會預言，如果基督教系統繼續衰退，就可能退化到圖騰崇拜的團體，有些可能會像崇拜太陽神的會社，「有大量野獸的咆哮」，其他則有羔羊般的特徵，扮演無辜的犧牲者。我們現在看見這種情形在犯罪的恐怖分子組織和「無辜」的和平推動者身上變成事實。

一對一的工作帶來的轉化

現代人的需要是脫離居住在城市裡的孤立，一邊是教會，另一邊是左翼運動，有人嘗試跟上潮流，提供各式各樣的團體實驗。可是，這是本末倒置的方法，只會造成災難，因為會使內在的補救事件（個體的本質我經驗）無法發生。這種經驗只能在獨自一人時發現，就如榮格所寫的：「如果病人想知道，當他再也無法支持自己時，到底是什麼在支持他，就必須獨自去經驗。只有這種經驗能給他無法毀壞的根基。」8

負責的分析師「因此比較喜歡個別治療，甚於集體的改善方法；這也與經驗一致，就是社會和集體的影響通常只會製造群眾效應，只有一個人對一個人的作用才會產生真正的轉化。」9

當個人覺得受到團體保護，不用獨自面對時，一開始似乎可以大大鬆一口氣。因此，在團體中，安全感會增加，責任感會減少，對暗示的感受度也會大幅增加。可是，這個事實也包括了自由的喪失，因為會落入好或壞的環境影響力的掌握。即使是小型團體，也會被團體的暗示精神所支配，如果是良好的暗示，雖然可以產生正向的社交作用，代價卻是個體心靈和倫理獨立性的降低。由於團體會強化自我，使人更有勇氣，甚至魯莽行事，但本質我會被逼到幕後。軟弱而沒有安全感的人會想歸屬於大型機構，因為會使人覺得自己變大，卻失去了本質我（魔鬼擄獲人的靈魂）和個人的判斷力。層次的下降通常會因下述事實得到補償：一個人會認同團體精神，並嘗試成為領導者。這就是為什麼團體總是充滿權力和名聲的爭奪。這些戰爭是出於集體人具有較強烈的自我本位。10

榮格在一封處理這個議題的信上，補充說他並不反對團體治療，就像他不反對基督教的科學教派或牛津運動（譯註三）一樣；團體治療能聚集許多個體，教育社交行為，這方面的探討在個人分析中，有時是不夠的。但因為人總是傾向於依附別人或「主義」，而不是在自己裡面尋找獨立自主的力量，所以有把團體當成父親或母親的危險，而自己仍像以前一樣幼稚而沒有安全感。如果社會是由高度有價值的人構成的，或許還值得去適應它，但它通常是由一群軟弱而愚蠢的人所掌控，即使暫時得到社交的正向作用，日後仍要付出代價，而且是非常巨大的代價。[11]

如果我們仔細思考榮格的想法，必然會問：我們當前的社會所達到的層次，會讓我們想去適應它嗎？如果有一個時代認為獨立自主的個體能抗拒愚蠢的社會和普遍的神經質傾向，是非常重要的，我們不是寧可活在這種時代裡嗎？

有人反對說，如果一個人同時接受個人的分析，團體治療的搭配就能相得益彰。可是，我親眼看見，參加團體的經驗更常干擾個別的心理分析，而不是幫助它。別人也向我證實這種情形，因為團體會在錯誤的時間攪動問題，而在個別的心理分析中，潛意識能為其「選擇時機」。而且，對於已經過度適應社會的人（比如，常常見於神職人員、經理人和社會工作師），他們的夢明白顯示團體經驗對他們是非常不好的。有一位被分析者被人強力勸說參加團體治療時，夢見自己被迫把女友脫光，給一位又髒又老的偷窺狂觀看。後來他夢到自己的潛意識之水被別人污染；最後，當他離開團體，又夢見自己擺脫了一場廉價表演。如果考慮到這些事實，就知道團體經驗絕對不能用強迫的。如果真的欠缺社交的適應，可以參加自由交換資訊的社交團體（非分析團體），就能得到充分的練習，這種團體在大部分國家的會社組織都存在已久。所以，任何支持強迫性的團體經驗的人，都已脫離榮格心理學的基本價值觀了。

移情是個體化歷程的工具

我們現在必須要問，喜歡帶領團體治療的分析師是什麼樣的人？結果往往會發現他們的動機是用較少的力氣賺更多的錢，有人曾向我公開承認這一點。另一個動機是有些分析師無法處理病人熱情洋溢又需索無度的移情。移情現象在團體情境會比較減輕，這是普遍被承認的情形，所以團體有助於減少移情的壓力。可是，榮格曾表示，移情是個體化歷程的工具，藉此才有個體的療癒性轉化。

以移情工具為基礎的個體化歷程，是真正社交行為的必要條件，因為個體化歷程如果缺乏有自覺的了解，「它自然會以負面方式發生，也就是以強硬對抗別人的方式。」要在意識上得到內在的合一，人際關係是必要的情境，因為如果沒有對自己與同胞之間的親近關係做出有自覺的承認與接納，就不可能有人格的整合。「這是整個移情現象的核心，沒什麼好爭辯的，因為人與本質我的關係就是我們與同胞之間的關係，人若尚未與自己建立關係，就不可能與同胞建立關係。」[12] 團體治療減輕移情的作用顯然是有害的，只能幫助分析師逃避強烈的移情加諸於他的所有問題。

譯註三 Oxford Movement，宗教改革的一宗。

但還有別的動機，我們必須簡短回顧心理治療的歷史。神職和心理治療的根源都是巫師的原始現象和巫醫的存在。巫師或巫醫主要是關係到個別靈魂的命運，包括為死亡做準備、死後的保護，以及對抗鬼魂或惡魔（即原型的力量）的占據（附身）。他能做這件事是因為他在啟蒙儀式中遭受過這種被占據的狀態，並找到療癒自己的方法。[13]這種巫師和巫醫的啟蒙經驗與我們現在所說的個體化歷程是一致的。

這個歷程發生後，巫師在自己的部落勝過大自然的權威，因為他代表大自然中最個體化也最有意識的人。但即使在這種早期階段，我們也能發現巫師的陰影，就是神經質（或甚至精神病）的黑魔法師。他會為自己的鬼魂世界經驗（即集體潛意識）而索取集體權威；這種做法就證明有精神問題（近代的例子有拉斯普丁〔譯註四〕和希特勒）。個體化與任何對集體力量的索求是不相容的，即使披上善意、開明、謙虛和穩重的團體帶領者的外衣，也是如此！因為只有本質我能給予我們自然的權威，而不是自我要求來的。在早期的基督徒教會中，領導者是自然的權威，其權威來自他們個人的內在經驗和基督徒的生活指引。隨著教會變成集體的外在組織，領導者逐漸成為索求權威和權力的人，並把集體意識的準則強加於自發的內在宗教生活。就如榮格指出的，告解於是開始成為他所謂的「牧者和羊群的遊戲」，[14]「無害的羊群一直都是無知群眾的典型象徵」。[15]但如此多人的盲信很容易接受錯誤的目標，就像他們接受正確目標一樣容易。於是我們看見共產主義在天主教國家比基督新教國家更為廣布，因為教會先前對他們已有較強的掌控。相對於此，過去則有煉金術士尋找基督或莫丘里，做為內在「真人」的象徵。

榮格說：

相較於基督的人子啟示，「真人」表現出人類個體裡的理想人。這似乎倒退了一步，因為道成肉身在歷史上的獨特性是偉大的進步，使分散的羊群被一位牧者聚集起來。個體裡的「人」恐怕就代表分散的羊群。這確實是倒退了一步，但不能怪罪於「真人」，它的原因其實在於人類所有不好的特質，總是威脅和阻礙了文明的工作⋯「真人」[16]與之無關。此外，「真人」會消滅沒有價值的文化形式，因為他本身就是最高等形式的文化，不論在東方或西方，他都不會玩牧者和羊群的遊戲，因為他有許多事要做，以成為自己的牧者。[17]

原註：

1. Cf. Raymund Battegay, *Der Mensch in der Gruppe*, vol. 1 (Bern, 1967-72), pp. 10-16.
2. 就如Clovis Shepherd在《小團體》（*Small Groups*）書中指出的，太多現代社會學理論都受到作者潛意識情緒化偏見的影響。
3. Battegay, Der Mensch, vol. 1, pp. 32, 40f.

譯註四　Rasputin，俄國神祕主義者。

4. Cf, ibid,. p.33.
5. 據此可以區分結構化團體和焦點團體（參照Shepherd《小團體》第三頁）。
6. Cf. C. G. Jung, *Man and His Symbols* (New York: Doubleday, 1964), p.85.
7. Cf. Robert Tucker, *Philosophy and Myth in Karl Marx* (Cambridge: Cambridge University Press, 1963).
8. Jung, *Psychology and Alchemy*, CW 12, para. 32.
9. Jung, *Mysterium Coniunctionis*, CW 14, para. 125. Cf. also Jung's footnote, ibid.
10. Jung, letter to hans Illing, 26 January 1955, *Letters*, vol. 2, pp. 218-19.
11. Ibid., p. 453. Cf. the confirmation of these statements by Jung in Kurt W. Back, "The Group Can Comfort, but It Can' t Cure," *Psychology Today*, December 1972, pp. 28ff.
12. Jung, " Psychology of the Transference," in CW 16, para. 445.
13. Cf, Mircea Eliade, *Shamanism* (Princeton: Princeton Umiversity Press, 1964), chap. 1, pp. 8, 14f.
14. Jung, *Mysterium Coniunctionis*, CW 14, para. 491.
15. Ibid., para. 347.
16. Jung means the Anthropos, or the self. "The alchemical Anthropos shows itself to be independent of the dogma," Ibid., para. 492.
17. Ibid., para. 491.

第十一章

榮格看藥物

榮格是第一個不靠藥物而發現集體潛意識世界的本質，是每一個人類裡面原始創造力的根據，是某種活生生的東西，它不會讓自己被征服而沒有相等的反應。基於這個理由，我花了很長時間思索一個問題：潛意識本身對服用藥物會如何反應？藥癮者的夢必然會對這個問題向我們訴說什麼？

當今遍布世界的藥物泛濫情形，在榮格過世的時候還沒有那麼廣泛。所以榮格只熟悉麥斯卡林（mescaline）的作用（特別是透過阿道斯．赫胥黎的描述），他只知道這種藥品正開始抓住心理治療界的注意。[1]他在一九五四年四月的一封信上，承認他還不夠熟悉這種藥物對精神官能症和精神病人的心理治療價值，無法做出最終的判斷。[2]另一方面，他非常憂慮當代出於毫無理由的好奇心，而有濫用這種發現的傾向，卻沒有體認我們會招致愈來愈沉重的道德責任。

這其實是我們時代的錯誤。我們認為發現新事物就夠了，卻不了解知道愈多，就愈需要相應的道德發展。日本、加爾各答、薩斯克其萬省（加拿大）上面的輻射雲表明全世界的大氣層愈來愈受到毒害……我非常不信任「純粹來自上帝的禮物」，你會為此付出極大的代價。小心送禮上門的希臘人（譯註）。[3]

帶著對立毒性的禮物

一般說來，藥物（大麻、麥斯卡林、麥角酸二乙胺〔LSD〕、鴉片、海洛因）會造成統覺的衰退，也就是意識的合成能力和完形的知覺（從完形心理學的話來說）會被分解，而造成正常的知覺變形，就是形狀、意義和明暗度會出現無數細微的差異，這在正常情形是不會被意識到的。這種情形最重要的意含就是意識的豐富性，我們接觸到的領域「具有使世界增色的繪畫，使黎明閃現光輝的光線，所有形式的線條與外形，充滿宇宙的聲音，照亮虛空幽冥的思想」，[4]這是集體潛意識的經驗。如果這種經驗是上帝賦予的禮物，沒有隱藏的對立毒性，那就意味著極度的豐富，是一種意識的擴展，我們自然會因此心醉神迷。但正是這種意識的擴展與豐富，使我們在這種狀態看到和聽到的內容不可能得到整合與合乎道德的處理。所以榮格說：

如果你過於沒有自覺，知道一點點集體潛意識是很大的慰藉，但知道更多會很快變得有危險，因為你沒有在同時學會如何透過等量的自覺來平衡它……也許有某些貧乏不幸的生物，麥斯卡林對他們而言是上天賜予的沒有對立毒性的禮物。[5]

榮格是第一個不靠藥物而發現集體潛意識世界的本質是每一個人類裡面原始創造力的根據，[6]是某種活生生的東西，它不會讓自己被征服而沒有相等的反應。基於這個理由，我花了很長時間思索一個問題：潛意識本身對服用藥物會如何反應？藥癮者的夢必然會對這個問題向我們訴說什麼？例如，一位年輕男子是海洛因走私者，也常常服用LSD，他做了下述的夢：

譯註 拉丁俗諺，意為小心笑裡藏刀的敵人。

我在大溪地做日光浴的海灘，我自己在棕櫚樹下蓋了一棟小茅屋，靠捕海魚維生，真是美好得不可思議。突然出現巨大的暴浪，沖走一切，我被捲入水中，發現自己突然在大海深處，站在一座大書桌前，桌上坐著「大海之主」，他是巨大的僧帽水母，憤怒地看著我，他使我明白，就是他送來暴浪。水母說：「沒錯，我對你很生氣，要徹底摧毀你。」然後我在顫慄中醒來。

在大自然裡有如天堂般美麗的神奇、原始的純真之地，及其幸福的生活，是欠缺責任的，這是藥物使用者真正在尋找的狀態。他獨自在那裡，沒有社會或情感的人類義務。早先，在我們的文化裡，在現實中真正逃到這種鄉間的是逃兵。可是，「大海之主」對此勃然大怒，大而圓的水母是榮格所描述的曼陀羅，是本質我的象徵，亦即最終的超越個人的內在心靈管理中心。這位神聖的靈魂嚮導對夢者生氣，想要摧毀他，這是潛意識對不負責任地侵入其領域的情形做出負面的回應。而事實上，在這個夢之後沒多久，夢者就崩潰、迷失了。

另一個例子出現有點不同的局面。一位出自可怕家庭處境的年輕男子，定期服用ＬＳＤ，他可能是榮格所說的「貧乏生物」，因為藥物對他不具有對立的毒性。無論如何，他一直擁有「好旅程」，顯然沒有不幸的後果。但這仍然沒有解決他的問題，他於是決定接受心理分析，而引導他逐漸以負責的態度走向超越的世界，此時，他決定再次服用ＬＳＤ，他不但出現「壞旅程」而有類似精神病的焦慮狀態，事後又有頭部神經痙攣的情形，持續了數個月，使他大受驚嚇。藥物的旅程現在顯然變得不適當了，因為他已知道通往潛意識的更好道路。潛意識本身也為了他的益處嚇阻他。他再也沒有服用ＬＳＤ，且在內在發展出非常有益的方式，並使他轉而面對人生。

還有一個情況有點不同的例子，主角是一位非常有藝術天分的年輕女子，但因為受到傳統觀點的灌輸，心靈受到很大的限制。有一次，她出於好奇，服用LSD，事後夢見自己原本有一段美好的旅程，但現在必須採用不同的路徑，她看見她的心理分析師戴著很搞笑的小丑帽，站在她面前。潛意識顯然是告訴她，她需要更有創意的「愚蠢舉動」，而且不只是透過藥物，而應該透過心理分析得到這一點（所以夢中是心理分析師戴著小丑帽）。藥物其實向她打開潛意識經驗的領域，但現在必須有自覺且符合道德地走下去。

一位醫師在實驗中服用LSD，且在事後強烈反省自身的經驗，因為他對服用時的奇怪人格改變，覺得非常吃驚。他做了如下的夢：

我站在美麗、寬闊的平原，我看見我上面的天空形成奇異古怪的雲。我的腳前是一個圓形的深井，我向下看，看見水中有類似的奇怪的雲的結構體。我接著了解這是我的責任，而且是攸關生死的事情，我要找到水桶，從井中取出這些雲的結構體，它們是真實的事物。我醒來去找水桶。

自古至今，人類一直把內在的心靈內容投射到天空中，視之為「來自天上的跡象」，但夢者在自身心靈的深處看見類似的事物，內容物不再只是我們以為的倒影，而是有自身的真實性，必須把它們從井中取出，有創意地加以處理，否則它們就具有明顯的危險性。很難比這個夢更好地表明此處發生了什麼危險。榮格在前述的同一封信寫道：

我只知道，想要知道更多集體潛意識，比透過夢和直覺而知道的更多，是沒有意義的。你知道的愈多，你的道德責任就愈大、愈重，因為潛意識的內容一旦進入意識，就會轉化成你的個人任務和義務。你想要增加寂寞感和誤解嗎？你想要得到更多副作用和愈來愈多的責任嗎？你已擁有夠多了。如果我能說我已做好我所知必須去做的每一件事，那麼我或許應該領悟到服用麥斯卡林的適當需求。但如果我現在必須吃它，我完全不確定自己是不是出於無益的好奇心而吃⋯重要的完全不在於知道或熟悉潛意識，故事也不是結束在這裡；剛好相反，重要的是你如何開始真正的追尋、在哪裡開始真正的追尋。7

所以這個例子提到的醫師現在必須有自覺地學習脫離熟悉的傳統，努力以創意發展心靈深處的內容。「旅程」向他顯示出目標，但夢堅持要透過創作的過程來達到目標。

最後，這裡要提出一位重度用藥的年輕人的夢：

我獨自在大海上的一艘小船裡，太陽明亮地照耀著，大海的表面完全被美麗的花朵覆蓋，散發出奇妙而令人難以抗拒的景象。我把手臂浸入水中，當我想把手臂拉出來時，它卻留在水裡，消失了！它被水吃掉了，只剩下殘肢！我驚恐地看著它，我的船翻覆了，我在恐懼的吶喊中醒來。

夢者已經跨入海裡，進入集體潛意識。美麗的花朵象徵藥物經驗的美好與甜美，他常常說：「嗎啡給了我如此甜美的夢。」但夢向他顯示，背後隱伏著致命的腐爛，是人格和生命的毀滅！

潛意識對使用嗎啡的意含，在此表達得再清楚不過了。夢並不是道德家的反應，而是來自超越個人的心靈場所的訊息。

缺乏個體的靈性自由

藥物經驗是神性的酒神經驗的代替品，這是現在普遍被接受的觀念。對許多人而言，基督教的上帝形象已失去其效力，因此原本投注其上的客觀心靈強度或能量已不受約束。「上帝」不再見於外在。透過科學的才智，我們已剝除靈魂的外在世界。可是，榮格強調這具有某些心理後果：

> 唯物主義的錯誤最初可能是無法避免的，因為上帝的寶座無法在銀河系統裡被找到，而推論上帝根本不曾存在。第二個錯誤是心理主義：如果上帝是任何東西，必然是衍生自某種動機的錯覺，例如，出於權力意志，或是出於壓抑的性欲。8

藉此，認為「上帝已死」的人通常會立刻自我膨脹，也就是結束在過度膨脹的疏離狀態，覺得自己是「新的上帝」，就如尼采的例子向我們顯示的。9 他也可能被某種推動力或渴望佔領，這種推動力或渴望展現出的強度就像先前的上帝形象一樣強烈。

此處必須提一下，使人中毒的物質並不是當代唯一的危險上癮。上癮的另一種危險形式是被意識形態占據，可以使人有如「酒醉」、驕傲自大、疏離，有如藥物的作用，此外還會誤導人想要透過武力把他的理念強加於社會。原本投注在上帝理念的能量，現在被灌注到意識形態、政治或社會的信條，然後被狂熱地相信。通常是外傾型的人會仰賴這種陶醉其中的形式，而內傾型的人比較靠藥物的幫助追求內在的意象。兩種情形的危險都在於缺乏個體的靈性自由，被難以抵抗的潛意識幻想佔領。榮格說：

任何個體心靈中最強烈的因素，所以也是決定性的因素，會迫使人產生相當於上帝要求人具有的信仰或恐懼，臣服或獻身。從這個角度來看，任何專橫而無法逃避的東西都是「上帝」，而且會變得絕對不容置疑，除非透過自由選擇的道德決定，人才能成功建立出同樣強壯而無法征服的立場，對抗這種自然現象。[10]

這種對立的立場符合透過道德的決定而有的自由選擇，贊成靈性的上帝是可以在人內在的心靈來體驗的。「人可以自由決定『上帝』究竟是『神靈』或自然現象，比如嗎啡上癮的渴望，並決定上帝究竟要表現為慈善或破壞的力量。」[11]這種上帝就是被榮格稱為本質我的某種終究無法認識的東西。為它服務不會造成自我中心，剛好相反，會有一種自我限制，避免膨脹和疏離。服務本質我是一段對自己漫長、艱難的工作，卻是有回報的，因為心靈內在的豐富會透過這個過程呈現自身，這是在這個不確定的世界中，唯一無法被人拿走的財寶。

人類往往透過經歷錯誤走到新的體悟。如果年輕的世代有許多人無法忍受理性知識的空虛，以及缺少文化的科技沒有靈魂的狀態，因而仰賴藥物，對我而言，這是非常可理解的，也是可深深諒解的，但對每一位個體而言，命運的時刻已經來臨，他必須決定是否想要永遠沉入這種無意義的狀態，或是穿越它有如一道門，進入客觀認識自己的偉大工作。

原註：

1. Aniela Jaffé, *The Myth of Meaning* (New York: G. P. Putnam's Sons, 1971), pp. 72ff.
2. Ibid., p. 72.
3. Ibid., p. 73.
4. Ibid.
5. Ibid.
6. For Sigmund Freud, as is well known, it is simply "archaic residues."
7. Aniela Jaffé, *The Myth of Meaning*, pp. 72-73.

8. C. G. Jung, *Psychology and Religion*, CW 11, p. 85.

9. Ibid., p. 86.

10. Ibid.

11. Ibid.

第十二章

永恆少年問題的宗教背景

如果這種更新不是被有自覺的理解，少年意象會展現出強烈的死亡誘惑力。在我們的時代，這甚至可能成為潛意識集體自殺的動機。少年問題的增加，從當前世界的處境來看，對我們的意含是很可怕的，顯示出個體在內在心靈實現自己與神性關係的這一步，已成為多麼急迫的事。

「永恆少年」這個名稱常被心理學使用，代表一種屬於男性的特別的精神官能症，其特徵是停滯在青春期，這是過度強烈依附母親的結果，所以就如榮格在他探討母親原型意含的論文所說的，它的主要特徵就是同性戀和情聖病，這兩種男人都表現出與同齡女子之間差勁的情感關係，[1]可是，所有其他典型的青春期特徵也都能被觀察到：他會傾向於採取一種高度有附帶條件的生活方式，夢想一種「真正」有創造力的生活，但同時卻幾乎沒有進行實際行動。拯救者的想法通常在此扮演重要或次要的角色，形式可能是此人認為自己是即將拯救人類的救世主，或至少是即將成為在哲學、藝術或政治事務中一言九鼎的人。他無法接受現實，他會逃避單調而令人不耐的日常生活，以及需要持續努力才能得到的成就。他在任何地方，包括他的專業、共同生活的女人、同事，他都能「從雞蛋裡挑出骨頭」，結果就是他一次又一次突然而任性地中止所有關係。一般說來，形容永恆少年在高空飛行的描述，並不只是指他不切實際的想法和計劃，他往往真的選擇飛行或爬山做為主要的運動。這種人在玩的時候，常常有強烈的意識上或潛意識的自殺傾向，導致許多意外和墜落事件。可是，「帶著翅膀的年輕人」有時並不是真的有物理上的墜落，而是心靈上的，以突然的危機表現出來。他會否認所有先前的理想，然後像小資產階級憤世嫉俗的人那樣乾枯、沉重地度日，或是成為罪犯，以有害的方式，讓先前被壓抑的現實感得到發洩的管道。

整體說來，目前在我們的西方文化中，這種形式的精神官能症愈來愈多。這裡舉幾位屬於這個類型的例子，如知名作家聖修伯里（Antoine de St. Exupéry）的文學作品就反映出這個問題的法國形式，德國有史提方・喬治（Stefan George）學派及其推崇者，還有許多其他人，在英國有「憤怒的年輕人」，在西班牙有詩人洛加（Federico García Lorca）。美國也有相同的情形，波士頓知名的心理學家亨利．墨瑞（Henry Murray）注意到，永恆少年的問題在當地的發生率大幅增加，並就此問題展開重要的研究，我感謝他的助理葛瑞爾（Greer）博士提供這個訊息。藝術家喬治．里墨爾（George Rimmer）或詩人約翰．馬吉（John Maggee）都是美國這類型年輕人的典型代表。

只要我們探討的是個別的案例，這個問題就可以根據個人的母親依附來解釋和治療。但在此之外，我們現在面對的問題是，就整體而言，這種神經質情結愈來愈多，原因何在？我們知道，與母親分開的必要性和困難度代表一種普遍的問題，甚至可說是「正常」的問題，比如說，所有原住民都會透過男性的成年儀式處理這個問題。基督新教和天主教的堅信禮雖然經過必要的修改，仍然具有這種成年禮的遺跡。在某些義大利的小鎮，神父在年輕人的堅信禮中，仍會以重重的拍打代替象徵性的碰觸，這是進入成年期的嚴峻考驗的小小殘留跡象。在瑞士，年輕男子常常在這個時候接受他的第一條長褲和一隻手錶，代表他離開童年的夢境，跨進時間意識和成年期。隨著各種環境背景的興起，基督教信仰的日益衰微有可能是助長這個現代問題的原因；畢竟，基督教傳統是父權—靈性導向，所以代表的是對抗母親世界及其內涵的防護罩。可是，這個觀察仍嫌不足，我們必須更深入地探討背景。

現代文學呈現的心靈情結

當我們研究現代文學的證據，其中有許多典型的例子描述這種心靈的情結，可以看見兩種特別突出的原型意象：一方面是孩童神或神聖男孩或與光有關的年輕人，另一方面是陷入權力心理的嚴厲、乖戾而冷酷的父親，他是暴君或老闆。後者在文學作品中，有時會被美化成理想的男性領導者，有時則像「浪漫年輕人」的敵人，成為負面的代表。

歌德以溫和的方式，在塔索（Torquato Tasso）和安東尼奧（Antonio）的衝突中，描述局限於個人層面的這種對立，也就是比較不以原型的語彙來表達。他從內心直接把自己的少年問題傾注在維特這個角色；然後在塔索的角色中，他讓聰明的年輕人塔索和父親般負責但又過於注重實際且平凡乏味的安東尼奧和解：「於是水手最終緊緊抓住／面對可能使他撞毀的岩石！」這種和解是透過女性原則（即阿尼瑪）的調解而發生於歌德。[2]

在晚近的文學中，相同的對立出現於更為原型的形式。聖修伯里的《小王子》中，孩童神的人物可能是最純潔的描繪，不過帶了一點不愉快、感傷而幼稚的味道。小王子來自群星，因為他在那裡和摯愛的玫瑰花吵了一架。他在地球從狐狸身上學到成為人類的首要祕密，但他仍然沒有和地球建立親近的關係，而是藉著博學的蛇和牠致命的一咬，脫離生命，再度回到自己的星球。這本小書中，對立者的類型被分裂成許多不同的人物，但都化身為不了解的「大人」，聖修伯里已經在《小王子》的導言裡予以嘲弄一番，其中有數錢的商人、渴求權力的國王、憤世嫉俗又沮喪的醉鬼、狂想而不切實際的燈伕等等。來自星星的小王子並沒有直接接觸這些人物，而只是從旁經過。在某種程度上，蛇也代表小王子的一種主要對立者，他年老、博學、敵視生命，並教導以甜美的自殺意圖而在死亡中取得解脫。在聖修伯里的其他著作裡，男孩的對立者被描述得更清楚，從那些著作可以看出作者在尋找與那些敵對人物之間的正向關係，所以在小說《夜航》裡有航空公司的老闆兼組織者李維瑞（Rivière），這個嚴格、熱心、盡責但無情的人，把他的飛行員「孩子們」送入死亡；或是《堡壘》（*Citedelle*）一書中的族長，以父親般嚴格、負責和熱愛秩序的風格來統治，但會毫不猶豫地對一位婦女判下可怕的死刑，讓她在沙漠渴死，只因為她犯了人性可以理解的情欲之過。

國家的理想領導者—獨裁者或父親形象，掌控過去和現在的政治群體，依我的看法，有一部分是建立在這種「對立者」形象的投射。

有個關於典型永恆少年的系列夢，夢中的俄國祕密警察想要拷打夢者，祕密警察是與秩序有關、令人覺得非常負面的父親式權力人物的典型化身。夢中代表這個警察權力來行使職權的是一位老婦人，她毆打夢者的前額。未解決的母親情結往往是形成獨裁者典範的重要原因，因為對母親的依附使年輕人保持幼稚的心態，在社交上不負責任，且混亂失序，這些情形當然幾乎無可避免地會招來這種殘暴的對立，此處由俄國祕密警察代表。從政治上較大的規模來看，當然也是這種情形。

我認為最生動的文學描述是布魯諾・葛耶茲的玄祕小說《沒有空間的王國》（*Das Reich ohne Raum*, 1919）中，關於永恆少年問題的原型背景。榮格常常談到這本小說就像國家社會主義的預言，也把書中出現的男童破壞部隊詮釋成永恆少年或神聖孩童的凶惡面。[3]在這本小說中，故事的英雄名為梅爾基爾・馮・林登伍斯，來到兩個敵對陣營之間：一方是神聖男童弗歐（＝佛陀），另一方是正在追捕他的海爾・烏里赫・馮・史派特。弗歐有一支由男孩組成的狂熱部隊陪伴，這些男童在每一座城市引發動亂和「解放運動的」野蠻群眾暴動。弗歐是月亮和水的精靈，是大地母神之子，大地母神以蘋果女子的形式保護他。葡萄、酒、羊神的笛子、動物、玫瑰和火都是他的元素。他宣揚透過多次重生而有的永恆形體改變，主張沉溺於生與死，尋找與流浪，跳舞與狂喜。相反地，他的敵人追捕者烏里赫・馮・史派特（史派特的德文意思為「晚期的」），伴隨著他的「玻璃貴族們」，則是繁星間有如水晶般清晰的超越領域的統治者，他宣揚人性的目標是秩序、倫理道德和純粹的靈性。史派特大部分會顯現為渴求權力的魔法師，但在他罕見的較好時刻，他的臉會展現「神的尊貴而受苦的面容」。由於這種較尊貴的面向，小說的英雄梅爾基爾一直無法徹底放棄他，雖然他的心比較屬於弗歐和男孩們。直到小說尾聲，他的陰影才協助殺死烏里赫・馮・史派特的陰影，然後梅爾基爾本人在死亡中與許多串葡萄圍繞著的神聖男孩弗歐結合。後者讓人想起歌德的《浮士德》中的優弗里昂（Euphorion）的許多面向以及男童嚮導，或是史提方・喬治的麥克西敏（Maximin）。另一方面，烏里赫・馮・史派特可以比作華格納的《帕西弗》（*Parsifal*）中克林斯爾（Klingsor）之類的人物。史派特可說是代表傳統和過去的強大壓力，榮格曾說傳統和過去是「把神明埋葬於大理石和金子裡」。相較之下，男孩弗歐則隱藏在國家社會主義的暴行背後。我們確實可以把他應用於拉伯雷（Rabelais）的名句：「粗糙的真理比謊言更虛假。」相較於歌德的塔索，此處軟弱的阿尼瑪人物不能扮演調解的角色。在布魯諾・葛耶茲的小說中，我們既找不到對手的轉化，也沒有與他和解。但這個嚴厲的父親人物和有翅膀的男孩神人之間的對立，有什麼意含呢？這是哲學家克拉基斯（Klages）所說的「神靈成為靈魂的敵人」的問題嗎？

老國王與永恆少年的分裂與結合

神話中與這兩種對立人物最貼近的類似情形，可見於煉金術的象徵系統：首領──獨裁者──父親的神靈相當於被稱為「老國王」的晦澀難解的物質；而永恆少年似乎相當於莫丘里之子或皇室之子，有時也化身為有翅膀的年輕人。

榮格在《奧祕結合》詳細討論老國王這個人物，他代表深奧難解的物質，通常被煉金術士在煉金過程開始時描繪成有缺陷的、未得解救、刻板僵化、生病或甚至邪惡的。有缺陷的性質相當於被強化的自我中心與堅硬的心，必須在煉金術的浸泡中打破。權力的飢渴和強烈的性欲往往也是老國王可恥的特徵。聖修伯里《夜航》中的老闆李維瑞和葛耶茲《沒有空間的王國》裡的烏里赫·馮·史派特，都體現了純粹的權力傾向，以及完全喪失愛欲的特徵。神靈本身並不是「靈魂的敵人」，但在這種擬人的化身中退化到知識的層次，且在這種緊縮僵化的形式中，妨礙了心靈所有豐富而有創造力的衝動。它是情緒和本能的敵人，卻也因為這個理由，暗中讓自己受到原始衝動的負面影響。

另一方面，永恆少年被當成一種煉金術的意象，與老國王相較之下，是注定取代他的元素。這是生命更新的象徵，或是分裂對立面的重新結合，「新的內在之人」，或是深奧物質的復活，是本質我更全然更新的象徵。

在煉金術象徵系統的亮光裡，加上榮格對這個主題的評論，可以看見老統治者的父親意象和有翅膀的兒子不但不是真正的對立面，而且還具有單一的本質。所以煉金術士把這種物質稱為老孩童（senex et puer），基督也被人稱作相同的名稱，因為他本人是「遠古之人」，透過聖母瑪麗亞重新誕生為小孩。透過煉金術工作中發生的融合，不論是在火裡或浸在水裡，藉由消融於混沌或毀損，老人會經由某種方式轉化成兒子。雖然父與子兩種人物的現代變型是對立的，但我們推斷在心理學上必然有某種東西被扭曲了，轉化的過程不知怎麼回事卡住了。

可是，就這一點而言，榮格認為老國王不只代表被傳統束縛、過度自我本位、陷入泥淖的意識原則，它最終也代表集體的上帝形象。所以，談到國王需要轉化時，最終是指我們對神性的觀念需要被轉化，而且這種過程顯然只可能發生在心靈之內。換句話說，如果我們想要查明，我們主流的優勢意識必須以什麼方式改變，才能讓我們的神性形象再次轉化，我們唯一能做的就是把自己導向潛意識。就如榮格說的：「進入真實、可行的整體，在這之前……（它）只是假裝是整體。」[4]

永恆少年的原型意象代表更新上帝形像的這種神性經驗。榮格在《奧祕結合》中描述和詮釋的國王更新的整個過程，如果未得到有自覺的實現，它似乎不管怎樣，仍會繼續，卻是以負面的方式進行。這種關聯很有意思，可見於《小王子》中事件的呈現，來自星星的男孩自願被毒蛇殺死，這是黃色的毒蛇，使他能重回自己的星星和他當初離開的玫瑰花。寫下這段情節後不久，作者聖修伯里本人也追隨小王子求死，他在地中海被德國飛行員擊落。

在煉金術的象徵系統中，毒蛇被視為皇室之子（filius regius），也就是相當於星星王子。榮格說毒蛇在更新的過程是「最低下、最初期形式」的國王，「一開始是致命的毒物，但後來是解毒藥。」[5]毒蛇代表莫丘里的陰暗面，赫密斯幽冥的另一面。據說英雄的生命之光熄滅時，他就繼續活在毒蛇的形式裡。[6]在聖修伯里的一生中，毒蛇其實具有全然致命的意義。每當有人認同少年的原型，因為這種方式讓他具體參與原型的轉化，他就會消失於混亂、毀損和死亡之中。人類中的永恆少年的自殺傾向和死亡傾向就是來自於此：奧祕物質在煉金術中毀壞就是採取個人自身死亡的形式。

從這個角度來看，支配現代社會的母親情結（我想到菲利浦．懷利〔Philip Wylie〕的書《毒蛇年代》〔*Generation of Vipers*〕和書中嘲弄的「母親崇拜」）得到了新的意義。集體潛意識是「國王更新」的位置和母體，其迷人的吸引力引發了對母親的依附。集體潛意識是孕育原質的地方，原質就是煉金術士稱為「混沌」的黑暗原初狀態，老人就是在其中轉化成年輕人。失去宗教信仰的女人，生活也隨之變得沒有內容，會不由自主地認同大母神這個神奇的角色，進而把英雄或皇室之子的原型意象投射到自己的兒子身上，乃至於寧可他死，也不願他可能走向平凡的人生。[7]曾有一位婦女給我看她獨子溺死的臨終照片，然後字字分明地告訴我：「我寧可是這種結果，也不希望他活著卻必須把他送給另一個女人」！

另一方面，兒子會因為認同皇室之子而落入母親原則的魔力，皇室之子會以極大的熱力被潛意識母體吸引，因為這就是他要轉化進入之處。這種情形在基督新教的地區甚至會更強烈地匯聚出來，因為這個宗教缺少母親的原型意象。因此，或是這種原型意象的整個魅力落到個人母親身上，或是發展出面對女性原則時如此的恐懼與疏離，以至於男性意識使自己完全與女性的影響力隔絕，於是也隔絕了潛意識的影響力；因此乾枯地進入理性和歷史的追憶。由此產生史派特的意識傾向，也就是退出轉化過程的老國王。

布魯諾・葛耶茲的《沒有空間的王國》中，史派特是小說女主角蘇菲（梅爾基爾的妻子）的童年朋友，所以史派特也是女性裡的阿尼姆斯的化身。在這一層關聯中，我常常看見母親們用傳統「確切的基督教義」的論點反對兒子的治療，或是妻子以此反對丈夫接受榮格式分析；其行為背後的祕密動機絕不是基督教精神的愛，而是對權力的欽羨與渴望。換句話說，父親兼老闆的類型（史派特）和永恆少年，兩者都是可以用阿尼姆斯的化身出現於女性心靈的原型。艾爾絲・侯佩（Else Hoppe）在一本有趣的書中探討女作家文學作品中的男性類型，而在許多女性文學作品中對男人的描繪也可以非常明顯地看見少年與老人的對立。

永恆少女的心理學

我常常被問到永恆少女（puella aeterna）的心理學，以及到底有沒有這種事。我認為是不容置疑的。永恆少女就是女性的「永恆女兒」類型，會不自覺地認同父親的阿尼瑪，這種女性就像永恆型的年輕男性一樣，會活在原型的角色裡。她是柯兒，是神聖的世界靈魂（anima mundi），是光之女神。符合史派特的女性類型是尖刻的老婦人，往往詭計多端，堅守傳統和價值明確的財產，比如金錢、傢俱、房產、毛皮大衣，就像不能愛人的老巫婆。菲利浦・懷利貼切地描寫的百貨公司貪狼也屬於這種類型。葛麗泰・嘉寶〔譯註一〕必定非常強烈地經歷過從柯兒角色跌落下來，以凡人身分活下去的經驗。葛絲・凱莉〔譯註二〕也找到出路，脫離職業強加於她的純粹阿尼瑪的身分認同。另一方面，碧姬・芭杜〔譯註三〕持續在電影中活出少女的角色，這往往表示雙性男孩味的第二特質，因為在煉金術中，皇室之子和他的新娘在暗中是同一個人。時尚、電影世界和被阿尼瑪占據的男人，都強烈誘惑女人扮演少女的角色，就好像被阿尼姆斯占據的母親和女人會使年輕男人成為「永恆少年」一樣。同時，有如此多真誠的靈性、宗教和浪漫的渴望與創造的情緒都投注在這種身分認同，難怪這些人不想放棄這種角色。畢竟，他們以為在史派特或幻滅老女人了無生氣的暴虐之外，沒有別的選擇，因為他們不知道這些人物可以用什麼方式、在什麼地方發生內在的轉化。

基督新教的靈性革命方向走向再也不把宗教意象看成存在於外界的實體，也不再把心靈的宗教功能比作有形教會的功能。但若是說到甲，就必然也說到乙：如果意象不再存在「外界」或是不在「形上學教義」裡，就必然在我們裡面——不是在主體裡，而是在客觀的心靈裡。基督新教不敢徹底採取必要的下一步；「老國王」的轉化就是牢牢卡在這一點。如果下一步發生了，基督新教和天主教內省派（即其神祕主義者）的和解就有可能發生。藉此就有可能透過愛欲原則和承認潛意識的宗教功能，把分裂的教派連結起來。

譯註一　Greta Garbo，三〇年代名影星，三十六歲即退出影壇過遁世的生活。

譯註二　Grace Kelly，五〇年代名影星，二十六歲退出影壇成為摩納哥王妃。

譯註三　Brigitte Bardot，五〇年代影星、模特兒，人稱法國性感小貓。

潛意識心靈的真實在神話學中大部分化身為自然萬物的精靈、母親、世界靈魂，或是歌德《浮士德》中的「永恆女性」。由於這種女性力量在今日的西方文化沒有得到承認，所以自有其發展之處，一方面會使看似嚴重退化的「母親崇拜」和同性戀愈益增加，另一方面，意識的僵化會立刻表現在警察國家的增多。我甚至能在個別病人身上，觀察到夢中「舊上帝」的意象（德國人的瓦坦，猶太人的耶和華）如何和警察或獨裁者的意象成為互相取代的主題，或是以彼此相同的方式出現。因為不願轉化的上帝意象，或是舊的主流意識，不會只是留在過程無法繼續進行的地方，而是會退化到老舊、原始的形式。我們今天特別有興趣的部分是外在世界的各個地方，祕密警察和監視網絡都愈益重要。它們的隱藏方式或多或少在某方面直接體現了潛意識的祕密工作，一方面是暗中破壞、造成劇變，另一方面則是退化的，為史派特服務。這些機構沒有任何屬於自己的理想目標，只是為加強各種主流原則的力量而服務。在大部分情形中，他們名義上的領袖是物質安全，也就是母質原型是誘發他們行動的首要主題，或是確信嚴格的「法律和秩序」是保持群眾不至於混亂所必備的，換句話說，就是老大哥—獨裁者或「老國王」的意象。另一方面，被永恆少年原型占據的人通常對政治沒有興趣，甚至到了對社會不負責任的地步；他們只是陷入每一次刺激的情緒化群眾運動，卻不管其來源和方向。當然了，兩種占據的類型是互利的，兩個極端不只是碰觸到彼此而已，它們其實往往是相同的。

即使是東方和西方陣營的火箭和飛行嘗試，也可以用這種角度來看待。美國飛行員詩人約翰・馬吉描寫他在打開窗戶的飛機進行高空飛行時，「伸出（他的）手碰觸上帝的臉。」碰觸上帝的臉！所以上帝仍在太空中外在世界的某處，或（如果只是詩意的隱喻）只是透過外在導向的航空科技與特技飛行就可以達到的，並不是透過自身內在的探索。在此以令人難以置信的天真無知的方式，詳細說明狂喜的自我膨脹與飛行的經驗有關。寫完這首詩沒多久，約翰・馬吉就死於飛機失事。他就像來自群星的小王子一樣，也被大地精靈、莫丘里的致命面、毒蛇所噬。

歌德的《塔索》已顯示出，女人與男人裡面的阿尼瑪的分化，在老人到少年的轉化，以及整體問題的整合中，都扮演關鍵的角色。對我而言，它談到了問題的女性面，就是女性的不確定和被動呈現出基本的困難之處。如果為認同大母神的女性接受心理分析，她們往往像是混雜了情緒、潛意識的詭計、阿尼姆斯的意見等等很壯觀的狀態，但在背後卻會找到一個很小、敏感、幼稚的自我。而認同阿尼瑪角色的女性，雖然在給予她們形貌的男性投射出現時，會表現得有如其明確的原貌，但在獨自面對另一位女性時，這一切都會消散於巨大的空虛和不確定感之中。當我們終於遇見一位明確、有獨特個性且知道自己要什麼的女性時，很不幸地，大部分都是她的阿尼姆斯產生的，並不是她自己的性格。詭計和耍詐的交織也和這種不確定性密切相關：一個人不做出決定，卻是期待和渴望，注意著「事情如何成為定局」，然後非常輕巧地把命運的力量向前推一下。這裡一點中傷，那裡露出一點不真誠的情緒，在恰當的地方出現一點並非全然不自覺的錯誤，這一切都幫助事情進展下去，但這個人卻沒有任何責任。另一種可能性則是正直不耍詐，卻像男性一樣全然僵化地認同舊有的集體價值：史派特或老國王。在這種情形下，可以在陰影裡找到不明確、耍詐而曖昧的女性。有時這兩種女性對彼此具有同性戀的吸引力，就像兩種男性類型一樣，恰恰是因為他們其實是必須結合起來的（當然是指內在）。

只有性格上更大的明確性和非常清楚的界定，比如整合阿尼姆斯的結果，才能對抗這種情形，因為接下來客觀的愛欲就成為可能，它會服從本質我，同時能愛別人的原貌。隨之而來的便是脫離大母神或「阿尼瑪女神」的原型角色，回歸謙卑的人性，就像永恆少年必須做的一樣。就這個處境而言，榮格為我們做了一件重要的事，就是向我們展現一條找到這種謙卑而不會落入平庸的路，不會回轉到史派特，不會失去有創意的神力（mana）、各種情緒，以及圍繞著少年和少女人物的魅力。相反地，當少年和少女被理解為本質我與非自我時，就是他們首度開始產生神祕的救贖和釋放作用的時候，而且會失去其有害的作用（使自我變得不真實的作用）。可是，如果沒有這種洞察力，少年的原型就只不過是致命的惡魔。

布魯諾．葛耶茲以下述獻給神聖男孩弗歐的詩，做為小說的引言：

當烏雲遮蔽諸天
世人均覺陽光漸漸黯淡，
於是，從深處，新的光芒接近。
吾等入睡，知「汝在此」。
喔，陽光從汝雙眼深處射出，
愛之泉從汝口中湧現，
閃亮的聖靈，汝之眾肢在蒼穹之海
穿越浪潮，汝誘出吾等熾熱勇氣。

永恆男孩，諸界奏樂圍繞，
清新、振奮、自由與美麗的給予者——
男男女女在汝光中共鳴，
奔入死亡以見汝更新。
汝之白色風姿召喚吾等進入明亮之光。
浪潮相續，吾等永遠不老！

男男女女奔入死亡以見汝更新！這當然是這個神聖更新的原型意象最危險的一面。如果這種更新不是被有自覺的理解，少年意象會展現出強烈的死亡誘惑力。在我們的時代，這甚至可能成為潛意識集體自殺的動機。少年問題的增加，從當前世界的處境來看，對我們的意含是很可怕的，顯示出個體在內在心靈實現自己與神性關係的這一步，已成為多麼急迫的事。

我推測史派特或煉金術的老人，以及莫丘里的少年或小孩，都是在我們這個時代眾多事件的背景中匯聚出的原型力量，是占據與投射的作者，我相信我們在此必須注意這些力量可能如何掌控我們，或是他們可能用什麼方式已經掌控了我們。我認為在心理分析師中，有兩種相當於他們的傾向，已經使他們出現了。一個是想要使榮格「學術化」或「醫學化」或以某種其他方式使他「遵守」的常規。順著這種傾向，我們的結局就是史派特的「新佛洛伊德學派」的方式。另一種傾向是少年般的方式，我們會想要「超越榮格，且一言九鼎」，卻不關心我們的言論在科學上是否準確。這兩種傾向隱隱然是相同的，例如像艾拉・普羅葛夫（Ira Progoff）這樣的「少年」顯示的，他承諾像偉大的改革者一樣，為我們進一步發展榮格心理學，結果卻成為奧圖・藍克（Otto Rank）陣營的人！

我們可以舉出更多實例，但這些名字是可憎的。我們只能透過偉大的人性保護自己避免這些傾向，也就是看見並承認這兩種原型意象只能在我們對本質我的經驗還不夠遠、不夠深時，才會對我們施展其負面的支配作用。

原註：

1. C. G. Jung, "Psychological Aspects of the Mother Archetype," in CW 9/i.
2. 原書譯註：此處指的是歌德著名的小說《少年維特的煩惱》（1774）以及經典劇作 *Torquato Tasso*（1790）。
3. C. G. Jung and C. Kerényi, *Essays on a Science of Mythology* (Princeton: Princeton University Press, Bollingen Series, 1973), p. 78.
4. Jung, *Mysterium Coniunctionis*, CW 14, p. 360.
5. Ibid., pp. 335-36.
6. Ibid., para. 340.
7. Ibid.

延伸閱讀

*《現代人，越來越不會作夢：閱讀榮格》（2010），吳光遠，海鴿。

*《品德深度心理學》（2010），約翰・畢比（John Beebe），心靈工坊。

*《榮格心靈地圖》（2009），Murray Stein／著，立緒文化。

*《榮格與密宗的29個「覺」：佛法和心理學在個體化歷程中的交叉點》（2008）羅布・普瑞斯（Rob Preece），人本自然。

*《榮格學派的歷史》（2007）湯瑪士・克許（Thomas B. Kirsch），心靈工坊。

*《榮格與鍊金術》（2007），傑佛瑞・芮夫（Jeffrey Raff），人本自然。

*《心理類型》（上、下）（2007），卡爾・榮格（Carl G. Jung），基礎文化。

*《人的形象和神的形象》（2007），卡爾・榮格（Carl G. Jung），基礎文化。

*《榮格解夢書：夢的理論與解析》（2006），詹姆斯·霍爾（James A. Hall, M.D.），心靈工坊。

*《超凡之夢：激發你的創意與超感知覺》（2004），克里普納（Stanley Krippner）等，心靈工坊。

*《心理分析入門：我的理解與體驗》（2004），申荷永，心靈工坊。

＊《榮格：分析心理學巨擘》（2004），安・凱斯蒙（Ann Casement），生命潛能。
＊《人類心靈的神話：榮格的分析心理學》（2000），常若松，果實。
＊《人及其象徵：榮格思想精華的總結》（1999），卡爾・榮格（Carl G. Jung），立緒。
＊《榮格自傳——回憶・夢・省思》（1997），卡爾・榮格（Carl G. Jung），張老師文化。
＊《導讀榮格》（1997），Robert H. Hopcke，立緒。

大圓滿

作者—達賴喇嘛
譯者—丁乃竺　定價—320元

「大圓滿」是藏傳佛教中最高及最核心的究竟眞理。而達賴喇嘛則是藏傳佛教的最高領導，一位無與倫比的佛教上師。請看達賴喇嘛如何來詮釋和開示「大圓滿」的精義。

108問，與達賴喇嘛對話

作者—達賴喇嘛
對談人—費莉絲塔．蕭恩邦　定價—240元

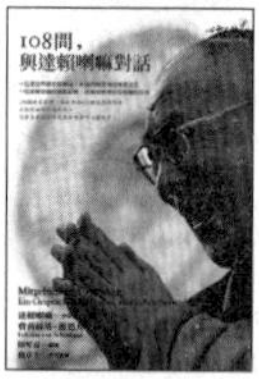

作者以深厚的見解，介紹佛教哲理、藏傳佛教的傳承，及其對西方現代世界的重要性，對於關心性靈成長，以及想了解佛教和達賴喇嘛思想精華的讀者，這是一本絕佳的入門好書！

無盡的療癒

【身心覺察的禪定練習】

作者—東杜仁波切
譯者—丁乃竺　定價—300元

繼《心靈神醫》後，作者在此書中再次以身心靈治療爲主、教授藏傳佛教中的禪定及觀想原則；任何人都可藉由此書習得用祥和心修身養性、增進身心健康的方法。

十七世大寶法王

作者—讓保羅．希柏　審閱—鄭振煌、劉俐
譯者—徐筱玥　定價—300元

在達賴喇嘛出走西藏四十年後，年輕的十七世大寶法王到達蘭薩拉去找他，準備要追隨他走上同一條精神大道，以智慧及慈悲來造福所有生靈。

隨在你

作者—吉噶．康楚仁波切
譯者—丁乃竺　定價—240元

心就像一部電影，外在世界的林林總總和紛飛的念頭情緒，都是投射於其上的幻影。如果我們可以像看電影般地看待自己的生命，就可以放鬆心情，欣賞演出，看穿現象的流動本質，讓妄念自然來去。

當囚徒遇見佛陀

作者—圖丹．卻准
譯者—雷叔雲　定價—250元

多年來，卻准法師將佛法帶進美國各地重刑監獄。她認爲，佛陀是一流的情緒管理大師，可以幫助我們走出情緒的牢籠。

心靈寫作

【創造你的異想世界】

作者—娜妲莉．高柏
譯者—韓良憶　定價—300元

在紙與筆之間，寫作猶如修行坐禪
讓心中的迴旋之歌自然流唱
尋獲馴服自己與釋放心靈的方法

狂野寫作

【進入書寫的心靈荒原】

作者—娜妲莉．高柏
譯者—詹美涓　定價—300元

寫作練習可以帶你回到心靈的荒野，看見內在廣闊的蒼穹。撞見荒野心靈、與自己相遇，會讓我們看到眞正的自己，意識與心靈不再各行其是，將要成爲完整的個體。

傾聽身體之歌

【舞蹈治療的發展與內涵】

作者—李宗芹　定價—280元

全書從舞蹈治療的發展緣起開始，進而介紹各種不同的治療取向，再到臨床治療實務運作方法，是國內第一本最完整的舞蹈治療權威書籍。

非常愛跳舞

【創造性舞蹈的新體驗】

作者—李宗芹　定價—220元

讓身體從累贅的衣服中解脫，用舞蹈表達自己內在的生命，身體動作的力量遠勝於人的意念，創造性舞蹈的精神即是如此。

身體的情緒地圖

作者—克莉絲汀．寇威爾
譯者—廖和敏　定價—240元

身體是心靈的鑰匙，找回身體的感覺，就能解開情緒的枷鎖，釋放情感，重新尋回健康自在。作者是資深舞蹈治療師，自1976年來，運用獨創的「動態之輪」，治癒了無數身陷情緒泥淖的人。

超越身體的療癒

作者—勞瑞．杜西
譯者—吳佳綺　定價—380元

意義如何影響心靈與健康？心識是否能超越大腦、時間與空間的限制，獨立運作？勞瑞．杜西醫師以實例與研究報告，爲科學與靈性的對話打開一扇窗。

心靈工坊 PsyGarden

探索身體，追求智性，呼喊靈性，
攀向更高遠的意義與價值
是幸福，是恩典，更是內在心靈的基本需求，
企求穿越回歸眞我的旅程

Holistic

生命不再等待

作者—佩瑪．丘卓
譯者—雷叔雲　審閱—鄭振煌　定價—450元

本書以寂天菩薩所著的《入菩薩行》爲本，配以佩瑪．丘卓既現代又平易近人的文字風格；她引用經典、事例，沖刷掉現代生活的無明與不安；她也另外調製清新的配方，撫平現代人的各種困惑與需求。全書有著原典的精煉智慧，也有著因應世局人心的嶄新詮釋，是一本現代人的智慧生活行動指南。

當生命陷落時

【與逆境共處的智慧】

作者—佩瑪．丘卓
譯者—胡因夢、廖世德　定價—200元

生命陷落谷底，如何安頓身心、在逆境中尋得澄淨的智慧？本書是反思生命、當下立斷煩惱的經典作。

轉逆境爲喜悅

【與恐懼共處的智慧】

作者—佩瑪．丘卓
譯者—胡因夢　定價—230元

以女性特有的敏感度，將易流於籠統生硬的法教，化成了順手拈來的幽默譬喻，及心理動力過程的細膩剖析。她爲人們指出了當下立斷煩惱的中道實相觀，一條不找尋出口的解脫道。

不逃避的智慧

作者—佩瑪．丘卓
譯者—胡因夢　定價—250元

繼《當生命陷落時》、《轉逆境爲喜悅》、《與無常共處》之後，佩瑪再度以珍珠般的晶瑩語句，帶給你清新的勇氣，及超越一切困境的智慧。

當下，繁花盛開

作者—喬．卡巴金
譯者—雷叔雲　定價—300元

心性習於自動運作，常忽略要眞切地去生活、成長、感受、去愛、學習。本書標出每個人生命中培育正念的簡要路徑，對想重拾生命瞬息豐盛的人士，深具參考價值。

有求必應

【22個吸引力法則】

作者—伊絲特與傑瑞．希克斯夫婦
譯者—鄧伯宸　定價—320元

想要如願以償的人生，關鍵就在於專注所願。本書將喚醒你當下所具備的強大能量，並帶領讀者：把自己的頻道調和到一心所求之處；善用吸引力心法，讓你成爲自己人生的創造者。

心態決定幸福

【10個改變人生的承諾】

作者—大衛．賽門
譯者—譚家瑜　定價—250元

「改變」爲何如此艱難？賽門直指核心地闡明人有「選擇」的能力，當你承認你的「現實」是某種選擇性的觀察、解讀、認知行爲製造的產物，便有機會意志清醒地開創自己的人生。

瑜伽之樹

作者—艾揚格
譯者—余麗娜　定價—250元

艾揚格是當代重量級的瑜伽大師，全球弟子無數。本書是他在歐洲各國的演講結集，從瑜伽在日常生活中的實際運用，到對應身心靈的哲理沉思，向世人傳授這門學問的全貌及精華。

占星、心理學與四元素

【占星諮商的能量途徑】

作者—史蒂芬．阿若優
譯者—胡因夢　定價—260元

當代美國心理占星學大師阿若優劃時代的著作！本書第一部分以嶄新形式詮釋占星與心理學。第二部分透過風、火、水、土四元素的能量途徑，來探索本命盤所呈現的素樸秩序。

占星．業力與轉化

【從星盤看你今生的成長功課】

作者—史蒂芬．阿若優
譯者—胡因夢　定價—480元

富有洞見而又深具原創性的本書結合了人本占星學、榮格心理學及東方哲學，能幫助我們運用占星學來達成靈性與心理上的成長。凡是對自我認識與靈性議題有興趣的讀者，一定能從本書中獲得中肯的觀察。

親愛的，怎麼說你才懂

作者—瑪麗安・雷嘉多博士、蘿拉・塔克
譯者—魯宓　定價—260元

爲什麼男人老是記不住，女人總是忘不了？爲什麼女人一心想要溝通，男人卻只要結論？唯有充分理解男女有別的生理差異，我們才能用彼此的語言，讓親愛的另一半聽進心坎裡。

愛他，也要愛自己

【女人必備的七種愛情智慧】
作者—貝芙莉・英格爾
譯者—楊淑智　定價—320元

本書探討女性與異性交往時，如何犧牲自己的主體性，錯失追求成長的機會。作者累積多年從事女性和家庭諮商的經驗，多角度探討問題的根源。

終於學會愛自己

【一位婚姻專家的離婚手記】
作者—王瑞琪　定價—250元

知名的婚姻諮商專家王瑞琪，藉由忠實記錄自己的失婚經驗，讓有同樣經歷的讀者，能藉由她的故事，得到經驗的分享與共鳴。

漫步在海邊

作者—瓊・安德森　定價—260元

獨居鱈角一年間，作者意外邂逅了一位忘年之交——瓊・艾瑞克森。她不僅爲作者困滯的中年生活開啓了重要篇章，更帶領她開拓自我、如實接受生命變化。

與愛對話

作者—伊芙・可索夫斯基・賽菊寇
譯者—陳佳伶　定價—320元

作者以特異的寫作風格——結合對話、詩和治療師的筆記——探索對致命疾病的反應、與男同志友人的親密情誼、性幻想的冒險場域，以及她投入佛教思想的恩典。

太太的歷史

作者—瑪莉蓮・亞隆
譯者—何穎怡　定價—480元

這本西方女性與婚姻的概論史淋漓盡致呈現平凡女性的聲音，作者瑪莉蓮・亞隆博覽古今，記錄婚姻的演化史，讓我們了解其歷經的集體變遷，以及妻子角色的轉變過程，是本旁徵博引但可口易讀的書。

那些動物教我的事

【寵物的療癒力量】
作者—馬提・貝克、德娜麗・摩頓
譯者—廖婉如　定價—380元

美國知名獸醫馬提・貝克醫師以自身患病經驗、周遭的眞實故事及大量科學研究，說明寵物與人類間特殊的情感，是人們對抗疾病與憂鬱的強大利器！

動物生死書

作者—杜白　定價—260元

杜白醫師希望藉由本書幫助讀者，藉由同伴動物這些小眾生的助力，讓我們能穿越老病死苦的迷障，開啓智慧，將善緣化爲成長的助力，爲彼此的生命加分。

陪牠到最後

【動物的臨終關懷】
作者—麗塔・雷諾斯
譯者—廖婉如　定價—260元

愛是永不離棄的許諾。愛我們的動物朋友，就要陪牠到最後！

時間等候區

【醫生與病人的希望之旅】
作者—傑若・古柏曼
譯者—鄧伯宸　定價—320元

當疾病來襲，我們進入異於日常生活的「時間等候區」，這時，活著既是生命的延續，也是死亡的進行。當生命與死亡兩者互爲觀照、刺激與啓發時，讓人以更誠實的態度面對生命。

醫院裡的危機時刻

【醫療與倫理的對話】
作者—李察・詹納
譯者—蔡錚雲、龔卓軍　定價—300元

透過眞實故事，作者細膩生動地描繪了病患、家屬與醫護人員，在面對疾病考驗及醫療決策的倫理難題，藉由不斷的對談與互動，將問題釐清，找出彼此的價值觀與適當的醫療處置。

醫院裡的哲學家

作者—李察・詹納
譯者—譚家瑜　定價—260元

作者不僅在書中爲哲學、倫理學、醫學做了最佳詮釋，還帶領讀者親臨醫療現場，實地目睹多位病患必須痛苦面對的醫療難題。

心靈工坊 PsyGarden

生命長河，如夢如風，
猶如一段逆向的歷程
一個掙扎的故事，一種反差的存在，
留下探索的紀錄與軌跡

Caring

德蘭修女
【來作我的光】
編著—布賴恩．克洛迪舒克神父
譯者—駱香潔　定價—420元

德蘭（德蕾莎）修女畢生為赤貧之人奉獻，成為超越宗教的慈悲象徵。然而，她的精神生活與掙扎卻鮮為人知。本書所收集的文件與信件，幫助我們進入德蘭修女的內在生活，深入了解她的聖德。

活著，為了什麼？
作者—以馬內利修女
譯者—華宇　定價—220元

法國最受敬重的女性宗教領袖以馬內利修女，以自身將近一世紀的追尋旅程，真誠地告訴我們：幸福的祕密不在物質或精神之中，唯有愛的行動，生命才能完整展現。

貧窮的富裕
作者—以馬內利修女
譯者—華宇　定價—250元

現年95歲的以馬內利修女，是法國最受敬重的女性宗教領袖。她花了一生的時間服務窮人，跟不公義的世界對抗。本書是她從個人親身經驗出發的思考，文字簡單動人卻充滿智慧和力量，澆灌著現代人最深層的心靈。

微笑，跟世界說再見
作者—羅倫斯．山姆斯、彼得．巴頓
譯者—詹碧雲　定價—260元

企業家彼得．巴頓，四十五歲退休，預計多陪陪家人、與人分享創業經驗。就在這時，醫生宣佈他罹患癌症。不過他說「幸好我有時間從容準備，好好跟世界道別。」

美麗人生練習本
【通往成功的100堂課】
作者—恰克．史匹桑諾
譯者—吳品瑜　定價—250元

恰克博士認為態度造就人生的方向，心靈則是成功的居所，他提供一百則成功心理術，藉由原理、故事與練習幫助讀者向內尋找成功，打造專屬自己的美麗人生。

幸福企業的十五堂課
作者—恰克．史匹桑諾
譯者—王嘉蘭　定價—280元

知見心理學創始人恰克博士，集結三十五年研究成果與豐富企業諮商經驗，以實用法則與案例，搭配知見心理學的成長配方，逐步分析成功歷程的困境與陷阱。

以愛之名，我願意
【開啟親密關係的五把鑰匙】
作者—大衛．里秋
譯者—廖婉如　定價—350元

本書整理出愛最鮮明的五個面向：關注、接納、欣賞、情意、包容，並帶領讀者藉由本書提供的豐富演習機會，一同來體會：生命就是愛的旅程，而且在愛中我們將變得成熟。

遇見100%的愛
作者—約翰．威爾伍德
譯者—雷叔雲　定價—280元

想要遇見100%的愛情，向他人索求只是徒然；完美的愛不在外，而在內。與內在靈性連結，認識到自己值得被愛、生命值得信任，才能真正敞開心，讓愛進來。

幸福，從心開始
【活出夢想的十大指南】
作者—栗原英彰、栗原弘美
譯者—詹慕如　定價—250元

每個人內心都有一個指南針，引導我們走向充滿愛、信賴、喜悅及豐足的未來。當我們勇於夢想，有自覺地做出選擇，朝向心中願景前進，幸福的奇蹟就將誕生！

馴夫講座
【幸福婚姻的七堂課】
作者—栗原弘美
譯者—趙怡、楊奕屏　定價—250元

輔導過上千對夫妻的栗原弘美，結合了知見心理學及親身歷程，為渴望擁有幸福婚姻的讀者撰寫本書。若你願意踏出改變的第一步，就能讓伴侶關係充滿奇蹟！

Master 039

榮格心理治療

Psychotherapy

作者—瑪麗-路薏絲・馮・法蘭茲（Marie-Louise von Franz）
譯者—易之新

出版者—心靈工坊文化事業股份有限公司
發行人—王浩威　總編輯—徐嘉俊
特約編輯—祁雅媚　美編—李宜芝　封面圖片—達志影像
通訊地址—10684台北市大安區信義路四段53巷8號2樓
郵政劃撥—19546215　戶名—心靈工坊文化事業股份有限公司
電話—02）2702-9186　傳真—02）2702-9286
Email—service@psygarden.com.tw　網址—www.psygarden.com.tw

製版・印刷—彩峰分色製版印刷事業股份有限公司
總經銷—大和書報圖書股份有限公司
電話—02）8990-2588　傳真—02）2990-1658
通訊地址—248 新北市新莊區五股工業區五工五路二號
初版一刷—2011年8月　初版十一刷—2022年3月
ISBN—978-986-6112-14-0　定價—380元
Psychotherapie

國家圖書館出版品預行編目資料

榮格心理治療 / 瑪麗-路薏絲.馮.法蘭茲(Marie-Louise von Franz)作；
易之新譯. -- 初版. -- 臺北市：心靈工坊文化, 2011.08
面；　公分
譯自：Psychotherapy
ISBN 978-986-6112-14-0(平裝)

1.榮格(Jung, C. G.〔Carl Gustav〕, 1875-1961)　2.學術思想　3.精神分析學　4.心理治療

170.189　　100011852

心靈工坊 PsyGarden 書香家族 讀友卡

感謝您購買心靈工坊的叢書，爲了加強對您的服務，請您詳塡本卡，
直接投入郵筒（免貼郵票）或傳眞，我們會珍視您的意見，
並提供您最新的活動訊息，共同以書會友，追求身心靈的創意與成長。

書系編號－MA039　書名－榮格心理治療

姓名　是否已加入書香家族？ □是 □現在加入

電話（公司）　（住家）　手機

E-mail　生日　年　月　日

地址 □□□

服務機構／就讀學校　職稱

您的性別—□1.女 □2.男 □3.其他

婚姻狀況—□1.未婚 □2.已婚 □3.離婚 □4.不婚 □5.同志 □6.喪偶 □7.分居

請問您如何得知這本書？
□1.書店 □2.報章雜誌 □3.廣播電視 □4.親友推介 □5.心靈工坊書訊
□6.廣告DM □7.心靈工坊網站 □8.其他網路媒體 □9.其他

您購買本書的方式？
□1.書店 □2.劃撥郵購 □3.團體訂購 □4.網路訂購 □5.其他

您對本書的意見？

封面設計	□ 1.須再改進	□ 2.尚可	□ 3.滿意	□ 4.非常滿意
版面編排	□ 1.須再改進	□ 2.尚可	□ 3.滿意	□ 4.非常滿意
內容	□ 1.須再改進	□ 2.尚可	□ 3.滿意	□ 4.非常滿意
文筆／翻譯	□ 1.須再改進	□ 2.尚可	□ 3.滿意	□ 4.非常滿意
價格	□ 1.須再改進	□ 2.尚可	□ 3.滿意	□ 4.非常滿意

您對我們有何建議？

▲您的意見，我們將轉貼在心靈工坊網站上，www.psygarden.com.tw

心靈工坊 PsyGarden

台北市106信義路四段53巷8號2樓

讀者服務組　收

免　貼　郵　票

（對折線）

加入心靈工坊書香家族會員
共享知識的盛宴，成長的喜悅

請寄回這張回函卡（免貼郵票），
您就成爲心靈工坊的書香家族會員，您將可以——

⊙隨時收到新書出版和活動訊息

⊙獲得各項回饋和優惠方案